Helena Dahlbäck Lutteman

Svenskt porslin

Fajans, porslin och flintgods 1700–1900

ICA bokförlag Västerås

Omslagets framsida: detalj av fat från 1758 med Rehnska mönstret målat på en fond i vitt i vitt. Se bilden s 36.

Omslagets baksida: Gåshuds- eller smultronmönstrad terrin. Marieberg, 1770-talet. H 28 cm. Nationalmuseum.

Försättsplanschen: Rörstrand omkring 1800, en lantlig idyll. Akvarell av J F Martin. Foto Stockholms Stadsmuseum

Eftersättsplanschen: Genom den här laverade pennteckningen av J P Hackert från 1760-talet kan vi få en föreställning om hur Mariebergsfabriken tog sig ut. Foto Stockholms Stadsmuseum.

© 1980 författaren och ICA-förlaget AB, Västerås
Mångfaldigande av innehållet i denna bok, helt eller delvis, är enligt lagen om upphovsrätt förbjudet utan medgivande av förlaget. Förbudet gäller varje form av mångfaldigande genom tryckning, duplicering, bandinspelning etc.
Omslag och layout: Håkan Lindström
Fotografierna är huvudsakligen tagna av Nationalmuseums fotograf Sven Nilsson samt från Nordiska museet, Kulturen Lund, Rörstrands museum, Gustafsbergs museum och fotograf Sixten Sandell.
Tryck: Berlings, Lund 1980
ISBN 91-534-0575-7

Innehåll

Förord 7

Fajanstiden. 1730-tal–1780-tal

Den europeiska scenen 9
Porslinsfeber 9, Fajanstillverkningen i Europa 10, Fajansens ställning 12

Den svenska scenen 13
Teknik 13, Verkstäder 20, Arbetare 21, Försäljning 23

Form och dekor under fajanstiden 25

Den blå barockperioden 26
Delfts inflytande 26, Förebilder från Tyskland och fransk barockklassicism 27, Kinesiska förebilder 31, Danmark – en förmedlande länk 34, Sverige 34

Rokokon gör sin entré 35
Sverige 36, Franskt inflytande 39, Naturen som inspiration 46, Porslinsmåleri på fajanser 47, "Kinesiska" fajanser 51, Vitt 58

Fajansernas användning 59
Husgeråd och porslinskök 59, Det dukade bordet 61, Te och kaffe 69, Kärl för levande och torkade blommor 78, Andra bruksföremål 83, Figurer 85, Hygien 90, Kakelugnar 92

Porslin – ett mellanspel. 1766–1788

Drömmen om det riktiga porslinet 96

Porslinstillverkning vid Marieberg 98
Frittporslin 99, 1700-talets favoritmaterial 99, Stens porslin 103

Flintgods – ett nytt material. 1770-tal–1840-tal

Flintgodsets födelse 109

Teknik 111

Flintgodset gör sin entré i Sverige 112
  Franskt inflytande 114, Engelska förebilder 116, Urnor eller vaser med lock 118, Mera bruksföremål 120, Gustafsberg grundas 125, De första tryckta dekorerna på flintgods 125, Formvärlden under 1830- och 1840-talen 131

Industrialismens keramik. 1850–1900

Den industriella revolutionens betydelse 136

De stora internationella utställningarna 137

En keramisk fabrik under 1800-talet 141
  Arbetarnas liv och situation 141, Försäljning 142

Material och dekorteknik 143
  Majolika 146, Parian 149

Former från ampel till äggkorg 154
  Gustafsberg 154, Rörstrand 155, Husgeråd 157, Det dukade bordet 157, Te och kaffe 163, Blombärare 164, Andra bruksföremål 165, Hygien 166, Kakelugnar 167

Dekorer 169
  Blommor, blommor 169, Stramt och klassiskt 173, Kina och Japan 175, Kopior och pastischer samt andra praktföremål 179, Fornnordiskt 184, Jugend 186

Fabrikshistoria och märkning

Rörstrand 193

Marieberg 202

Stralsund 209

Pålsjö och Växjö 213

Sölvesborg 217

Vänge-Gustavsberg (Bredsjö, Fredriksdal) 221

Ulfsunda 223

Löfnäs 225

Gustafsberg 226

Höganäs 232

Tillinge, Boda (Oskarshamn) och Nittsjö 235

Malmö porslinsfabrik 236

Ordförklaringar 237

Litteratur i urval 242

Register 244

Förord

Under 1700- och 1800-talen betydde porslin alla sorters finare keramik. Den korrekta allomfattande termen är idag keramik. Ordet har fått en biklang av något rustikt. Och det här handlar inte om den lokala anonyma tillverkningen utan om "porslin" – dvs fajans, porslin och flintgods under 1700- och 1800-talen.

1700-talets svenska fajanser omges sedan gammalt av ett speciellt skimmer. 1800-talets rika utbud av brokigt dekorerade serviser och pompösa prydnadsföremål liksom jugendtidens fräscha konstnärskeramik har under de senaste decennierna fått sin publik. Det porslin som under 1700-talet tillverkades vid Marieberg är en exklusiv och utsökt företeelse, sedan länge uppskattad av samlare. Den fattiga släktingen flintgodset, också det ursprungligen en 1700-talsföreteelse, kompletterar bilden av den svenska keramikhistorien under 1700- och 1800-talen.

Den här boken vill skildra den keramik som tillverkades i Sverige under två århundraden. Det är föremålen själva som är huvudpersonerna, men för oss idag blir de bara lösryckta estetiska objekt om vi inte vet något om varför och hur de tillverkades. Frågor man också gärna vill ha svar på är varför de ser ut som de gör och hur de användes.

Under huvudrubrikerna *Fajanstiden, Porslin – ett mellanspel, Flintgods – ett nytt material* och *Industrialismens keramik* har jag försökt att sätta in tillverkningarna i ett internationellt och stilhistoriskt sammanhang samt antyda vem som gjort föremålen och hur de brukats. Denna skildring börjar under den svenska frihetstiden på 1720-talet och slutar i jugendepoken kring sekelskiftet 1900.

För den som vill veta något mera om själva fabrikerna, om deras historia, ägarförhållanden, produktion och märkning finns ett avsnitt i slutet av boken där varje fabrik, i kronologisk ordning, finns redovisad. Av naturliga skäl blir det en del upprepningar men det är min förhoppning att boken med denna uppläggning ska kunna tjäna som en utgångspunkt för den som vill lära känna den gamla svenska keramiken, ett rikt och fascinerande ämne som berett mig stor glädje.

Under skrivandet har Arvid Bæckströms och Carl Hernmarcks grundläggande arbeten om Rörstrands respektive Mariebergs historia varit betydelsefulla källor liksom mindre men också primära arbeten om flera andra av de svenska keramiska industrierna. De återfinns i litteraturförteckningen. Med vänligt tillmötesgående från Rörstrands AB har jag genom framlidne Carl Erik Almström fått tillgång till de excerpter som under Arvid Bæckströms ledning gjordes ur källor i Riksarkivet. Jag vill också tacka för hjälp och stöd från kolleger vid olika museer i Sverige: Nordiska museet i Stockholm, Röhsska Konstslöjdmuseet i Göteborg samt Rörstrands och Gustavsbergs fabriksmuseer. Ett speciellt tack till Gunilla Eriksson vid Kulturen i Lund och Lars Sjöberg och Dag Widman på Nationalmuseum. Det kanske värdefullaste stödet för mig har varit att Bo Gyllensvärd granskat manuskriptet. Tore Boström har haft vänligheten att läsa de tekniska avsnitten.

Helena Dahlbäck Lutteman

Fajanstiden

Den europeiska scenen

Porslinsfeber

1726 fick Sverige sin första riktiga keramiska fabrik. Dessförinnan hade vi varit hänvisade till en lokal produktion av enkla bruksting i lergods samt import av stengods och fajans. Tidpunkten då "Delfts Porcellain", genom grundandet av Rörstrand, började tillverkas i Sverige är relativt sen men historiskt motiverad. Just vid den här tiden rasade nämligen "porslinsfebern" i Europa och denna starka lidelse för det eftertraktade porslinet var smittsam.

Nu hör det till historien att vad vi kallar porslin inte kom att tillverkas i Sverige förrän 1766–88 och då inte vid Rörstrand utan vid det 1758 grundade Marieberg. Vad Rörstrand tillverkade från början var "Delfts Porcellain" eller fajans, ett lergods täckt med en ogenomskinlig oftast vit glasyr, baserad på tenn, eller om man vill, en porslinsersättning. Porslinet – det vita, genomsynliga, klingande keramiska godset – var det slutliga målet.

Under hela 1600-talet hade porslin importerats till Europa från Kina i ganska stora kvantiteter. Mindre partier och enstaka föremål kom hit från 1400-talet, före de ostindiska kompaniernas tid. Redan Gustav II Adolf hade kinesiska, dvs riktiga porslinstallrikar, som ingick i det mångskiftande innehållet i ett konstskåp han fått från staden Augsburg. Drottning Kristina ägde ca 300 pjäser blåvitt porslin, bl a ett par stora krukor med hjortar från kejsar Wan Lis tid (1573–1619) och Karl X Gustavs gemål drottning Hedvig Eleonora var en ivrig samlare av kinesiskt porslin.

Den störste samlaren i Europa var emellertid August den starke, kung av Polen och kurfurste av Sachsen. Delar av hans samlingar kan man än i dag se tidsenligt uppställda på små konsolhyllor täckande stora väggfält i Porzellansammlung i Dresden. August nöjde sig emellertid inte med att importera porslin. Han ville också att det skulle tillverkas inom hans rike. Sådana ambitioner var han inte den förste som hade, men det var för honom man för första gången lyckades framställa porslin av kinesisk typ i Europa.

Redan på 1690-talet hade en naturforskare vid namn Johann Ehrenfried Walther von Tschirnhausen börjat med porslinsförsök. Efter några år fick han hjälp av "guldmakaren" Johann Friedrich Böttger och tillsammans framställde de det första porslinet i Europa. Både de och andra före dem hade experimenterat med utgångspunkten att porslinet var ett glasmaterial – det är ju genomsynligt. Ett glasaktigt, förr kallat mjukt, frittporslin tillverkades i Florens på 1500-talet och i Frankrike från det sena 1600-talet och ända fram mot 1700-talets slut.

Men porslin är ett annat keramiskt material och först när von Tschirnhausen och Böttger blandade vitbrännande kaolinlera med fältspat och kvarts lyckades de 1708 framställa ett fältspatporslin av kinesisk typ, som vid bränningen tätsintrar (en del av lerans beståndsdelar smälts genom upphettning samman och lägger sig runt de eldfasta partiklarna) och blir transparent. Tillverkningshemligheten hölls först väl bevarad. Så småningom sipprade den emellertid ut och Wien och flera tyska furstendömen fick egna porslinsfabriker, som knappast var vinstgivande men statusladdade.

De som spred porslinstillverkningens hemlighet över Europa var s k arkanister, ofta äventyrliga män som sade sig känna arkanum (det hemliga medlet) för att tillverka porslin. Många av dessa kringresande keramiker behärskade emellertid inte konsten att göra porslin i egentlig mening, men i stället fajans.

Fajanstillverkningen i Europa

Holland. Vid mitten av 1600-talet började fajanstillverkningen blomstra i Delft. Fajansen har sina anor i Orienten, där den tillverkades långt före Kristi födelse. I Europa framställdes fajans först av spanjorerna och sedan av italienarna, vilkas tillverkning från 1400- och 1500-talen blivit berömd under namnet majolika. En förebild för holländarna var den italienska majolikan. Men sin egenart fick den holländska fajansen genom kontakten med det kinesiska porslinet. Miljontals pjäser av s k Kraakporslin (benämnt efter fartygen det fraktades på) importerades till Holland under 1600-talets förra hälft. Först var det Ming-tidens (1368–1644) blå-vita gods, stora praktfulla Wan Li-fat, men också mängder av anspråkslösare tekoppar, sedan kom Kang Hsis (1662–1722) "pudrade" blå och olika mångfärgade överglasyrmålade gods. Vid 1600-talets mitt gick importen ner på grund av inbördes strider i Kina. Vid den tiden blomstrade i stället fajanstillverkningen i Delft upp.

Målet var att framställa ett gods som liknade det kinesiska porslinet. Man lärde sig inte behärska porslinsmassans sammansättning utan fick nöja sig med den vitglaserade, blådekorerade fajansen, som emellertid gjordes mycket lätt och tunn. Både genom export och kringvandrande arbetare spreds Delfts fajanser över Europa.

Frankrike. Fajanstillverkning förekom redan under 1500-talet i Frankrike. Invandrade italienare upprättade i Nevers ett slags filialverksamhet, där särskilt Urbinos fajanser med rika figurmotiv i starkeldsfärgerna koboltblått, manganlila, antimongult, koppargrönt, järnrostbrunt och blandnyanser av dessa framställdes. Under 1600-talet ersattes denna produktion så småningom av en från Delft inspirerad vara. Också i Rouen har fajansen gamla anor. Här skapade man emellertid under 1600-talets slut en egen stil – en symmetrisk och ofta radiellt utstrålande dekor, huvudsakligen i blått, ofta förhöjd med rött, uppbyggd av rankor och lambrekänger (flikiga dekorativa bårder med textilt ursprung). Variationsmöjligheterna var oerhört rika och "le style rayonnant" blev förebild inte bara för andra franska fabriker utan också i Tyskland. Moustiers var den tredje stora fajansorten i Frankrike under det sena 1600-talet och tidiga 1700-talet. Lätta och mjölkvita med dekor i en relativt ljust blå färg, så kan man generellt sett karakterisera produkterna. En speciell dekor var den som brukar kallas "i Berains stil". Den sena barockens klassiska och lugna fas, såsom den utvecklades i Frankrike under sent 1600-tal och tidigt 1700-tal, utgår i dekorativt hänseende från Berain. På Moustiers fajanser rör det sig om varianter av grotesker och arabesker som går tillbaka på honom.

Tyskland. I Tyskland gjordes redan under 1600-talets första fjärdedel fajanser, närmare bestämt i Hamburg. Produktionen är inte märkt, men bär ofta ett årtal. Stora rejäla kannor med karakteristisk dekor i blått och gult därifrån finns också bevarade här i Sverige. 1661 grundade två holländare en fajansmanufaktur i Hanau och följaktligen blev produktionen mycket holländsk och därigenom kinesiserande. Så småningom får den särdrag som bukiga krus med smal hals och inhemska dekorer, vilka senare tas upp av andra tyska fabriker.

Frankfurt am Mains från 1666 tillverkade fajanser karakteriseras främst av sin höga kvalitet: varm vithet, blänkande glasyr och vackert måleri i lysande blått som var jämbördigt med det bästa holländska. Till 1600-talets holländskinspirerade tillverkare hör också två i Berlin. Gerhard Wollbeer drev från 1697 en 1678 grundad verksamhet, och Cornelius Funcke hade från 1699 ett konkurrerande företag.

Under det tidiga 1700-talet är de sydtyska fabrikerna i Nürnberg och Bayreuth betydelsefulla liksom Ansbach. Zerbst i Anhalt i mellersta Nordtyskland grundades 1721 och då har man kommit in i en tid och produktion som inte vilar på holländsk inspiration utan på äldre tyska fabrikers tillverkning. Jämsides med de kinesisk-holländska förebilderna finner man både i Berlin, Bayreuth och Nürnberg en fransk influens.

Danmark fick sin första fajansfabrik, Store Kongensgade, 1722. Dess ledare var Johan Wolff, som 1725 flyttade till Stockholm och anlade Rörstrand.

Fajansens ställning

Att fajansen blev populär och fick statusvärde berodde i hög grad på Ludvig XIV. Hans krig slukade enorma summor av pengar och monarken fick därför i olika omgångar låta smälta ned sitt och andras silver. Det drabbade hans egna möbler av gediget, gjutet silver, men också hans och adelns bordsserviser i silver. Ersättningen blev serviser i fajans. Och vad solkungen hade på bordet, det inte bara kunde utan skulle "alla" ha som ville följa med sin tid.

Också här i Sverige följde man det höga exemplet och rikets välbesuttna, högadliga familjer skaffade sig serviser av "Delfter Steen". Genom bouppteckningar och bevarade pjäser vet vi en del om detta. På Löfstad fanns under det sena 1600-talet både fat och tallrikar. Familjen von Fersens vapen finns på fajansfat från Delft. Den svenske ambassadören i Paris, Erik Sparre, beställde en servis från Moustiers med sitt eget och sin maka Stina Lillies vapen. De gifte sig 1710. Thure Gabriel Bielke gifte sig 1715 med Charlotta Piper och på Sturefors finns fortfarande en stor servis, förmodligen från Berlin, med deras alliansvapen.

Men fajansserviserna hörde inte till vanligheterna. Tenn var det mest förekommande materialet från 1600-talet och in på 1800-talet – för dem som hade råd. Annars åt man ännu i början av 1800-talet på trätallrikar. Servisgods i silver fanns mycket sparsamt och kinesiskt porslin som servismaterial förekom knappast i Sverige förrän vi 1731 fick ett eget ostindiskt kompani. Vad de keramiska materialen beträffar begagnades importerade kärl av rhenländskt stengods för förvaring. Blyglaserat lergods av inhemsk tillverkning användes till fat och grytor.

Den svenska scenen

Vilka var då de yttre förutsättningarna i Sverige vid 1700-talets början? Det första decenniet hör ännu till stormaktstiden, men snart följde nederlag och motgångar slag i slag. Det blev en tid av krig och umbäranden. Karl XII:s död 1718 satte stopp för krigen, men landet var fattigt och utsuget. Tiden närmast efter kungens död skedde en återhämtning och återuppbyggnad. Det gällde att få Sverige på fötter i ekonomiskt hänseende.

Ett av recepten blev att gynna den inhemska industrin. Det är i enlighet med merkantilismens teorier: exportera så mycket som möjligt och importera så litet som möjligt. Redan under 1600-talet anlades glasbruk, gevärsfaktori, klädesfabriker, andra textilindustrier, sockerbruk, pappersbruk och mycket mera. Efter Karl XII:s död, under frihetstiden, återupplivades de gamla manufakturerna och nya fick privilegier. Mest bekant är kanske den verksamhet Jonas Alströmer utvecklade i Alingsås. Spinnerier, väverier, strumptillverkning och tobaksplantering var bara några av hans skötebarn. Två herrar Grill från Holland fick anlägga skeppsvarv i Stockholm, en engelsman såpsjuderi och en skotte saltsjuderi och raffinaderi. Flors linnefabrik i Hälsingland liksom Wedevågs järnmanufaktur tillhörde också de otaliga verk som fick statliga privilegier och stöd.

Med tidens keramiska och merkantilistiska intressen var det självklart att Rörstrand fick all möjlig hjälp när det 1725–26 skulle anläggas. 1727 ägde den första provbränningen rum och 1729 utfärdades privilegier på tjugo år. Nästa stora svenska fajansfabrik blev Marieberg, som grundades 1758 och kom igång 1760. Därefter följde i rask takt några mindre företag: Pålsjö 1765, Stralsund (Ehrenreichs ankomst) 1767, Sölvesborg 1773 och Vänge-Gustafsberg (i sin kända period) 1785. Fabrikernas historia finns samlad i slutet av denna bok. I det följande skall vi se litet närmare på produkterna: deras tillverkning, utseende och användning.

Teknik

Leran och formningen. De svenska fajansfabrikerna använde huvudsakligen inhemska leror. De leror Marieberg hämtade på sin egen tomt användes nog bara till kapslar. Någon finare lera har inte funnits senare. Rörstrand fick råmaterial från Uppsalaslätten. I ett Rörstrandsinventarium av 1740 finns också Bornholms vackert svartglänsande lera upptagen. Men när den och de andra lerorna brändes blev de först röda, sedan vitgula. Dessförinnan hade leran tvättats och blekts, som det står i det gamla inventariet. Den måste både slammas och rensas, trampas och knådas. Eventuellt blandades leran också med kiselhaltig sand för att få en god konsistens, den fick varken vara för mager eller för fet.

När ett föremål skulle tillverkas av leran, drejades det eller gjordes i en form. Formarna som tillverkades efter trämodeller, var gjorda av gips och bestod av två eller flera delar. När de öppnades hade föremålet märken efter skarvarna som fick putsas bort.

Drejning är en metod som har använts på samma sätt i tusentals år. Under 1700-talet tycks ordet svarvning ibland ha haft samma innebörd. På den roterande skivan formas kärlet, detaljer som grepar och pipar fästs efteråt med förtunnad lera, s k slicker.

Bränningen. Nästa moment var bränningen. Den första bränningen kallas rågods- eller skröjbränning och bör ha skett i en temperatur på 800–900°. Bränningen var en komplicerad procedur.

Hur en fajansugn kunde se ut visar den här lilla modellen från Rörstrand. Den är signerad Stockholm. Blåmåleriet är förmodligen gjort av Anders Fahlström på 1740-talet. Röhsska Konstslöjdmuseet, Göteborg. H 30,3 cm.

Kokerpinnar och en del av en kapsel (koker). Dessa kommer från utgrävningar gjorda på Mariebergsområdet i Stockholm av Stockholms Stadsmuseum.

Ugnen kunde vara byggd i en eller två våningar. Den var gjord av tegel och bestod av eldstad och brännrum. Mellan dessa stod en vägg, den s k ständaren, och mitt emot denna fanns väggen med hål för insättningen i brännrummet. Elden nådde genom gångar från eldstaden direkt in i brännrummet, där godset staplats tätt. Före bränningen murades insättningshålet igen, så att brännrummet blev slutet. Draghål, som skulle tvinga elden att gå genom hela ugnen, och tittgluggar i insättningshålets vägg var de enda öppningarna. En bränning kunde ta ungefär två dygn och det var naturligtvis svårt att hålla rätt temperatur. Man hade bara glödfärgen som syntes genom tittgluggarna att lita till. 1756 skall Rörstrand ha infört spjäll i sina ugnar för att kunna reglera draget och därigenom variera temperaturen. Godset måste skyddas för direkt kontakt med den öppna elden. Det skedde genom kapslar eller koker som de kallades på 1700-talet. De var gjorda av ganska tjockväggigt, enkelt lergods. En del var utformade som cylindrar med trekantiga hål i cylinderväggen, andra som askar. I cylindrarna placerades tallrikar som med brämens undersidor vilade på pinnar, vilka stuckits in i de trekantiga hålen. Av dessa s k kokerpinnar hade man 1741 på Rörstrand 46 000. På det färdiga godset kan man se märken efter dem på tallriksbrämens undersidor. I "askarna" ställdes hålkärl, brännstöd hindrade dem från att fastna. Kapslarna staplades på varandra. Fogarna mellan cylindrarna tätades med lera och överst placerades ett lock.

När ugnen efter den genomförda bränningen hade svalnat plockades godset ut. En del förstördes i varje bränning. Och ändå var detta bara första etappen.

Glaseringen. Nu skulle fajansen glaseras. Karakteristiskt för fajansglasyren är att den är opak, dvs ogenomskinlig. Denna egenskap uppnåddes genom tillsats av tenn. De övriga ingredienserna kunde variera något. Från Marieberg finns bevarade recept på glasyr. "Tinaska, sand, salt, ler, Christ och Cobolt" ingick i en "Wacker Faijance glasur". Den s k tennaskan framställdes av en del tenn och tre delar bly som kalcinerades, dvs brändes. Tenn fick man från England, sanden vid Rörstrand kunde vara "holsteinsk". Också det övriga var utländskt, utom kobolten som delvis togs i Sverige. Dess roll var att neutralisera en eventuell gulton.

Glaseringen hörde till de känsligaste momenten. Det skröjbrända (en gång brända) föremålet övergöts med eller doppades i den surmjölkstjocka glasyren. Härefter fick denna torka. Dekoren i starkeldsfärger målades på före glatt- eller glasyrbränningen. Den torkade glasyren var sträv och läskpappersliknande, varför måleriet ofta blev schvungfullt och aldrig småpetigt. Koboltblått och mangan, som kan växla från brunt till lila, var de vanligaste färgerna. Andra metalloxider som kunde komma ifråga var antimongult och koppargrönt. Den andra bränningen, dvs glasyrbränningen, skedde i en något högre temperatur omkring 800–1 000°, s k starkeldsbränning.

Färger. Ytterligare en bränning var nödvändig för det gods som dekorerades med emaljfärger över glasyren. Dessa färger brukar kallas muffelfärger, därför att bränningen skedde i en ugn där godset var skyddat av en enda stor kapsel, en s k muffel. En sådan bränning tog inte mera än ungefär fem timmar och temperaturen låg på omkring 750°. Med muffelfärgerna var man inte längre hänvisad till metalloxidernas relativt begränsade skala utan kunde få en rik och naturalistisk dekor. Färgerna som målades på den brända glasyren var också mycket lättare att hantera. Emaljfärgen

En större och en mindre terrin från Marieberg. Den större är målad med blå emaljfärg över glasyren, den mindre med starkeldsblått. H (den mindre) 20 cm. 1766. Nationalmuseum

Detalj av terrin med lockknopp i form av en persika och av en tallrik, båda med blommåleri i starkeldsfärger över glasyren. 1768. Nationalmuseum

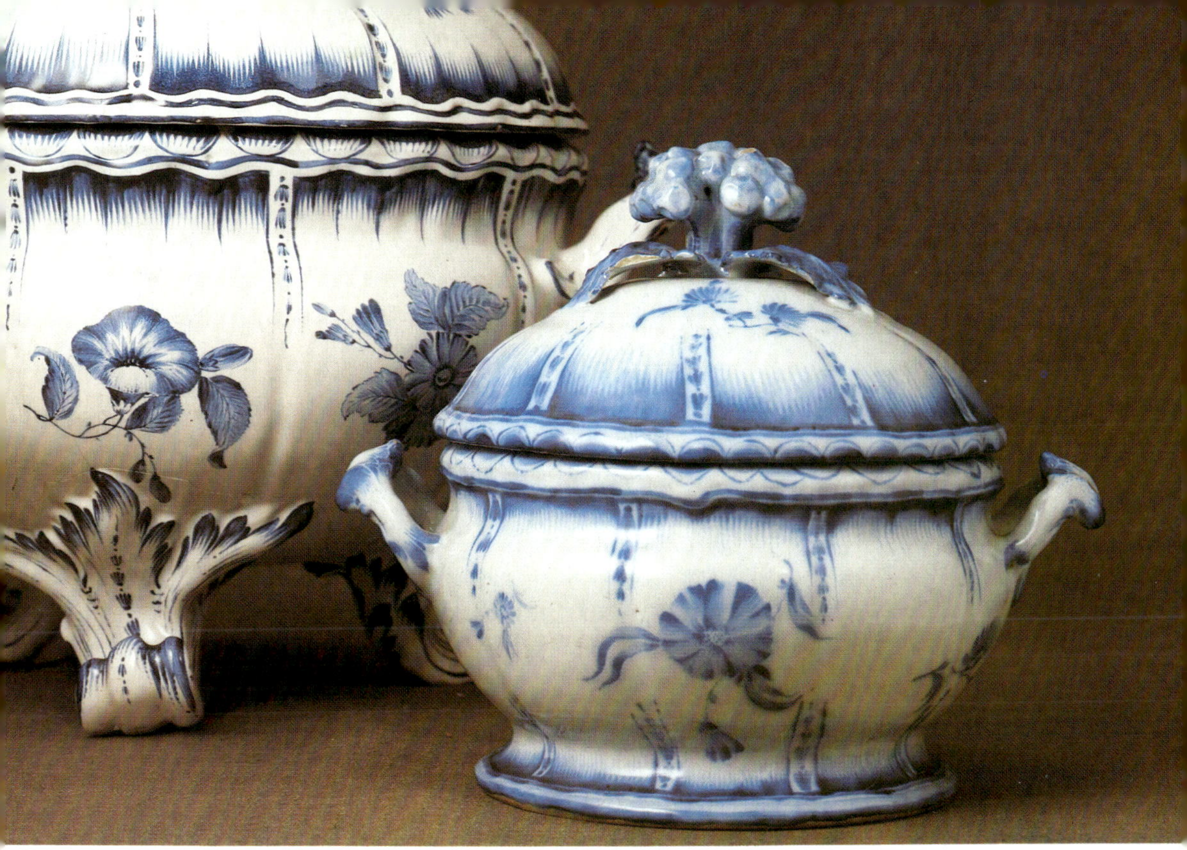
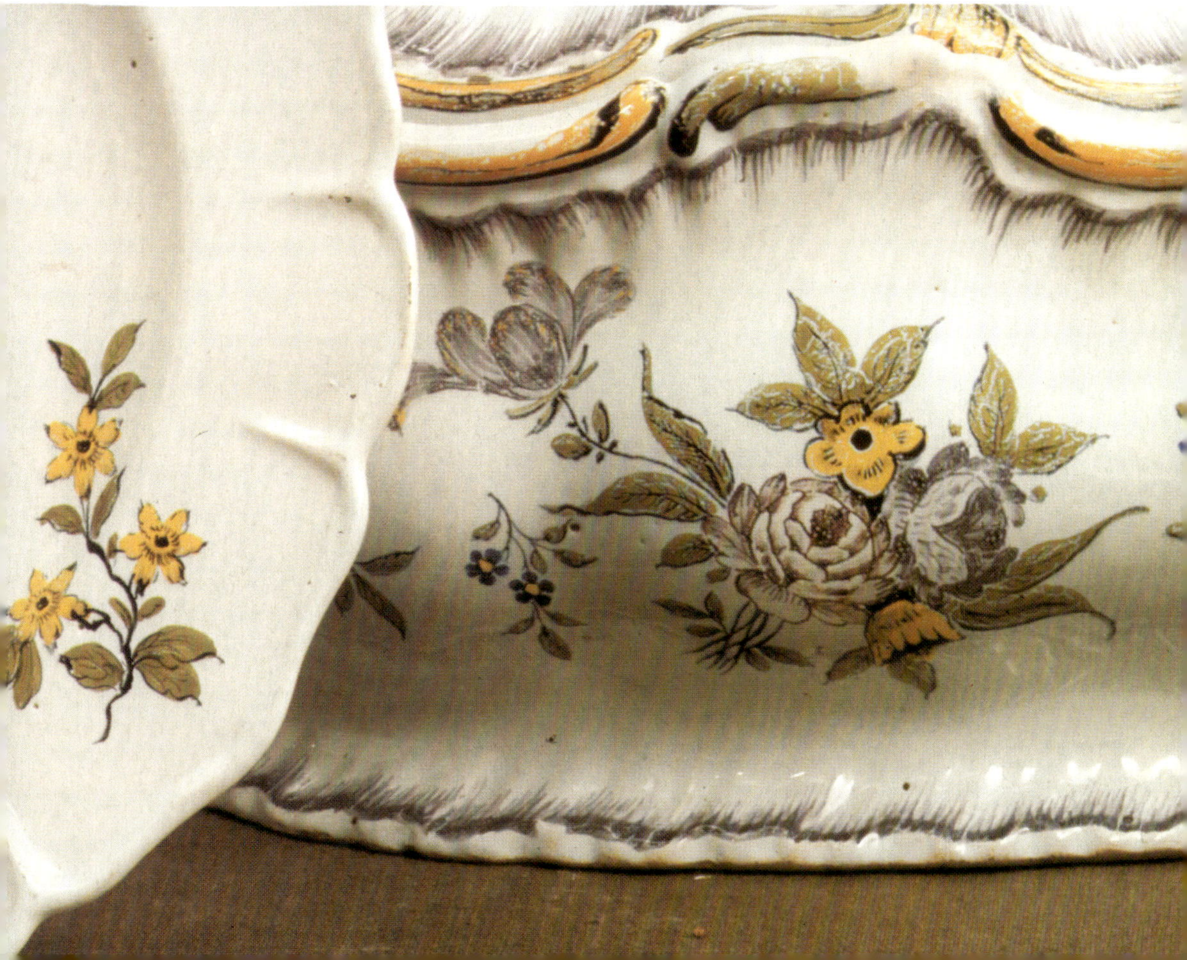

Provplattor med färger och guld gjorda vid Rörstrand, daterade 1758. 8,2 × 10,2 cm. Nordiska museet

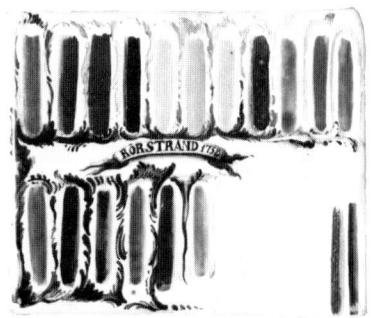

är ett slags glasfluss, som ofta blandades med något terpentin eller olja som bindmedel. De första provplattorna målade med de nya färgerna är daterade på Rörstrand 1758. Också guld finns med bland färgerna. Det är dock mycket ovanligt på svenska fajanser och krävde en extra, fjärde bränning.

Små defekter i glasyren kunde döljas med insekter. Djurens kropp täcker eventuella mistor i glasyren. Detalj av tebord från Marieberg. Hela bordet finns avbildat på s 77. I konsthandeln

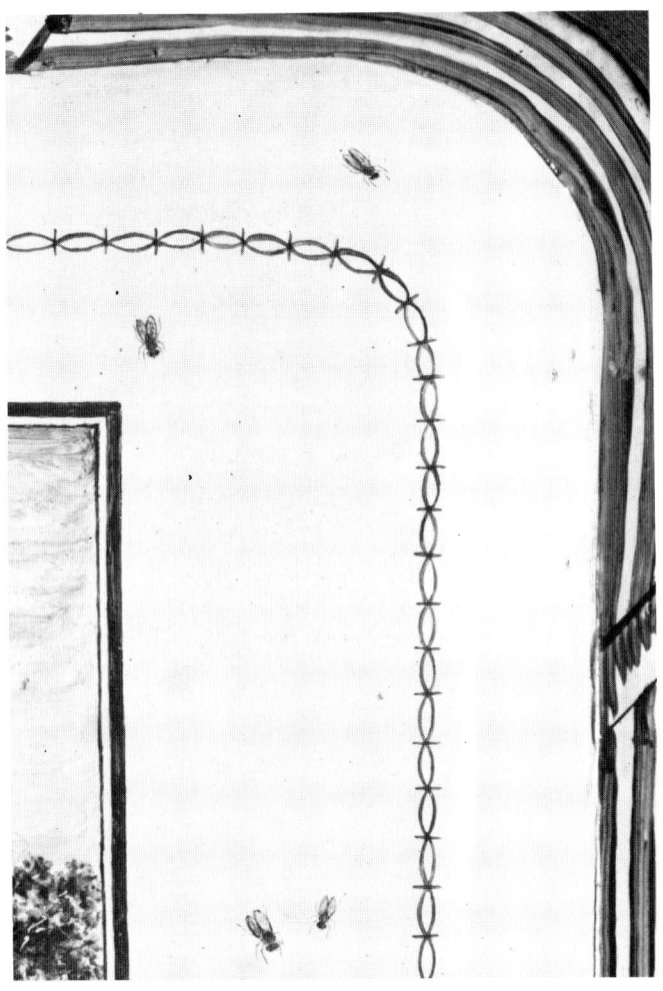

Rörstrand lyckades aldrig riktigt behärska den rika färgskala som kan uppnås med emalj- eller muffelfärger. Marieberg gjorde det däremot på ett virtuost sätt. T o m den röda färgen, som alltid är svår att lyckas med, hade man kontroll över från Pierre Berthevins (1766–69) tid. Rörstrand använde i stället redan på 1750-talet metoden att måla med starkeldsfärger på den brända glasyren och bränna dem vid en lägre temperatur än vid starkeldsbränning. Förutom Rörstrand och Marieberg var det av de svenska fabrikerna bara Stralsund som använde emaljfärger.

Jämte det "emaljerade kulörta" finner man från Marieberg emaljerat blått. Det betyder helt enkelt att den blå färgen inte målades på den obrända glasyren utan liksom emaljfärgerna på den brända glasyren och därefter brändes i muffelugn. Färgen blev då mera intensiv och lysande.

Både Rörstrand och Marieberg försåg gärna sina produkter med tryckta bilder. Blommor, kineserier, putti eller någon ruin var populära motiv liksom herdeidyller. Tallriken med tryckta små motiv på brämet är gjord på Rörstrand 1769 medan den med genombrutet bräm kommer från Marieberg, 1770. Linjerna på båda tallrikarna liksom de små blommorna är målade för hand. D (bägge) 24,5 cm. Nationalmuseum

Kruka med lock med tryckt och målad dekor i brunsvart. H 36 cm. Marieberg, 1770-talet. Längst t h kruka utan lock med tryckt dekor. H 24,5 cm. Marieberg, 1770-talet. Nationalmuseum

Tekniken att dekorera med tryckta bilder hör också fajanstiden till. Den användes under ett ganska kort skede, från 1760-talets slut och något decennium framåt för att sedan återkomma under 1800-talet och då bli en av de vanligaste och mest betydande metoderna. En tryckplåt med ett ingraverat mönster beströks med en lämplig färg, man gjorde ett avdrag på tunt papper och placerade detta papper med mönster i en färg på det föremål som skulle dekoreras. När färgen hade gnuggats på, tvättades papperet bort och keramikpjäsen kunde nu behandlas på samma sätt som om dekoren hade målats. Ursprungligen var detta en engelsk uppfinning från 1700-talets mitt. Där användes den på det nya flintgodset och på porslin. I Sverige användes metoden under 1700-talet enbart på fajanser.

Den äldsta daterade pjäs som nu är känd är en kruka eller urna med lock med delvis tryckt och delvis målad dekor i grått och blått från Marieberg, daterad 1766. Porslinsritaren Anders Stenman, som 1767 finns upptagen i Rörstrands längder men 1768 återfinns hos Marieberg, har utpekats som tryckets introduktör i Sverige. Också Pierre Berthevin, som kom till Marieberg 1765, kan ha haft med metodens införande att göra.

Verkstäder

Genom inventarieförteckningar, kartor och andra beskrivningar kan man bilda sig en viss uppfattning om hur de keramiska fabrikerna i Sverige såg ut under 1700-talet. Naturligtvis måste man ha klart för sig att utseende och uppdelning av arbetsmoment och lokaler skiftade från plats till plats beroende på företagets storlek och kapacitet, men grundförutsättningarna var de samma, vilket gör att upplysningar hämtade från flera källor tillsammans kan ge en ganska sann bild.

En lerkammare för att förvara leran behövdes liksom en plats för att tvätta leran. Fyrkantsskivor användes att trampa lera på. Vidare behövdes lerklubbor, lerhackor och järn att skära leran med. Siktar av järn att sålla sand i hörde säkerligen också till lerberedningens redskap. Sand användes ju för att ge leran dess rätta konsistens.

Ingredienserna till glasyren måste krossas och finfördelas för att kunna användas. Till detta användes stampverk eller kvarnar. Både från Rörstrand och Marieberg finns beskrivningar av glasyrkvarnar där ek var det viktigaste materialet, både till hjul och stampar. Det hårda virket kunde användas som kugghjul och krossningsredskap. Glasyrtillverkningen var den mest komplicerade processen och också den som var omgiven med det största hemlighetsmakeriet. Större och mindre siktar liksom också träbaljor användes för att sikta glasyren. En skumslev brukades vid bränning av tennaskan.

Flera brännugnar var i bruk vid de större fabrikerna. Man hade även en rad verkstäder, bl a drejarstuga, modellör- och formarsal samt målarstuga.

I drejarstugan fanns drejarstolar (drejskivor). I formar- och modellörverkstaden kan man tänka sig att en "bildthuggarbänck", som finns omnämnd i ett Rörstrandsinventarium från 1741, kan ha stått. Här fanns säkerligen också modellerna av trä, både till koker (dvs brännkapslar) och föremål som terriner. I målarstugan stod bänkar med lådor "för dem som måhla", där fanns nog också "1 litet färgskåp med lås och nyckel", då färger var dyrbara inventarier. Brännugnar och verkstäder kunde ligga i samma "wärkhus", medan stamp- och kvarnverket, som krävde hästar eller oxar som draghjälp, låg för sig. Djuren skulle ha någonstans att bo. Så behövdes förstås en rejäl vedbod för att lagra allt det bränsle som gick åt vid bränningarna. Vid Rörstrand hade man också båtar att frakta det färdiga godset till Stockholm på – Rörstrand låg långt från centrum på den tiden.

Arbetare

Vem gjorde de svenska fajanserna? Hur var arbetarnas förhållanden, var bodde de? Svaren är inte lätta att ge. Men låt oss börja med att se på en förteckning från januari 1741 över "de arbetare och betiente" som då fanns vid Rörstrand. Riktigt rättvisande är den inte. Här finns ingen mästare. Föregående år hade Johan Georg Taglieb avlidit och i hallrättsberättelsen kan man läsa om "1 svensk verkgesäll Anders Fahlström, som efter sista mästarens dödsfall även förestått glasyren och brännugnarna". Han var egentligen målare eller ritare som det också kallades och finns upptagen som förste man i 1741 års förteckning. Därefter följer två målargesäller, Johan Casper Sauer och Joakim Silfverskoug. Till sin hjälp hade de fyra "målaregåssar", av vilka Magnus Lundberg och Eric Wahlberg skulle komma att bli de mest bekanta. "Läropåikar" fanns det sex stycken, bland dem Anders Fahlströms bror Erik, som 1747 blev gesäll, sedan verkgesäll och 1759 "övermästare", vilket bara var en hederstitel. När det fanns en mästare var verkgesällens speciella uppgift att hålla ett vakande öga över lärpojkarna, även på fritiden.

Fem "dräijargesäller", av vilka två var danskar och en tysk, "en dräijare" och "två dräijargåssar" hade hand om drejningen eller svarvningen och förmodligen också de pjäser som gjordes i form. Brännarna var fyra till antalet. En "glasurmakare", en lertrampare, sex hantlangare samt snickare, husdräng, "wacktmästare" och bokhållare fullbordade arbetarskaran, inalles trettiosju personer. Antalet arbetare växlade naturligtvis starkt beroende på fabrikens storlek och produktion. 1778 hade Sölvesborg enligt husförhörslängden fyra porslinsarbetare, en ritare, en drejare, en brännare och en formare samt två bruksdrängar, inalles tio personer. Största antalet arbetare skall Rörstrand ha haft 1761 och 1764, nämligen 128, men i konkurrensen med Marieberg och under dåliga tider sjönk antalet snart igen. Marieberg hade redan 1761 130 arbetare samt nio hantverkare och 25 kvinnliga lerberederskor, senare ökade arbetsstyrkans antal till långt över 200.

Att gesäller kunde ha en viss status förstår man av att de hade rätt att bära värja då de ansågs utöva en fri konst. Å andra sidan skröt både Rörstrand och Marieberg med att ha tagit fattiga barn och löst, oövat folk som man utbildat.

Reella löneuppgifter möter man sällan. I nyupptäckta dokument rörande Sölvesborgsfabriken finns dock några intressanta siffror. En ritare tjänade 1789 60 riksdaler, en drejare 54 och en formare 48 riksdaler om året. (Angående relationerna mellan olika mynt se not om Riksdaler s 240). När Rörstrand omorganiserades och ett nytt bolag bildades 1753, bestämde man i "reglor" för bolaget att en bokhållare skulle ha 900 daler kopparmynt årligen, en skrivare 300 och en uppsyningsman 600. Företaget fick nu också fyra direktörer, som skulle sammanträda minst en gång i månaden. De skulle bl a se till att byggnaderna hölls i stånd, att råmaterial anskaffades till lägsta pris och att arbetslönerna inte ökades. Någon av dem skulle också alltid vara med när en färdigbränd ugn öppnades. De utgjorde med andra ord ett slags arbetande styrelseutskott.

Lärgossarna vid Rörstrand hade kost, men ingen lön. Det framgår av att de när de begått en förseelse, som skulle bestraffas med böter, i stället fick smaka karbasen. För lärlingarna erhöll fabrikerna läropremier. 1762 fick Marieberg av Sekreta handels- och manufakturdeputationen löfte om 300 daler silvermynt för 40 lärlingar under tio års tid. 1753 tillkom också ett reglemente för dem. Förutom ordningsföreskrifter bestämdes att lärlingarna efter att ha arbetat in det de fått av fabriken och ytterligare för 1 000 daler kopparmynt samt klarat av gesällprov skulle få gesällbrev. Sedan hade de skyldighet att stanna minst i tio år vid fabriken. Det sista vållade bråk, då gesällerna gärna ville byta arbetsplats, när Rörstrand inte längre var den enda fabriken.

På Mariebergs område fanns 1761, enligt grundaren J L E Ehrenreich, "Ett stort Wånings hus för Arbetare af timer Med Källare inunder och Tegel tack, 36 alnar långt, 16 d° bredt, innehållandes 18 rum och bebos nu af 16. Hushåll". Särskilt komfortabelt kan det inte ha varit. Betydligt bättre bodde man då i ett hus, också vid Marieberg, beskrivet i en brandförsäkringshandling 1770: "dels af Sten dels och Sten Korsswärke, sex rum med gippsade tak och Kakelugnar, samt ofwan uppå 4ra stycken winds Kamrar med dito tak och trätrappat hjemte en Kakelugn i hwarje rum ..." Här bör fabriksledaren då, Henrik Sten, ha bott med sitt hushåll.

Försäljning

För dem som ville tillhandla sig fajanser fanns flera möjligheter. De kunde åka ut till Rörstrand eller Marieberg och köpa direkt från fabrikens magasin och kanske få en något skadad pjäs till bättre pris. Där hölls även auktioner på sekunda gods. Inne i Stockholm hade Rörstrand från 1733 en fabriksbod vid Riddarhustorget 54. 1745 flyttades den till Riddarhustorget 114. Den boden omnämns ibland som liggande vid Riddarholmsbron eller Munkbron. 1776 flyttades den till Storkyrkobrinken, där boden fanns kvar till 1802. 1758 fick Rörstrand ytterligare ett försäljningsställe i Stockholm, vid Skeppsbron.

I början av 1760-talet hade Marieberg öppnat bod i Storkyrkobrinken och på 1770-talet öppnade man ett med Rörstrand konkurrerande försäljningsställe på Skeppsbron. Dessutom fanns fabrikernas keramiska gods till salu i andra mera diversehandelsliknande bodar.

Också ute i landet kunde man köpa fajanser. "Allehanda sorter Porcelainer af Marienbergs Fabrique, efter allehanda Utlänska och Griebensteins Modeller, är till köps, hos handelsman Peter Lindahl" stod det under rubriken "Skriftliga Kungjörelser" i Norrköpings Weko-Tidningar den 21 december 1765. (Lindahl var gift med C C Gjörwells dotter Gustava.) I samma tidning den 7 juni 1769: "Hos Nils Wrethander som bor uti Piperska gården wid öfra ändan af Skeppsbron, finns utaf alla sorter både finare och gröfre Porcelainer af Rörstrands goda tilwärkning, som säljes både i serviser och styckewis, alt som det åstundas til samma pris som det i Stockholm föryttras."

Det blandade sortimentet kan man få en uppfattning om genom följande notis från maj samma år: "Curlands smör, nyligen ankommit, uti fjerdingar, om 3 a 4 til 5 Lis:pd fjerdingen, finnes till köps hos handelsmannen Johan Kuhlman; hwarest och Curlands och Riga kjött, uti halftunnor försäljas. Porcelaine af allahanda sorter, Mariebergs tillwärkning, kan den, som åstundar, äfwen hos bemälte handlande ärhålla, tillika med Pyrmont = och Seltzer wattn, som förleden höst inkommit."

Rörstrand skall 1776 ha haft över 40 återförsäljare i olika svenska städer. Man hade också rätt att sälja på marknader och dessutom, från 1756, genom "porslinsförare", ett slags gårdfarihandel. Dessa nasare blev ofta avsigkomna personer som reste runt och sålde ganska sekunda varor från olika ställen. 1822 förbjöds denna handel.

Vad priserna beträffar så fanns de på Rörstrands fajanser ofta inbrända. På samma gång som signatur och datum målades, måla-

1700-talets annonser var betydligt mindre braskande än dagens. När Johan Kuhlman meddelar att han säljer "porcelainer" från Marieberg står det under rubriken "Åtskilliga Kungjörelser" på första sidan i Norrköpings Weko Tidningar den 21 december 1765.

Prislapp från Marieberg

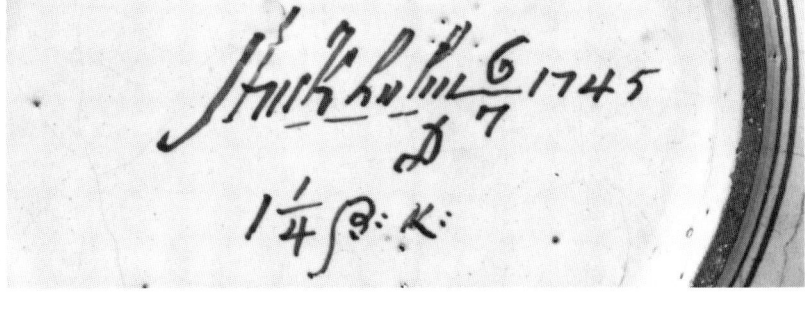

Inbränt pris från Rörstrand, på andra raden 1 1/4 daler kopparmynt

de man också ett pris. Från 1740-talets mitt finns prismärkta fajanser. Det är inte de praktfullaste pjäserna utan det stora flödet av varor som på detta sätt kontrollerades. Marieberg försåg ibland sina varor med påklistrade prislappar av papper.

Priserna angavs i daler kopparmynt, för den enstaka pjäsen, för dussinet eller för paret. Några prisexempel från Rörstrand: åttkantiga tallrikar dekorerade med vitt på vitt kostade 1745 12 daler kopparmynt per dussin, en kanna i blått och mangan kostade 1746 1 1/2 daler kopparmynt och en terrin, rikt dekorerad i relief och färger, kostade 1770 21 daler.

Marieberg sålde på 1760-talet polykroma kaffekannor för 48 daler kopparmynt, vita skrivtyg för 18 och 24 samt en extra vacker kylpotta för 48 daler kopparmynt, vilket tycks vara en prisklass som ligger något över Rörstrands. Rörstrand var också, enligt direktör Nordenstolpe på 1760-talet, känt för "dess skäliga pris".

Form och dekor under fajanstiden

Den svenska fajanstiden är egentligen ett kort skede. Om man räknar 1730-talet, då Rörstrand kommer igång med sin produktion, som begynnelseskede, och 1780-talet, då Marieberg läggs ner och flintgodset blir det dominerande materialet som slutfas, kommer man fram till att det rör sig om femtio till sextio år. Ser man på produktionen skall man däremot finna att den är både rik och varierad. Rent stilmässigt omfattar den allt från ganska disciplinerad barock över en levande och naturförälskad rokoko till en strängare klassicism.

Porslinet brukar betraktas som rokokons material framför andra. Utformat med elegans, precision och detaljskärpa i form och dekor framstår det som ett perfekt medium. Barockens tyngre och många gånger enklare former, en förkärlek för vissa regelbundna ornament och den blå-vita färgkombinationen som man lärt från Kina skulle passa bättre för fajansen. 1740-talet har också ansetts vara den svenska fajansens bästa period. Men 1760-talet gör 40-talet rangen stridig. 60-talets svenska fajansrokoko är mjuk och vänlig. Formerna är mindre detaljskarpa, men alla naturens former som framställs i fajans får en speciellt levande karaktär, som också ger något av rokokons väsen.

Klassicismens rakare former och färgfattighet skulle väl i och för sig kunna tolkas i fajans, men här blir resultatet nog det sämsta. Fajansen är för "mjuk" och färgen alltför spontant flödig.

När man ser på de svenska fajanserna skall man finna att de både är omisskännligt svenska och influerade av utländska förebilder. Ett fåtal är helt svenska, en annan liten grupp kan förväxlas med alster från utländska fabriker. Den största gruppen präglas av en lycklig blandning av inhemskt och utländskt.

Den blå barockperioden

De första svenska fajanserna, från 1730-talet, är helt beroende av utländska förebilder. Någon inhemsk form- och dekortradition hade ännu inte hunnit skapas. Arbetarna var utlänningar som så småningom lärde upp svenska förmågor. På 1740-talet kan man märka en förändring, mönster och former med svensk anknytning dyker upp. Förebilderna används på ett friare sätt och Rörstrandsfajanserna får en egen karaktär. Men fortfarande är man beroende av utländska förebilder. De färger som användes var starkeldsfärger, huvudsakligen blått, något litet brunlila samt enstaka inslag av gult och grönt.

Delfts inflytande

Delft var den stora inspirationskällan för europeiska fajanser under 1600-talets senare hälft och början av 1700-talet. Några holländska arbetare finns inte registrerade i Sverige, men våra tidiga fajanser har många holländska drag. Anders Fahlström signerade 1739 ett stort fat med blå dekor. Det är gjort som komplettering till en servis med det grevliga von Fersenska vapnet, beställd i Holland. Säkert fanns också andra fajanser från Delft i Sverige och de kan alltså ha tjänat som förlagor. Ytterligare en möjlighet är att man vid Rörstrand efterbildade föremål som i sin tur var Delftkopior.

Seden att ställa ett garnityr av sammanhörande vaser och urnor ovanpå barockens höga skåp var holländsk. Sådana garnityr tillverkades också vid Rörstrand. De flesta "oppsatspottor" som finns bevarade är enstaka krukor eller urnor med eller utan lock.

Brickor på fötter och fat försågs med landskap och scener med figurer. Också det är ett holländskt drag. 1600-talet är måleriets stora århundrade i Holland, även fajanser dekorerades gärna med "tavlor". Stora blomkrukor tillverkades också i Delft. En svensk variant med tre kronor i blått är signerad 1753. En rent dekorativ funktion hade de pyramider, ofta med blomdekor, som efter holländsk förebild tillverkades vid Rörstrand.

Förebilder från Tyskland och fransk barockklassicism

Från Tyskland kom flera av de första arbetarna vid Rörstrand. Anders Nicolaus Ferdinand, som följde med grundaren Wolff, hade arbetat som målare i Zerbst, därifrån kom också drejaren Finster. Johan Wolff själv hade varit verksam i Nürnberg. Johan Georg Taglieb, som 1739 efterträdde Ferdinand, hade nog då varit på Rörstrand någon tid och dessförinnan i Ansbach. Omsättningen på folk var stor och säkert fanns det ytterligare tyskar anställda. Dessa hade lärt sig att dreja och måla i Tyskland och det var alltså

Bordsplatå med en i blått målad scen. Den är signerad Stockh(olm) (17)51. L 49 cm. Nationalmuseum

Fat med lambrekängbård och grevliga von Fersenska fatet gjort som komplettering till en fajansservis från Delft. Anders Fahlström målade i blått 1739. Ett "tyskt" ölkrus med "dansk" bård, dvs omväxlande rutade fält och blomsterornament. Rörstrand, 1740-talet. H 19 cm. Nationalmuseum

Tre pyramider, bordsprydnader, med blå dekor. Formen är holländsk. En av dem är signerad av Erik Wahlberg, alla är gjorda på 1740-talet. H (den högsta) 37 cm. Nationalmuseum

Bilden på motstående sida: Johan Hedberg har målat dessa två pjäser på 1730-talet. Vasen med lock till vänster är närmast holländsk till formen, medan blommorna kan vara kinainspirerade. Det åttkantiga fatet är ett typiskt exempel på "Körbchen"-dekor. Vasens höjd är 34 cm. Nationalmuseum

naturligt för dem att fortsätta i samma stil i Sverige. Våra begrepp om mönsterskydd och upphovsmannarätt var okända vid den här tiden. Den egna förmågan var det enda hindret, när man ville ta upp andras former och mönster.

Rörstrands produktion under barocktiden, som man kan räkna fram till 1750-talet, är mycket starkt präglad av det tyska. I det sammanhanget får man emellertid inte glömma att en förebild som hämtades från Tyskland i sin tur kunde vara ett lån från Frankrike. Taglieb var i Ansbach känd för sina Rouendekorer. Ett exempel på det fransk-tyska inflytandet är den s k *berlinerbården*, också kallad Körbchen (liten korg)-bård, som var flitigt använd vid Rörstrand som t ex på ett vackert åttkantigt fat målat av Johan Hedberg. Runt brämet löper en bård bestående av omväxlande rutade fält på vilka det ligger ett päron och bredvid detta en halv blomma och korgar eller skålar med frukter. Det hela sammanhålls av band och ett blombladsmotiv. Rouens lambrekänger är utgångspunkten och liknande mönster förekommer där, men förebilden för Rörstrand har säkerligen varit någon del av den servis, förmodligen från Berlin, som makarna Ture Gabriel Bielke och Charlotta Piper efter sitt giftermål 1715 beställde. Fajanserna från Berlin är förvillande lika de svenska. Många av dem har förut tillskrivits Rörstrand, men är säkerligen inte gjorda här.

Ölkrus med tennlock är en tysk form som togs upp i Sverige. Från Zerbst finns krus med manganfond och blå blommor, just sådana tillverkades vid Rörstrand. Också de s k hjälmkannorna var populära i Tyskland liksom i Frankrike och kom hit endera vägen. Det är kannor på fot, vars behållare liknar en upp och nervänd hjälm.

Gesällvandringar var en väg för utländskt inflytande. Till flera fabriker men i synnerhet "den berömda fabriken uti Bayreuth" företog den svenske gesällen Abraham Hottschon en studieresa

Kanna, s k hjälmkanna,
efter fransk-tysk förebild.
1740-talet. H 23,5 cm.
Nationalmuseum

omkring 1740. Rörstrand anhöll 1741 hos Handels- och manufakturdeputationen om ytterligare respengar, för att han skulle kunna fortsätta till Frankrike och Holland.

Det franska inflytandet under Rörstrands första decennier kommer huvudsakligen från Rouen. Som vi redan har sett kan det komma via Berlin. De kraftfullt och symmetriskt uppbyggda dekorer med olika karakteristiska bårder och den radiella uppbyggnaden är sådant man inspirerades av. Detaljer som maskaroner under greparna och lockknopp i form av en pinjekotte på en terrin från Rörstrands 1740-tal vittnar om ett franskt inflytande som tillhör övergången mellan barock och rokoko, den s k régencen. Sättet att bygga kring ett mittornament, t ex en blomkorg, kan också vara hämtat från Rouen – eller Kina.

Kinesiska förebilder
Vi har sett att 1600-talets fajanser från Delft är starkt Kinainspirerade liksom ofta de tyska, vars förebilder gärna kommer via Holland. Granskar man det svenska materialet skall man finna att det har många kinesiserande drag, även om förebilderna inte alltid är direkt hämtade från Kina utan har gått en omväg över just Holland eller Tyskland.

En klassisk "fransk" terrin med pinjekotte på locket och maskaroner vid greparna. Den är dekorerad i blått av Joakim Silfverskoug på 1740-talet. H 31,5cm. Röhsska Konstslöjdmuseet, Göteborg.

Vasen till vänster med Kinainspirerad dekor i blått är målad av Johan Hedberg omkring 1745, burken är en kopia av en kinesisk ingefärskruka som Carl-Eric Löfström målat 1757. Skålfatet med blomdekor i blått är målat på 1740-talet. Rörstrand. Vasen är 22 cm hög. Nationalmuseum

Tedosan nedan till vänster är förutom i blått målad i gult, tallriken dessutom i mangan. Tedosan är 12 cm hög och daterad 1747. Tallriken är också gjord på 1740-talet. Rörstrand. Nationalmuseum

Den flaggande kiosken och tårpilen är ett motiv som börjar målas på Rörstrand under 1740-talet och länge behåller sin popularitet. Fatet överst till höger, 35,5 cm i diameter, är tillverkat på Marieberg under senare hälften av 1760-talet. Den egendomliga formationen framför kiosken är en kinesisk trädgårdsklippa. Nationalmuseum

Tallrik med vapen, tillverkad för familjen Sparre, efter ostindisk förebild. Rörstrand 1740-talet. D 22 cm. Nationalmuseum

Det svenska Ostindiska kompaniet startade sin verksamhet 1731 och från 1733 började det kinesiska exportporslinet komma in i Sverige. Man hade alltså även direkta förlagor att efterbilda.

En bukig vas med rik dekor av blommor i blått, en kruka av ingefärstyp, liksom andra vaser och urnor dekorerade med ostasiatiskt inspirerade blommor tillhör de relativt tidiga kineserierna från Rörstrand. Ofta var formerna europeiska. En tekanna med blå fondfärg från Rörstrand har däremot en ursprungligen kinesisk form och här har man till och med försökt uppnå effekten av kinesernas pudrade blå fond, där koboltfärgen blåstes på genom ett bamburör. Den utsparade reserven (omålat fält) är dekorerad med blommor målade i mangan (se s 73).

Ett lätt skålat litet fat, tillverkat vid Rörstrand omkring 1740, med en blomma målad i flera blå nyanser i botten och kring kanten en tunn, blå rand är något av det renaste kinesiska man kan tänka sig. Inte så att förlagan är klart belagd utan därför att enkelheten och sparsamheten i dekoren förmedlar några av de finaste kvaliteterna i den kinesiska keramiken.

Motiv som *Den flaggande kiosken och tårpilen* och *Fågeln på blommande kvist* finns vid Rörstrand från 1740-talet. Fågeln upprepades senare av andra fabriker.

Tallriksdekorerna påverkades av det importerade porslinet. Bården på brämet och mittmotivet får en prägel som gör att man genast känner igen det som inspirerat från Kina. Ganska ovanlig genom sina färger är en djup tallrik från 1740-talet. Förutom i blått är den målad i gult, grönt och manganlila. Bården är kinesisk,

Terrinen med lock och fat och en delfin som grepe på locket är målad med kinesiserande blommor. Signaturen berättar att målningen är utförd den 13 april 1748 på Rörstrand. Fatets längd är 39 cm. Nationalmuseum

medan mittmotivet, en korg med blommor, kanske kommer från Rouen. Också på terriner finner man bårderna tillsammans med kinesiska landskap och det som vid Meissen kallades "indianische Blumen" (indianska blommor, vilket betydde från Indien–Kina) eller luftigt målade ljust blå krysantemer och pioner.

Danmark – en förmedlande länk

Att de danska fajanserna fick ett inflytande i Sverige beror på att Rörstrands initiativtagare Johan Wolff ju först hade grundat en fabrik i Köpenhamn. En bård med omväxlande blomsterornament och rutfält brukar kallas för "den danska". De medhjälpare Wolff hade med sig, när han kom till Stockholm, fortsatte att dekorera som de var vana vid. En annan historia är det att de danska motiven i sin tur inte var helt självständiga skapelser.

Danska till sin typ är stora blomsterkrukor med handtag i form av huvuden, ofta bemålade med hus i landskap.

Sverige

Vad är då svenskt? Vad formvärlden beträffar kan några modeller lånade från silvret betraktas som inhemska. Det är bägarna med lock från Rörstrand, daterade på 1740-talet, lätt trumpetformade, sådana som de såg ut på 1720-talet och flera årtionden framåt.

Kallskålsskålen eller grötskålen, det sena 1600-talets och tidiga 1700-talets magnifika statuspjäs av silver för det dukade bordet, finns också bevarad i enstaka exemplar från Rörstrands 1740-tal. Fajansen var ju i viss mån ett ersättningsmaterial för silvret, särskilt i Frankrike, men det behöver inte betyda att det var ett andra klassens substitut. Bruket att låna modeller från silver till keramik finner man också, t ex när det gäller det första porslinet från Meissen, vilket verkligen var sig själv nog.

Den runda presenterbrickan på fot, som Rörstrand tillverkar på 1730- och 40-talen, finns i samma form från Kungsholms glasbruk.

Ett av de mönster Rörstrand lanserade på 1740-talet var Nordstjärnan. Den är den kanske mest storsvenska av alla symboler. Karl XI och Karl XII använde gärna symbolen Nordstjärnan "som inte känner sin nedgång". 1739, då Vetenskapsakademien grundades, blev den dess emblem. 1748 instiftades Nordstjärneorden. Och Nordstjärnan förekommer överallt från Riddarholmskyrkans karolinska gravkor till fajansfat. Ett ovanligt vackert fat med Nordstjärnan mitt på spegeln och en lätt och rörlig men

Skål på fot med dekor i manganviolett. Johannes Döparen, Jesus och den helige ande är målade av Anders Fahlström 1745. Rörstrand. D 25 cm. Nationalmuseum

Fatet med den strålande nordstjärnan mitt på spegeln är målat på Rörstrand av Johan Hedberg vid 1740-talets slut. D 48. Nationalmuseum

symmetrisk dekor på brämet, målat av Johan Hedberg, brukar anses vara komponerat av Christian Precht. Precht kan sägas utgöra en länk mellan barock och rokoko.

Rokokon gör sin entré

Om rokokon här får göra sin entré i former och mönster som känns rent svenska, är det ändå Frankrike som ligger bakom. Förlagor därifrån, inspiration från naturen och Kina är de viktigaste beståndsdelarna i vår keramiska rokoko. Att förklara rokokons väsen är en svår uppgift. Att peka på några karakteristiska drag är lättare.

Man är trött på pompa och ståt. Konstnärliga krafter och resurser ägnas i stället åt att göra livet behagligt. Det komfortabelt inredda hemmet får ersätta det representativa, vilket inte hindrar att den svenska högreståndsmiljön från 1700-talets andra hälft framstår som både luxuös och ganska formell för våra ögon. Formalt sett ersätts symmetri av rörlighet, tyngd av lätthet, bundna mönster av fria dekorer. Asymmetri med perfekt balans karakteriserar rokokon när den är som bäst.

Marieberg behärskade från första början konsten att dekorera med överglasyrfärger. Från 1758 gör Rörstrand muffelbrända dekorer i flera färger. Man kunde emellertid aldrig ta upp tävlan med Mariebergs färger. Karakteristiskt för Rörstrand blev istället starkeldsfärgernas traditionella färgskala – blått, mangan, gult och koppargrönt – målad på den brända glasyren och bränd i muffelfärgernas lägre temperatur. Så tillkom många tilltalande dekorer som präglas av en dämpad och mjuk kolorit.

Före fajanstidens slut hinner rokokon avlösas av nyklassicismen eller den gustavianska stilen. Ett sakligt tillnyktrande dämpar det fria formspråket. Urnor och kolonner ersätter naturens former. En och annan blomma får stanna kvar som en accent på silver och fajans, men de lysande färgernas epok är slut. Monokromin blir modern igen. Landskap i rött och blombuketter i gult ter sig brokiga bredvid den allvarliga sepian.

Sverige

Ett mönster som användes under tre decennier och uppenbarligen åtnjöt stor popularitet är det s k *Rehnska mönstret,* det förekom-

En mjuk och böljande rokoko i form och dekor visar dessa sockerruskor och fatet med Rehnska mönstret, målat i blått. Fonden är gjord i vitt på vitt. Det 44 cm långa fatet är daterat 1758. Ruskorna är också tillverkade på 1750-talet. Nationalmuseum

Humlemönstret målat i mangan på två tallrikar från Marieberg är här sammanfört med en enkel kvistdekor på en tekanna från Pålsjö och en blomdekor på ett saltkar från Marieberg. Tallrikarnas diameter är 22,5 cm. Allt är gjort på 1770-talet. Nationalmuseum

mer till och med på porslin importerat från Kina. Det första exemplet är en tallrik från 1748 med Adolf Fredriks monogram på spegeln tillverkad vid Rörstrand. Brämets ytterkontur är rörlig, uddarna accentueras av de målade vågtoppar som omväxlande med ett blad utgår från en bandstav som är målad ytterst på brämet. Det vanligaste centralmotivet är ett sprucket granatäpple. Med det mönstret gör rokokon sin entré på Rörstrand. Några ritningar som exakt går att sammanföra med bevarade fajanser finns inte, men att Jean Eric Rehn, efter Carl Hårleman det svenska 1700-talets främste mönstertecknare, arbetade för Rörstrand finns det skriftliga belägg på. Han studerade i Paris från 1740 till 1745 och var väl medveten om den nya stilen, rokokon. Det finns ingen anledning att betvivla att han är upphovsman till det Rehnska mönstret. Det förekommer på alla sorters föremål, gärna på en lätt blåtonad glasyr med ett "spetsmönster" i vitt. Också andra fabriker tog upp det populära mönstret som förutom i blått finns målat i mangan.

Spetsmönstret är troligen det som på 1700-talet kallas "marseille", dvs något som ser ut som spetsar från Marseille. Tekniken att måla med vit färg på vit eller svagt tonad botten är ursprungligen italiensk. Under det tidiga 1500-talet försågs en del majolikapjäser med partier av "bianco sopra bianco" (vitt på vitt). I Frankrike finner man också "blanc fixe", liksom i England. "Marseille" användes ofta tillsammans med Rehns dekorer. I sin svenska version består den av ett tätt upprepningsmönster av viggar, prickar eller dylikt målade i vitt på en mer eller mindre starkt tonad blåaktig glasyr. Mot den bakgrunden målades sedan det eventuella mönstret. Ibland är den blå tonen på glasyren påträngande stark och spetsmönstret lysande vitt.

Också *humlemönstret* anses vara Rehns skapelse. Det är både dekorativt och tacksamt att måla. Ingen svensk fajansfabrik saknar det heller i sin repertoar. Anonymt, men säkert svenskt, är ett upprepningsmönster av stiliserade klöverblad i blått.

Den i föregående avsnitt nämnde Christian Precht är ett välkänt namn inom svenskt konsthantverk under 1700-talet. Mest förknippas han kanske med silver, men Precht var inte mästare under skråtvång utan arbetade som fri konstnär, varför hans arbeten är svåra att fastställa. Man vet emellertid att han mycket tidigt för svenska förhållanden, 1741, började arbeta med rokokoformer. Precht ritade också mönster. En bordsplatå från 1757 med en mjuk men spänstig bård och ett mittornament som pekar mot Watteaus läderlappsvingar kan vara Prechts. Hans verksamhet vid Rörstrand finns inte på något sätt dokumenterad. Däremot finns en ritning till en assiett, signerad och daterad av Precht 1761, som också bär en påskrift på franska att den är gjord för "herr Ehrenreichs fabrik på Kungsholmen", som Marieberg ofta kallades.

I Mariebergs brännugnsbok från 1763–65, som av en lycklig slump bevarats till eftervärlden i Kommerskollegiums arkiv, kan man lära sig en del om modellerna. Den stora svårigheten är att kombinera ihop de kortfattade beskrivningarna med kvarvarande föremål. En del modeller är betecknade med konstnärsnamn. Förutom former tillskrivna utlänningar finner man "1 st. Terrin Prächts Modell 24 dlr". Terriner med fat, smöraskar och potpourrikrukor gjordes efter Olof Årre. Han gick i lära hos Adrian Masreliez och arbetade från 1759 för Manufakturkontoret som modellör. En modell har attribuerats till honom genom beskrivningen "Terriner, owala, Mussel orres mod med låck à 54 dlr". Livet är täckt av snäckor och musslor, som lockknopp tjänar en kräfta. Den finns också i vitt med en annan lockknopp.

Från 1750–70-talen finns "silver"kaffekannor, där livet är utformat med svängda åsar, knäckar, och står på en "helslagen" fot eller den ännu mer rokokomässiga varianten med tre bladfötter. Grädd- eller såskärl i silver av en typ som verkar gå tillbaka på ett uppvikt blad, finner man med samma utformning både hos Rörstrand och Marieberg på 1760- och 70-talen samt hos de mindre fabrikerna.

Franskt inflytande

Det franska inflytandet hade en grundläggande betydelse för den svenska konsten under 1700-talet.

Redan under Karl XI:s tid hade Nicodemus Tessin d y börjat bygga om det gamla slottet Tre Kronor, men först efter slottsbranden i maj 1697, Karl XI dog i april, tog arbetet på det nya slottet riktig fart. Den imponerande barockbyggnaden blev dock inte får-

Kaffekannor från Marieberg 1760-66. Den större är 28,4 cm hög. Bådas form går tillbaka på silverkannor. Nordiska museet

Tallriken och tekoppen, ett sällsynt föremål, är dekorerade med klöverbladsmönster i blått. Örskålen, sleven och fatet med körsbär är också gjorda på Rörstrand. Tallriken är daterad 1754 och har en diameter på 23 cm. Nationalmuseum

dig under enväldets dagar. Man hade inte råd att bygga vidare på stormaktsmonumentet under de hårda åren närmast efter Karl XII:s död. Först 1727 beslöt ständerna att slottet skulle göras klart. Under den tid slottet byggdes och inreddes, var det ett naturligt centrum för konstlivet i Sverige. Den franska smaken blev normgivande. Från Frankrike kom förlagor och mönster, men också konstnärer som skulle arbeta i Sverige och även lära upp svenska konstnärer och hantverkare.

En direkt anknytning till slottsinredningen har en grupp med två putti från Marieberg, gjord efter de lyktbärande putti som finns i slottets trappuppgångar. Där är konstnären Jacques Philippe Bouchardon, men vid Marieberg går de under "Lagewecks" namn, vilket måste utläsas som L'Archevêque, som närmast efter Bouchardon var verksam på slottet. Både rent vitglaserad och målad finns gruppen bevarad, men utan den kruka som figurerna skulle bära mellan sina händer.

Ornamentsbildhuggaren Christian August Griebenstein verkade på Stockholms slott från 1753 till 1762. Innan han återvände hem till Tyskland 1763 arbetade han för Marieberg och hann utforma ett stort antal modeller. Tre olika runda och tre olika ovala terriner med utsmyckningar som fågel och delfiner på locket, kaffekannor, mjölkkannor, spilkummar, tekannor, kylpottor, smöraskar, sockerskålar på fat, vattenbuteljer med två handtag, lavoarer, skrivtyg och ragoutterriner är exempel på vad han åstadkom. Att ta upp Griebenstein under Frankrike kan vara diskutabelt, men hans insats bör nog ses som en förgrening av det franska inflytandet efter hans långa verksamhet vid slottet. Det viktigaste blir kanske att notera det *utländska* draget i våra svenska fajanser. Åke Setterwall har påpekat att "En Service med Baron Hollmers wapn Blå Emaillerad" tillverkad 1764 innehöll delar av både fransk, engelsk, kinesisk och silvermodell. Man blandade också: en silvermodell

Den praktfulla terrinen med sin kräfta på locket är gjord på Marieberg efter Olof Årres modell, 1760–66. H 31 cm. Nationalmuseum

Terrinen med den livliga reliefmodelleringen är gjord 1760, efter fransk förebild, på Rörstrand. Uppenbarligen har den sedan fått tjäna som utgångspunkt för andra fabriker. Också från Rörstrand finns varianten utan reliefer och vildsvinshuvuden på själva terrinen. Exemplen här kommer från Marieberg, med tryckt dekor av putti och en kinesiska dragen i vagn, 1771; från Pålsjö, med avslagen hjort på locket, 1774; från Sölvesborg 1776. Rörstrandsterrinen tillhör Nationalmuseum, L 47 cm, de andra som är 42–43 cm långa tillhör i tur och ordning Gävle museum, Hallwylska museet och Carl Palmstiernas Sterbhus, Maltesholm

kunde vara fransk på locket och en av Årres terriner kunde få saxisk garnering.

När Jean Eric Rehn ånyo gav sig ut i Europa 1755–56 var Frankrike ett viktigt mål. Därifrån hemförde han inte bara sidenprover utan också franska fajanser för Manufakturkontorets räkning. Han lyckades även skaffa glasyr- och färgrecept. Recepten skulle användas och fajanserna kopieras i Sverige. Rehn var med andra ord ute som industrispion. Förebilderna, som hemförts till Manufakturkontoret, lånades 1757 ut till Rörstrand. Och 1759 avsynades en servis gjord för drottningen Lovisa Ulrika. Omdömet blev att den var "rätt vacker och ej allenast i anseendet lika så fullkomlig som proverna, utan somliga färger hade än lyckligare blivit träffade." I dag kan vi inte avgöra om det höga betyget stämmer; servisen finns inte kvar och inte heller de franska förebilderna finns bevarade. Frågan blir naturligtvis varifrån kom de och hur såg de ut? Det enda sättet att lösa problemet är att studera de franska fajansfabrikernas produktion samt söka likheter.

Strax utanför Paris, i Sceaux, fanns en manufaktur som blivit berömd för sina ofta porslinslika fajanser. Ledare för fabriken var från 1748 Jacques Chapelle. Tillverkningen är vanligen av hög kvalitet, tunt gods och fina färger gjorde den gångbar till och med i Paris. Utan några dokumentära belägg blir det ändå ganska frestande att utpeka Sceaux som en av de franska källorna för den svenska 1700-talsfajansen – flera modeller från Rörstrand går uppenbarligen tillbaka på pjäser från Sceaux.

Mest spektakulär är en terrin med livligt modellerad yta från Sceaux. Rokokons hela sprudlande asymmetri breder ut sig och avslutas med framdelen av en hjort som lockknopp och vildsvinshuvuden som grepar. Skillnaden mellan den franska och den svenska terrinen ligger i att den svenska är något tyngre i sin bukighet och att den franska har stora flödigt målade buketter, medan den svenska pryds av petigare småbuketter inordnade i kartuscher som bildas av modelleringen. Hjorten användes även av Marieberg, Pålsjö och Sölvesborg.

En "korgflätad" skål eller karott med frukter på locket och en målad blombukett, gjordes både hos Sceaux och Marieberg. Rörstrand hade en variant på temat där locket ersatts av en skiva med blompipor. Modellen till fyrkantiga blomhållare på fötter med löstagbar hålskiva som håller snittblommorna hämtade Rörstrand förmodligen också från Sceaux. Fat med en målad bladkant gjorda i Sceaux har inspirerat Rörstrand till att måla utsidan på det uppvikta brämet av fat som blad. En specialitet för Sceaux var terriner och andra föremål i form av fåglar och frukter. Ett sparrisknippe från Sceaux motsvaras av ett från Rörstrand. Båda går att dela – i skål och lock. En dekor med småskaliga blommor förekommer också ofta från Sceaux.

Genombrutna tallriksbräm och korgar, där flätningens skärningspunkter markeras av en blomma, är gemensamma nämnare för Sceaux och Marieberg där den förra är givande part. Mindre föremål som ett klockfoder och en terrin i form av en båt med rorsman tycks man också ha kopierat, men från Strasbourg. En liten skål med lock från Sceaux har samma dekor av fritt modellerade grenar som Marieberg i så stor mängd använt. I det fallet rör det sig snarast om en gemensam utgångspunkt.

En terrin stående på fyra bladformade fötter med lockknopp i form av en fågel brukar kallas "fransk modell" – en ofta förekommande beteckning. Mariebergs höga runda terriner har en form som bör gå tillbaka på den franska "pot à oille" (terrin för köttsoppa).

Skålen med lock, i form av en korg, är gjord vid Marieberg 1760–66, medan varianten med ett löstagbart lock, som tjänar som blomhållare, kommer från Rörstrand och är daterad 1759. De är 25 resp. 24 cm långa. Nationalmuseum

Terrinen med naturalistiska grepar och lockknopp, målad i rik polykromi är gjord vid Marieberg 1774 efter förebild av en terrin från Strasbourg. H 29 cm. Nationalmuseum

1765 ansågs de gamla franska modellerna vara omoderna och nya införskrevs. 1767 kom detta tillskott. Det blomstermåleri som utvecklades vid Marieberg ligger närmast Strasbourgs. Marieberg är berömt för sina lysande klara färger. Den röda, som alltid är den mest svårbemästrade, lärde man sig under Pierre Berthevins tid 1766–69 att behärska till fulländning. Utan signaturen på baksidan skulle man lätt kunna tveka om var flera pjäser är gjorda. Det finns delar av en servis från 1774 gjord för direktören vid Marieberg Liljencrantz, där terrinen är försedd med naturalistisk plastisk dekor – lockknoppen är en rödbeta – och ett flödigt blomstermåleri som är en direkt Strasbourgkopia. Det samma gäller tallrikarna med stora kraftfulla blommor.

Helt unik är en servis som Marieberg 1768–69 gjorde för den franske ambassadören i Stockholm och delägaren i Marieberg Louis Auguste le Tonnelier de Breteuil. Här är terrinerna rent franska i sin uppbyggnad, men de blev också en engångsföreteelse.

Graverade förlagor var en annan viktig källa. T ex Bouchers "La bonne aventure" (Spådomen), återfinns i Mariebergs produktion, bilden är målad i dämpade färger på en tedosa från 1765. (Se bild s 71.) Gravyrer efter Boucher användes också för tryckta dekorer på Mariebergs fajanser. Pierre Berthevin fick 1767 tillstånd att tullfritt införa "målningar, estamper och teckningar", som skulle användas som förebilder i ritarverkstaden. Det är naturligt att Berthevin under sin tid som ledare för Marieberg 1766–69 kunde prägla dess produktion och förde med sig ett direkt franskt inflytande. Berthevin hade arbetat vid Mennecy-Villeroy. Vid en närmare granskning av Mariebergs formförråd finner man en hel del som har släktskap med produkter från den franska fabriken. En snusdosa i porslin med en liggande figur kan vara förebild för smöraskarna med herde respektive herdinna på locket. Smöraskar-

Terrin med lockknopp i form av en blomkålsbukett tillverkad vid Rörstrand omkring 1760. En variant på den franska "pot à oille". H 33 cm. Nationalmuseum

na finns visserligen med på Ehrenreichs tid, men Berthevin kom redan 1765 till Sverige och presenterade förmodligen som introduktion ett antal nya modeller. En oval terrin med figurer kallades Berthevins modell. Det bör vara en bukig terrin på tre bladfötter med en grupp av tre putti på locket, som också den tillhör skarven mellan Ehrenreich och Berthevin. Det anmärkningsvärda och nya med den är att både på själva terrinen och locket ligger grönmålade lagergirlander i relief och på locket finns vädurshuvuden. De första ansatserna till klassicism gör alltså sin entré med Berthevin. Också den päronformade behållaren, som används till vaser eller urnor, är ett nyklassicistiskt och franskt drag.

Terrin och tallrikar ur servis gjord för den franske ambassadören i Stockholm Louis Auguste le Tonnelier de Bréteuil 1768–69 vid Marieberg. Terrinen är 33 cm hög. Nationalmuseum

Bouchers barn brukar en serie bilder graverade efter förebilder av François Boucher kallas. Marieberg använde några av dessa för sina på fajans tryckta dekorer, här en urna med lock. H 46,5 cm. 1771. Nationalmuseum

Terrinen till höger med sin mot nyklassicismen pekande dekor, "Berthevins modell", kommer från Marieberg. H 41 cm. Omkring 1770. Nationalmuseum

Naturen som inspiration

Mariebergs produktion av fajanser sammanfaller till stor del med rokokon. En del av produktionen har en rik plastisk formgivning, fabriken excellerade också i en lyxbetonad dekor med överglasyrfärger. Om man granskar motiven i dessa båda kategorier, ser man genast att naturen måste ha varit en viktig inspirationskälla. Också bland föremålen från Rörstrand finns blommor, frukter och djur rikt representerade, både tredimensionellt och i färg. Och det stämmer väl in i tiden.

Naturen intog en central plats under rokokotiden. Det fanns en kunskapsbetonad kärlek till naturen. Tidens vetenskap sysslade inte med fria hypoteser utan byggde på observationer och experiment. Carl von Linné och hans lärjungar studerade och klassificerade både växter och djur. Naturen på 1700-talet var också elegant sofistikerad – ett överklassnöje. Madame de Pompadour hade en rabatt av porslinsblommor, var och en med sin "naturliga" parfym. Det var som hos H C Andersen, naturen accepterades bara när den var konstgjord. Den riktiga näktergalen hos honom var inget värd. Men den mekaniska leksaken, som var en imitation av naturen, väckte glädje och beundran.

Fransmannen Juste Aurèle Meissonnier gav ut en serie graverade bilder, *Grönsaksboken*, där terriner, dosor och andra föremål är gjorda i form av grönsaker. Han byggde också med fåglar och havsdjur. Och just så ser många svenska fajanser ut. Marieberg och Rörstrand gjorde inga Meissonnierkopior men lånade gärna former från och inspirerades av naturen. Man tillverkade kannor av blad, askar i form av kronärtskockor eller pumpor, kryddställ av citroner liggande på blad och smöraskar som rapphöns och duvor. Terrinernas lockknoppar och grepar kunde som vi sett vara hjortar, vildsvinshuvuden, rödbetor, morötter, citroner eller blomkålsbuketter. Fåglar och rosor krönte potpurrikrukor som gärna var omvirade med fritt modellerade grenar med blommor och blad, vilket kallades "på kinesiskt vis", det hela målat i naturtrogna färger. Det prunkande blomstermåleriet ger en känsla av rikt växthus. Tittar man emellertid riktigt nära på blomstermåleriet upptäcker man, att det inte är något linnéanskt exakt återgivande av florans arter. Liksom i det internationella blomstermåleriet, som var den stora förebilden, tycks det dekorativa ha varit viktigare än det botaniskt korrekta. Många av de tredimensionella detaljerna levde vidare vid de mindre fabrikerna, när de på 70-talet började bli omoderna i huvudstaden. Och blomstermåleriet blev monokromt.

Det är nog just den korta hektiska "naturperioden" som har givit de svenska 1700-talsfajanserna deras magiska skimmer. Att tro att fabrikernas produktion till övervägande del bestod av denna grannlåt ens under en kort tid är dock fel. De bevarade föremålen tycks vara ett bevis, men då får man komma ihåg att det alltid är praktföremålen av keramik som undgår hårdhänt behandling i köket och överlever.

Porslinsmåleri på fajanser

Meissen, Europas första porslinstillverkare, introducerade de tyska blommorna eller om man vill de europeiska trädgårdsblommorna. Långt in på 1730-talet härskade de så kallade "indianska"

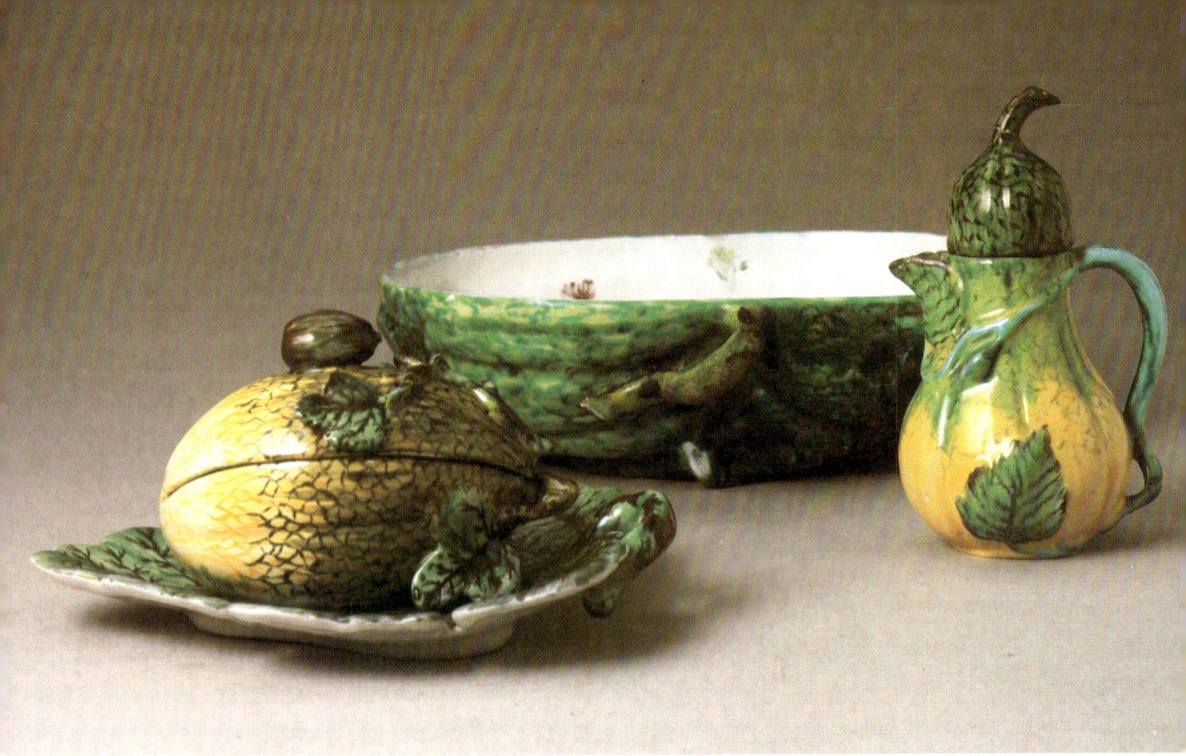

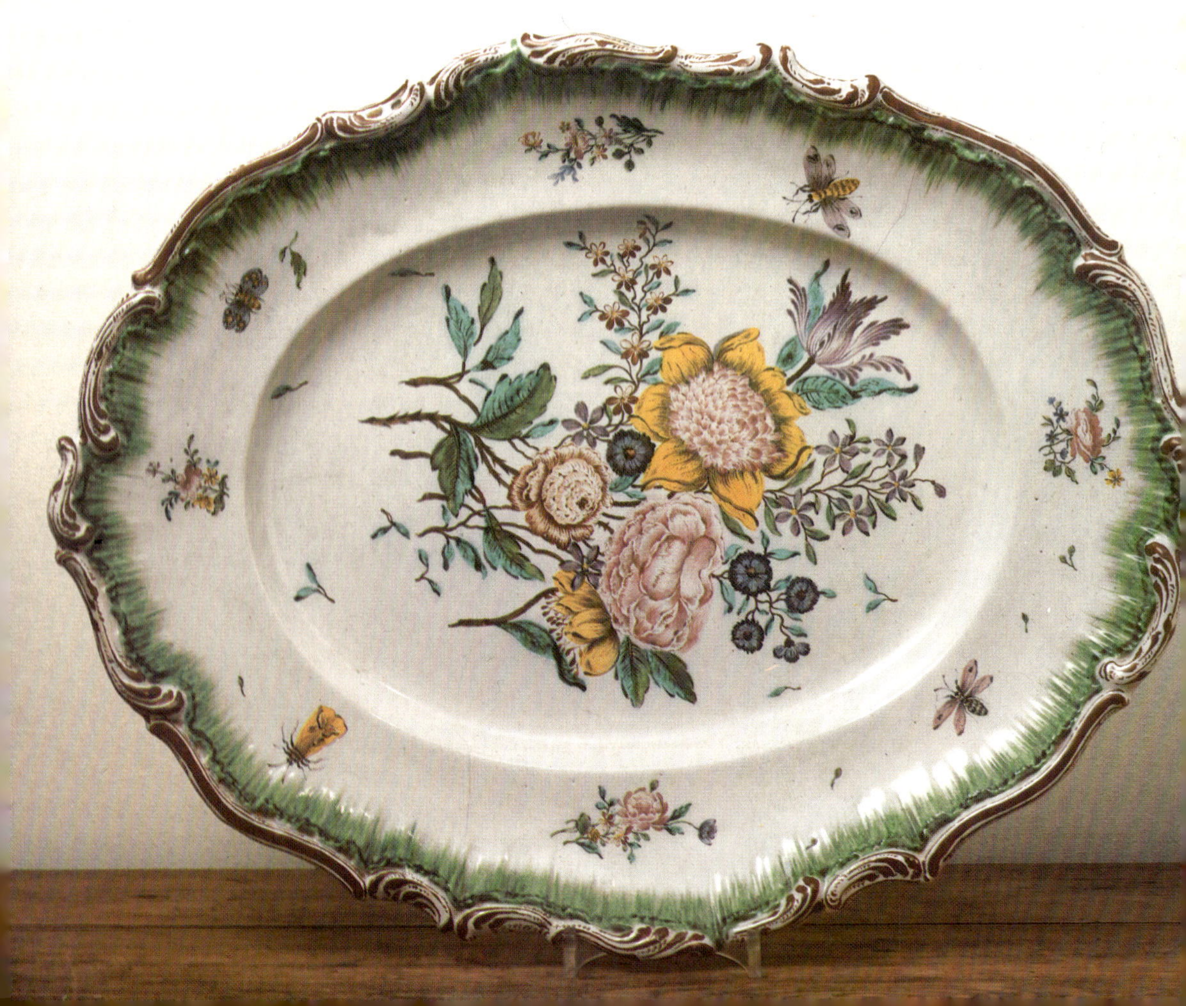

Kanna i form av pumpa, ask i form av melon och större skål i form av en halv frukt, en samling Mariebergsfajanser från tiden 1760–66. Kannan är 16,5 cm hög. Nationalmuseum

Blomstrande rokokofajanser har ansetts vara en specialitet för Marieberg. Men även Rörstrand behärskade konsten att måla blomsterstilleben. Fatet, 50 cm långt, är tillverkat under slutet av 1760-talet. Nationalmuseum

Bål på fot med ett sirligt och noggrant "porslinsmåleri". Marieberg 1766–69. H 20 cm. Kulturen, Lund

Krukan med sitt spröda blomstermåleri är signerad den 17 november 1758. Den är gjord efter fransk modell. Jfr s 43. Ursprungligen hade den säkerligen en insats med låga pipor för att hålla snittblommor. Det skålformade fatet är på utsidan klätt med gröna blad, inuti avtecknar sig ett ganska petigt "porslinsmåleri" som är karakteristiskt för Rörstrands produktion strax före och kring 1760. Med tydlig inspiration från Meissens med fondmåleri dekorerade pjäser gjordes vasen på Rörstrand. Den är signerad Stockholm. Rörstrand omkr. 1758. H 24 cm. Nationalmuseum

blommorna. De var små och diskreta, hämtade från det japanska kakiemonporslinet. De europeiska blommorna gjorde tveksamt sin entré på 1730-talet, troget kopierade efter bilder i botaniska verk. På 40-talet blev de mera naturalistiska för att på 50-talet bli skenbart naturliga, kronbladens färger är mera dekorativa än naturimiterande. Porslinsmåleriets teknik skiljer sig markant från fajansmåleriet. På den glatta brända glasyren är det möjligt att måla de mest petiga och intrikata mönster med överglasyrfärger. Det går att stryka bort färgen och rätta till ett misstag och färgskalan är praktiskt taget obegränsad. Det ursprungliga fajansmåleriet, som görs på den läskpapperslika obrända glasyren, kräver ett säkert och fritt handlag. Fajansdekorer målade med överglasyrfärger i porslinsmåleriets teknik kan behålla något av omedelbarheten och friskheten, men också falla in i ett alltför småskaligt och petigt språk, som inte passar riktigt till mjukheten och rondören i godset och glasyren.

1758, 1759 och 1760 är de vanligaste dateringarna på föremål från Rörstrand med "porslinsmåleri", som kan vara inspirerat genom fajanser som tagit upp denna typ av måleri. Färgskalan håller sig till blått, gult, grönt och ett orangeaktigt blekrött. Vaser med färgad fond och blombuketter i utsparade reserver, tallrikar och kylpottor är karakteristiska föremål. Senare utnyttjar man överglasyrmåleriet på ett till fajansen bättre anpassat sätt.

Också Marieberg gjorde redan under Ehrenreichs tid en del

Smörask i form av rapphöna tillverkad vid Marieberg. L 15,3 cm. Nationalmuseum

Fritt modellerade blommor och kvistar pryder en rad olika föremål från Marieberg. Här en urna med lock, en skål, en terrin och en tekanna från 1760-66. Urnan är 40 cm hög. Nationalmuseum

smått "porslinsmåleri", t ex på kylpottor motsvarande dem från Rörstrand. Under Berthevin och Henrik Sten (1770–1783) finns också "småblommighet" på skålar, vaser och snusdosor. Petigheten och de negativa effekterna undgick man till stor del på Marieberg genom målarfamiljen Frantzen, fadern Henrik och sönerna Frans Henrik, Elias, och den skickligaste Johan Otto, som kom från Danmark, närmare bestämt från Kastrupfabriken. Även i detaljerat överglasyrmåleri lyckades de träffa en frisk ton.

"Kinesiska" fajanser

De "kinesiska" fajanserna kan för att göra bilden litet klarare delas upp i tre kategorier. För det första är det rena kopior av kinesiskt porslin, där nästan bara godset avslöjar att det är en västerländsk produkt. Det gäller t ex kompletteringar till ostindiska serviser.

Tallrik med polykrom dekor imiterande famille rose. Marieberg 1768. D 23,5 cm. Kulturen, Lund

Ett blåmålat fat från Rörstrand, 1757. Tydligt inspirerat av det porslin som importerades genom Ostindiska kompaniet. L 33 cm. Röhsska Konstslöjdmuseet, Göteborg

Sedan finns den stora mängden av mer eller mindre fria efterbildningar av kinesiskt porslin, där europeiskt och kinesiskt blandas. Sist, men inte minst, målades kineserier efter graverade europeiska förlagor.

Bland de rena kopiorna finns exempel både från Rörstrand och Marieberg. Rörstrand har t ex gjort fat med fåglar och växter som är rena kopior av ett kinesiskt fat. En "famille rose"-tallrik från Marieberg visar, hur oerhört skickliga målarna där var. Fat med blå dekor – t ex ett landskap med vattenbuffel och hjort – hör till samma grupp. Här har man fått komplettera serviser, som när de importerades utgjorde ett hot för fabrikernas existens. Både från Rörstrand och Marieberg beklagade man sig över den konkurrens ostindiefararna utsatte dem för.

Under 1700-talet betydde kineserier också japanskt inspirerade föremål. En till formen rent europeisk terrin från Marieberg med en rödbeta som lockknopp har på den lätt blåtonade glasyren försetts med rent japansk dekor i mörkblått, två toner rött, grönt och gult. Den är daterad 1774. Förlagan är en tallrik av japanskt porslin.

I en brännugnsbok från Marieberg finns beteckningen kinesisk modell och under sin tid vid Stralsund gjorde Ehrenreich reklam för "Potpourri = Gefässe, sowohl à la Chinoise ..." (potpourrikärl, såväl på kinesiskt vis ...). Och de kunde då vara både släta och belagda med fria blommor. En ganska ovanlig Mariebergspjäs, en grönglaserad helt odekorerad kruka med lock, måste vara just ett sådant slätt potpourrikärl som Ehrenreich nämner. Hans tillverkningar vid Stralsund överensstämmer i så hög grad med det han gjorde vid Marieberg, att man lugnt kan jämföra

Tallrik med kinesiserande dekor i blått med trädgårdsklippa. D 22,5 cm. Rörstrand, 1750-talet. Nationalmuseum

Lätt skålad tallrik med kinesiserande dekor. D 22,5 cm. Rörstrand 1757. Nationalmuseum

Tre tekannor, den längst fram till höger kinesisk, den till vänster från Ehrenreichs tid på Marieberg och kannan i bakgrunden från Rörstrand, 1770, H 12,2 cm. Nationalmuseum

dem. "Belagda med fria blommor" måste syfta på sådana potpourrikrukor med lock som var dekorerade med fritt modellerade blomkvistar och förekommer vid båda fabrikerna. Någon exakt förebild från Kina är svårt att finna, men t ex en liten kinesisk tekanna med kvistar och blad i relief målade i färger mot vit botten förklarar termen "på kinesiskt vis". Kanske var också alla de skålar i form av frukter och fåglar som gjordes vid Marieberg ytterst inspirerade från Kina, även om vi i dag upplever dem mera som ren europeisk rokoko.

Ett par stora Rörstrandsurnor med lockknoppar i form av blomkålsbuketter och bemålade med kinesiserande landskap, tillhör också de fria kineserierna. En praktpjäs från Marieberg måste man

Motstående sida: Ljusstake i form av sittande kines bärande ljuspipor. Marieberg omkring 1765. H 35 cm. Nationalmuseum

Bricka med dekor i blått av kinesiskt "fret-work", krysantemum och bambu. En raffinerad brytning ger en tunn linje i gult som löper längs kanten. Marieberg 1771. L 31,5 cm. Nationalmuseum

En av ett par urnor med polykrom dekor av kinesiska landskap. Den ena är signerad 1765 av Erik Wahlberg. Marieberg. H 46,5 cm. Nationalmuseum

kalla en sittande kines som bär upp två ljuspipor. Den tycks närmast vara inspirerad av porslinsfigurin från Nymphenburg, en tedrickande kines modellerad av Bustelli, jämte Kändler, den bäste modellören av keramisk småskulptur. Säkerligen gjordes den inte i många exemplar, den finns dock bevarad både bemålad och enbart vitglaserad.

De äldsta europeiska kineserigravyrerna är gjorda under 1600-talet. 1700-talet blev emellertid de graverade kineseriernas stora tid. Då inreddes också en rad miljöer "à la chinois", både enstaka rum och hela lustslott, t ex Kina slott på Drottningholm. Kinesiska kabinett eller små paviljonger var vanliga här i Sverige under 1700-talets mitt och senare hälft. Det material man hade att bygga på var just graverade förlagor. Hela väggfält målades upp efter dem. Fajansen försågs också med dekorer efter graverade förlagor. Och en fajans kunde ju även den som inte hade ett speciellt kinesiskt rum njuta av. I Sverige tycks François Bouchers kineserier ha varit populära. Carl Gustaf Tessin, Rörstrandsintressent och smakledare här i Sverige, verkar ha föredragit honom framför andra konstnärer. Kanske förmedlade Tessin någon av de serier med bilder graverade efter Boucher som kom ut på 1740- och 50-talen i Paris. Gunilla Eriksson har pekat på en kolossalurna från Rörstrand tillhörande 1750-talet, som nu finns i Stockholms stadshus, på några tallrikar från Marieberg och en urna med lock från

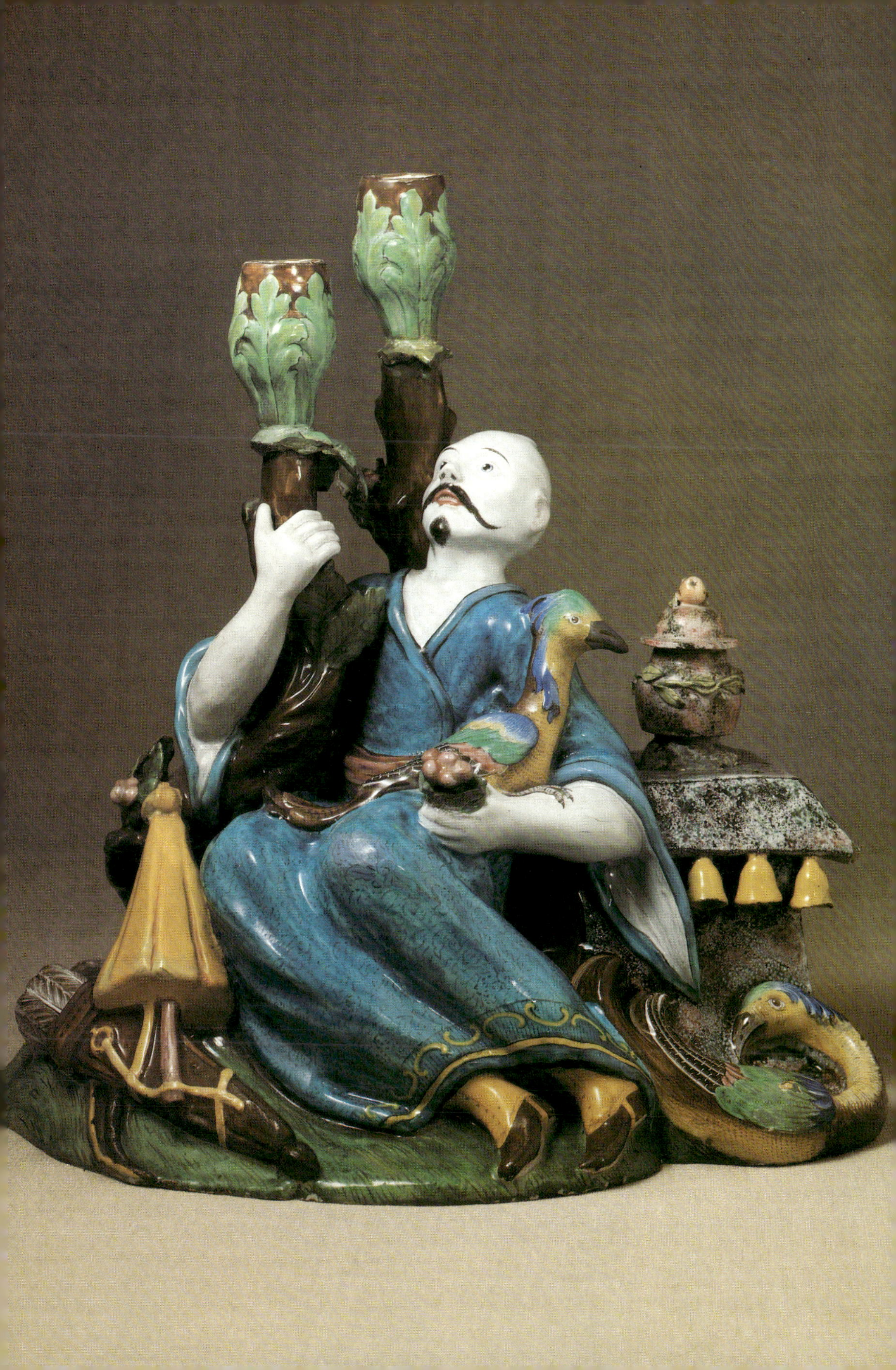

Fyra exempel på graverade kinesiska motiv från Marieberg. Samma motiv återfinns på olika typer av föremål, jfr t ex terrinen s. 42. Tryckdekoren är kombinerad med monokrom bemålning i brunsvart – en nyklassicismens åtstramning som också drabbar de två rokokobulliga terrinerna. Tallrikarnas diameter är 24 cm, terrinerna är 27 och 31 (den avlånga) cm höga. 1770-talet. Nationalmuseum

Sölvesborg som alla är målade med Bouchers figurer. De graverade bilderna överfördes också direkt på fajanserna med svart tryck. En ny gravyrplåt fick tillverkas, men man följde troget förlagorna.

Vid 1700-talets mitt använde Rörstrand ett motiv, som blev mycket omtyckt och använt: "Döda fågeln under parasollen". Fågeln förekom till och med som tredimensionell lockknopp! Kanske var det Rehn som ritade dekoren, men då troligtvis inspirerad av Pillement, en av de franska rokokokineseriernas stora.

Den döda fågeln under parasollet här på en Rörstrandstallrik, där brämets mjuka ytterkontur och vitt på vitt-dekor livar motivet. D 24,5 cm. 1761. Nationalmuseum

Terrinen med en död fågel som lockknopp och målat klöverbladsmönster i blått är gjord vid Rörstrand 1756. L 37 cm. Kulturen, Lund

Det största föremål Rörstrand gjorde under 1700-talet är denna 115 cm höga urna med dekor i blått efter en gravyr med Bouchers kinesiska motiv. 1700-talets mitt. Stockholms Stadshus

Mariebergs berömda vita glasyr med svaga violetta skiftningar finns huvudsakligen bevarad i prydnadsföremål. Figurinen till vänster är Elden i en serie föreställande de fyra elementen. Skålen uppburen av två kvinnogestalter brukar kallas Najadskålen. Vildsvinet är liksom de andra gjorda under Ehrenreichs tid 1760–66. Skålen är 34,5 cm hög. Nationalmuseum

Vitt

En riktigt vacker odekorerad, rent vit vara kräver god teknisk kvalitet och skicklighet. Att det under 1700-talet tillverkades mycket vita fajanser vet vi i dag. Föremål som inte behövde målas blev mindre kostsamma. Även om arbetskraften var billig sparade man ett moment, som betydde både ökade risker och kostnader – den tredje bränningen. Det visar sig också att den blå dekor, som brändes tillsammans med glasyren, inte förhöjde priset tillnärmelsevis så mycket som den flerfärgade. "Emaljerat blått" var däremot dyrbart. Det målades ju på den en gång brända glasyren och skillnaden mellan det och det brokiga var bara antalet färger.

Allt vitt gods var inte av toppkvalitet, men den riktigt vackra vita varan var ett av Mariebergs trumfkort. Att samtiden uppfattade skillnaden framgår av följande: Handels- och manufakturdeputationen frågade 1766 Rörstrand varför man inte kunde göra lika bra glasyr som konkurrenten. Rörstrands ansågs vara tunn och grå- eller blåaktig. Svaret blev att ledningen vid Rörstrand ansåg det vara alltför kostsamt att som Marieberg stampa och sikta glasyren flera gånger och bränna den tre gånger.

Mariebergsglasyrens perfektion kan man studera på ett enkelt föremål som en nattstolshink, men fabriken tillverkade också mycket av sitt mest exklusiva prydnadsgods i vitt. Och naturligtvis servisvara. "Lagewecks" förut omnämnda bärande putti, skålar uppburna av najader eller en triton, småskulpturer av vildsvin och lejon, kinesen som bär ljushållare, en terrin i form av en pumpa, stora potpourrikrukor med fritt modellerad dekor och mycket mera visar också den höga skulpturala kvaliteten på Mariebergs produktion, som alltså kom så väl till sin rätt med enbart den vita glasyren.

Ser man närmare på dessa föremål, upptäcker man snart en skiftning i lila eller rosa. Teorierna om orsaken till denna nyans har varit många. Är det bara godset som skiner igenom där glasyren är tunn eller har man färgat vissa partier? Sanningen verkar vara att man använt mangan i glasyren för att motverka en gul ton, att detta blir särskilt märkbart på partier där glasyren ligger tunt samt att man, när man upptäckt skönhetsvärdet i den lätta färgtonen, ibland med avsikt förstärkt den. Så förekommer också i brännugnsboken från 1763–65, tillsammans med beteckningarna "Helthvitt" och "Blåhvitt" också "Gris-delin", vilket bör syfta på en del föremål som är helt lilaskimrande, eller ordagrant lingrå (lila).

Fajansernas användning

1700-talets fajanser ligger oss så fjärran att det kanske bästa sättet att närma sig dem är att försöka se vad de användes till.

Husgeråd och porslinskök

Vid sidan om fajansfabrikerna fanns också krukmakare. De var underställda skråförordningarna och hade inte samma status som

Tre syltkrukor från Sturefors fideikommiss. Den största är 22 cm hög, alla är tillverkade på Rörstrand 1772.

de stora fabrikerna. Deras tillverkningar inskränkte sig till enklare föremål av lergods. Det var bruksting som förvarades i köken tillsammans med föremål av tenn och koppar. En del vanliga husgeråd tillverkade av fajans fanns också. En munklagg, ett durkslag, slevar, spilkummar och syltkrukor bär vittnesbörd härom. Dessa förvarades kanske oftare i porslinsköket. Det gäller åtminstone de dekorerade och därför dyrbarare.

På Sturefors i Östergötland och Tureholm i Södermanland finns fortfarande porslinskök eller -kabinett. På Tureholm är rummet inrett med hyllor och små konsoler, allt är målat med kineserier i blått. I dag finns inte den ursprungliga uppsättningen av tallrikar och andra föremål, men genom dekoren och tidigare fotografier

Mjölkfatet på stolen har dekor i relief och koboltblått imiterande laggkärl. Det är gjort på Rörstrand 1751. L 34,5 cm. Nationalmuseum. Tunnan i bakgrunden är av målad koppar, den blå-vita dekoren skulle imitera porslin eller fajans. Sturefors fideikomiss

Porslinsköket eller porslinskabinettet på Sturefors i Östergötland. Den blåvita inredningen från 1700-talets förra hälft och stora delar av samlingarna finns bevarade på denna bild.

kan vi få en uppfattning om hur praktfullt det måste ha tett sig, när det var fyllt av kinesiskt porslin och kinesiserande fajanser. På Sturefors är det lilla rummet mera neutralt inrett med marmorerad blå dekor. Någon gång under 1700-talets förra hälft inreddes det. Då gjordes sådana porslinsrum på många herrgårdar. På Sturefors finns keramiken delvis kvar i hyllorna. Det är inte bara delar ur den första, troligen tyska, blådekorerade fajansservisen och en stor uppsättning av kinesiserande fajanstallrikar som står runt väggarna utan också blåvita och blommiga Rörstrandsfajanser, flintgodsterriner och utländska tillskott från det sena 1700-talet. Ett välförsett porslinskök var husmors stolthet. Bakom den låsta dörren förvarades husets bästa keramik. Under årens lopp utökades förråden. Både förslitning och modets växlingar gjorde förnyelsen nödvändig.

Det dukade bordet

Skatterna i porslinsköket plockades fram för att pryda det festligt dukade bordet. Både Rörstrand och Marieberg tillverkade hela

Pehr Hilleström skildrade vardagsliv i Sverige under 1700-talets senare hälft.
Fajansen var ganska skör och olyckan kunde lätt vara framme, när husets keramiska skatter skulle diskas. I konsthandeln

Denna trasiga tallrik får representera den stora mängd odekorerat gods som förstörts under tidernas lopp. Tallriken är gjord på Marieberg 1765 och upptagen vid dykningar kring Gripsholms slott. Kanske har tallriken en gång satts fram när Gustaf III vistades på Gripsholm, gått sönder och slängts bort. Kungl. Husgerådskammaren

serviser av fajans. Vilka delar en sådan servis kunde omfatta får man en uppfattning om genom de listor efter vilka exportationspremierna utbetalades.

1766 hade skepparen Johan Andersson med sig en "Blå Emaillerad Bord = Service" från Marieberg till Lübeck. Den bestod av fyra ovala terriner av fransk modell med fat till, fyra runda terriner likaledes av fransk modell och med fat. Två ovala fat, 20 tum långa, till stek med en) som modellbeteckning, vilket bör betyda att brämen var utformade med en bruten ytterkontur i form av parenteser. Fyra likadana fat var av 18 tums längd, fyra var 16, fyra 14 och åtta stycken var 12 tum långa. Fyra större och fyra mindre saladjärer av saxisk modell samt 12 saladjärer av kinesisk modell till konfekt ingick också. Därefter följer i uppräkningen två smörastkar, ovala, "facon[de]" vilket säkert syftar på att de hade ett mönster i relief. Sex saltkar "på figur", dvs saltkar uppburna av en figur, en "svarfvad" punschbål, 13 tum i diameter och ett 16 tums fat därtill, två höga fruktkorgar och två kylpottor "à l'antique", dvs av nyklassicistisk modell kompletterade uppsättningen av kärl. 96 flata och 36 djupa tallrikar av "parentes"-modell ingick också i servisen, som sammanlagt kostade 1779 daler kopparmynt.

Dessa 204 delar kan jämföras med de kinesiska porslinsserviser

Saltkar kunde vara små och anspråkslösa, av samma typ som man ser i silver och ostindiskt porslin (jfr bild s 37) eller mera fantasifullt utformade som dessa satyrer från Marieberg. H 12 cm. 1765. Nationalmuseum

Här har saltkaret på satyr blivit mittfigur i ett bordsställ. Marieberg 1760–66. H 22 cm. Nordiska museet

Inte bara de stora fabrikerna gjorde fantasifulla ting för det dukade bordet. Sölvesborgs Smörherde är tillverkad på 1770-talet efter förebild från Marieberg. L 20 cm. Hallwylska museet

som importerades, vilka brukade omfatta 220 eller 280 pjäser. Även om man annonserade om svenska fajansserviser var de nog oftast beställda och relativt ovanliga. Den stora mängden av serviser med hundratals delar hör det sena 1800-talet till. Av bouppteckningar från 1700-talet ser man att förråden var ganska sparsamma och disparata. Olika delar användes säkert tillsammans. Vitglaserade tallrikar utan dekor var de billigaste och producerades i stora mängder. En omgång blådekorerade tallrikar, ett par omgångar vita, några likaledes odekorerade fat och skålar kunde användas på samma gång som en kulört terrin, ett par ljusstakar eller någon skål.

Kallskålsskålen eller grötskålen för den soppliknande efterrätten kallskål eller den traditionella julgröten var barockens naturliga

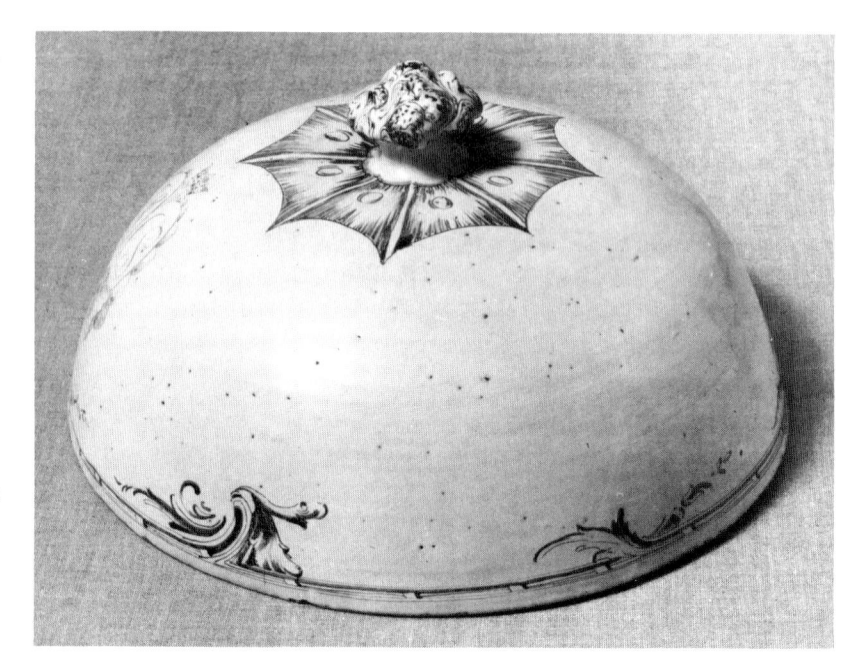

En täckkupa skyddade och höll maten varm, när den bars från köket till bordet. Rehnska mönstret i mangan. Rörstrand 1762. D 38,2 cm. Nationalmuseum

Avlånga fat finns illustrerade (s 36 och 48) tidigare, här ett runt. D 36 cm, från Marieberg, 1765, med överglasyrdekor i blått. Nationalmuseum

centralpjäs på det dukade bordet. Samtidigt som kallskålsskålen gjordes på Rörstrand, under 1740-talet, kom terrinen. Den stadiga barockterrinen får på 1750-talet lockknopp i form av en blomkålsbukett och en mjukare rokokoornamentik. Därifrån är steget inte långt till den bulligt formade terrinen med växtdelar som grepar eller den som är försedd med djurdelar som lockknopp och grepar. Liksom silverterrinerna från 1760- och 70-talen bärs fajansterrinerna gärna upp av bladformade fötter.

Om terrinen intog en central plats på bordet, så behövdes det också mindre förvaringskärl som karotter med lock, såskärl, runda, fyrkantiga och sexkantiga skålar. Faten tillhörde dels terrinerna, dels användes de för att servera på. Och då kom en täckkupa väl till pass. När köket kanske låg i en flygel tvärs över gården, gällde det att hålla maten varm.

Saltkar uppburna av satyrer och kryddställen i form av citroner på ett blad hörde väl inte till det vanligaste men förekom tillsammans med mera konventionella former. Smöraskarna i form av

En "monteith", sköljskål, med urtag i kanten där glasens ben skulle vila, när de sköljdes eller kyldes. Rörstrand omkring 1745. H 28 cm. Nationalmuseum

Ett par "kylpottor" från Marieberg med polykrom blomdekor. H 13 cm. 1777. Nationalmuseum

Bordsuppsats bestående av platå och skål uppburen av en triton och en najad. Målningen är i blått med accenter av grönt. H 29 cm. Rörstrand 1757. Nationalmuseum

fåglar eller sparrisknippen och med herdar och herdinnor på locken finns kvar i flera exemplar. Ställ för olja, vinäger och kryddor, senapsburkar och sojakannor kunde också vara fantasifullt utformade.

Beteckningen "kylpotta" möter man relativt ofta i dokument om 1700-talsfajans. De måste ha varit en motsvarighet till det franska rafraîchissoir och det engelska wine-glass cooler, dvs ett kärl i vilket man kylde eller sköljde vinglasen under måltiden. I en eller flera urgröpningar i kanten vilade glasens ben, medan kupan kyldes i vattnet i kylpottan. Många av de svenska fajanser som nu går under beteckningen blomkruka är säkerligen "kylpottor". Om de användes för blommor, måste de ha varit ytterkrukor, då de saknar hål i botten och fat. En glaskylare kunde också vara en större djup skål på fot "monteith". Praktfulla exemplar av ett sådant relativt ovanligt föremål finns från Rörstrands 1740-tal.

Till de rena bordsdekorationerna får man räkna de från Holland inspirerade pyramiderna samt ljusstakarna och platåerna. För att bygga upp ett festligt bord kunde det vara lämpligt med en bordsplatå att placera i centrum. Flera stycken tillverkade på Rörstrand under 1740- och 50-talen ger en uppfattning om hur de såg ut. En livlig men regelbunden ytterkontur, lätt upphöjd kant och fyra eller fem låga fötter är gemensamma drag för platåerna. Dekoren

Två skålar, den ena med ursprunglig glasinsats. H 8 cm. Marieberg 1769. Nationalmuseum

växlar från barocka figurscener till luftiga rokokoarrangemang. På en sådan platå kunde man placera frukt eller bakverk eller varför inte en uppsats med en triton och en najad som bär upp en skål att fylla med konfekt eller kanderade blommor.

Med platån är vi framme vid efterrätten, som naturligtvis krävde sina speciella föremål. De genombrutna skålarna eller korgarna bör ha använts till frukt. Man möter dem redan från sent 1750-tal. Ett par små genombrutna skålar från Marieberg, daterade 1769, har kvar sina insatser av glas – de kunde passa till efterrätten. Sockerruskan, balusterformad och med perforerad överdel, avlöstes under 1700-talets senare del av strösockerskålen, vilket man också kan avläsa i silvret.

För samvaron om inte med mat så dock med dryck behövdes en punschbål. Den enkla klassiska bålformen med blå dekor ofta mot en grund av "vitt på vitt", den vita basdekoren, tillverkades vid

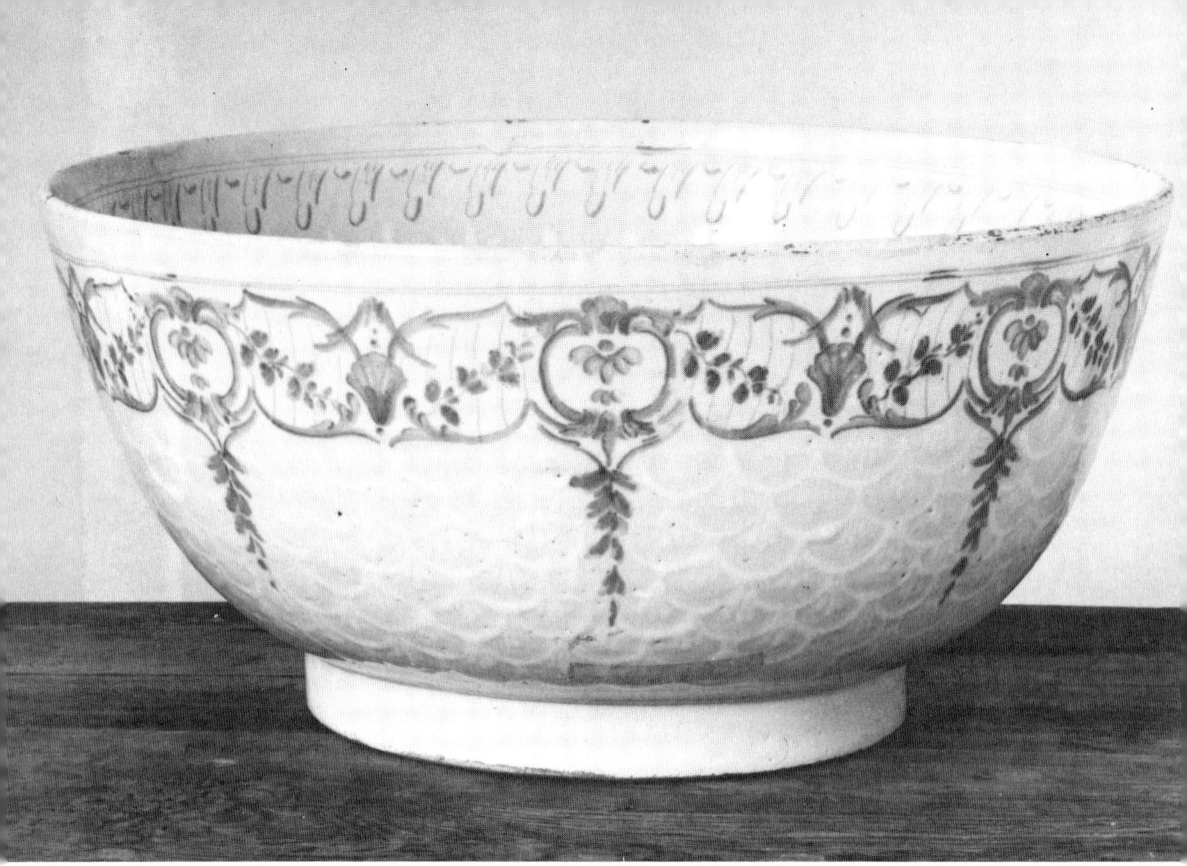

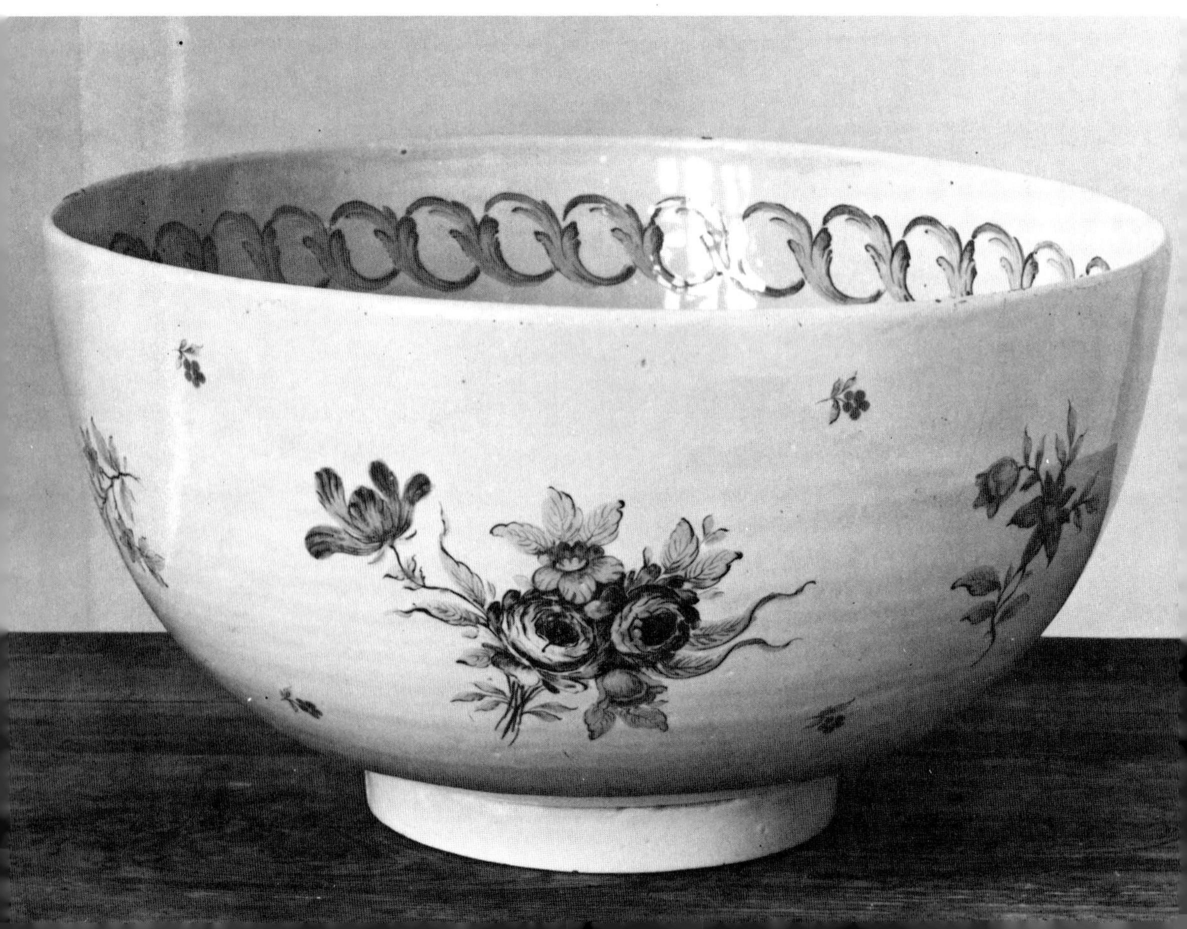

Marginal captions:

1700-talets bål karakteriseras av den väl avvägda raka fotringen, som sedan kan bära antingen en relativt hög skål eller en lägre, men de är alltid fint sammanhållna och uppåtsträvande. Bål med dekor i vitt på ljusblått och blått. Inuti Nordstjärnan. D 29 cm. Rörstrand 1755. Nationalmuseum

Bål med polykroma strödda blommor och buketter mot ljusblått. D 38,5 cm. Rörstrand 1770. Nationalmuseum

---

Rörstrand i till synes ganska stort antal. Fina exemplar med texter som "Lycklig fart för Sveriges Flaggor, Ständig gång för Swänska Waggor" användes till punsch vid högtidliga tillfällen. Den s k tunnbindarbaljan, en bål med lock i form av ett laggkärl omvirat med vinrankor och en citron som lockknopp, bör också ha använts till någon läskande dryck.

Te och kaffe

Kaffe och te introducerades i Europa under 1600-talet. Det var exotiska drycker som kom från främmande världsdelar. Först betraktades de som ren medicin, i synnerhet kaffets eventuella välgörande och läkande effekter diskuterades livligt. Att det mildare teet var hälsosamt var läkarna mera överens om. Båda dryckerna segrade emellertid. Te- och kaffehus inrättades i storstäderna och så småningom övergick drycken från att betraktas som medicin till att bli ett njutningsmedel för överklassen. Här, som i fråga om fajansen, var Ludvig XIV mönsterbildande. Dryckerna njöts vid hovet i Versailles och det övriga Europa följde efter.

Kaffe och te intog under 1700-talet inte alls den plats som det nu gör i Sverige. De var inte någon självklar morgondryck eller tröstare under dagens lopp. Vid 1700-talets mitt stod bönderna i Sverige helt främmande för vad vi nu skulle kunna kalla den stora folkdrycken. De genomdrev till och med ett kaffeförbud vid riksdagen 1756, ett förbud som upphävdes och åter tillämpades upprepade gånger under 1700-talets slut och 1800-talets början. Detta var till stort förtret för överklassen och delar av borgerskapet som nu helt anammat kaffet. – Något riktigt tedrickande folk har vi dock aldrig varit. Men genom ostindiska kompaniet importerades ansenliga mängder te under 1700-talet.

En viktig fråga var naturligtvis vad man skulle tillreda de nya dryckerna i och vad man skulle dricka dem ur. Metall kunde användas till beredningskärl. Det leder värme väl och försedd med ett värmeisolerande handtag av t ex trä fungerade silverkannan bra. Att dricka ur en metallkopp var emellertid hart när omöjligt, då hade man skållat läpparna. Det idealiska materialet var naturligtvis porslin. Det leder värme dåligt, är lättdiskat och hygieniskt. Eftersom materialet är tätsintrat kan ingen vätska tränga in genom sprickor eller mellan glasyr och gods. Importen av tekoppar och även kaffekoppar från Kina var också enorm under Ostindiska kompaniets tid. Även tekannor importerades, ofta av rödbrunt stengods, s k buccaro-gods, men också i porslin. De blev förebil-

Bål med skepp inuti. Rörstrand 1765. D 29 cm. Nationalmuseum

der för den europeiska tillverkningen. I kapitlet om det första svenska porslinet finns en del föremål för te och kaffe omtalade. Men låt oss först se på fajansen.

Här liksom inom andra områden ställer det sig svårt att genom det bevarade bedöma vad som tillverkades och användes i Sverige på 1700-talet. Det arkivmaterial som finns ger inte heller några fullständiga besked.

I ett i december 1733 undertecknat inventarium från Rörstrand finns bland en gång bränt, men oglaserat gods, 33 dussin tekoppar, men bara ett 100-tal tefat, 229 tekannor och 16 tekittlar, 84 mjölkkannor, 26 runda och 18 åttkantiga sockerdosor och 6 små åttkantiga tebräden. Formade, men obrända, fanns 13 fyrkantiga kaffekannor och 25 stora och 10 mindre tebräden. Hur mycket av detta som kom ut i marknaden är en annan fråga. Men en viss uppfattning ger siffrorna trots allt. En upplysning kan vi även få från

Stralsund. Sommaren 1769, då Ehrenreich skulle försöka få avsättning i Danzig för allt det gods han tillverkat i Stralsund, kunde han offerera följande: Såväl helt fullständiga te- och kaffeserviser som enstaka därtill hörande stycken ... kaffe-, te- och mjölkkannor, spilkummar, sockerskålar, tedosor, choklad-, kaffe- och tekoppar, "faconnerade" fat till frukost osv.

Även om man av Ehrenreichs ansökningshandling, när han ville anlägga Marieberg, kan se att han var både fantasifull och överdriven, måste det finnas ett visst verklighetsunderlag för uppräkningen av de föremål han ville sälja och som skulle finnas att bese på en bestämd adress i Danzig.

Från Sölvesborg slutligen, finns uppgifter om att man under

Tedosor eller teburkar från Rörstrand. Den andra från vänster och den längst till höger är målade i mangan och blått, de andra i blått. 1740-tal. H (burkarna med lock) 15,5 cm. Nationalmuseum

Tedosor från Marieberg med från vänster till höger marmorering i färger, Spådomen efter Boucher (jfr s 44) och blommor på balusterform. Den mittersta dosan är 10,5 cm hög. 1760–66. Nationalmuseum

Kaffekanna från Rörstrand, 1765. H 23,4 cm. Formen går tillbaka på en silverkanna. Nordiska museet

Gräddsnäckor från Marieberg och Sölvesborg. Den helvita och den polykromt blommiga i bakgrunden kommer från Stockholmsfabriken, medan den blådekorerade till höger är gjord i Sölvesborg. L 17 cm. Nationalmuseum

1780-talet tillverkade mellan 4 och 5 000 tekoppar och tefat.

Fajanskoppar från 1700-talet är i dag praktiskt taget obefintliga. Då Ostindiska kompaniet kommit i gång ordentligt importerades, som nämnts, miljontals billiga porslinskoppar från Kina vilket är en förklaring till bristen på fajanskoppar.

Fajansen lämpar sig också mindre väl för påfrestningen av kokhett vatten och starkt färgande ämnen som te. Trots detta finns tekannor i fajans bevarade både från Rörstrand, Marieberg, Pålsjö och Sölvesborg. Det är den lilla bukiga kannan med lodgrepe som förekommer i ett flertal varianter. Sölvesborgs kannor är fyrkantiga med girlander.

Kaffekannor av fajans är sällsynta. Formen var lånad från silvret och de fick aldrig någon större utbredning.

Mera praktiska än kannorna var tedosorna av fajans. Blådekorerade dosor från Rörstrands första decennier och mera påkostade varianter från Marieberg med målade scener har bevarats till våra dagar. De flesta är fyrkantiga, ibland med lätt sluttande skuldror, och har haft ett litet runt lock även om det ofta saknas nu. Marieberg gjorde också en bukig variant.

Både praktiska, vackra och relativt ofta förekommande är teborden eller brickborden. Det var naturligtvis från början dyrbara föremål, men också ganska nödvändiga för den som gjorde tedrickandet till en skön konst. På tebordsbrickan, som var monterad i ett träställ med ben så att ett regelrätt bord bildades, kunde värdinnan sätta fram tekanna, vattenkanna, sköljskål för teskvättarna (spilkum), koppar och fat, sockerskål och mjölkkanna. I stället för att använda sil slog man ut den sista skvätten ur tekoppen, när man skulle fylla på. Det kunde bli en hel del skvättande och slabbande, när man drack både tio och tjugo koppar. Fajansen

Tekanna med pip i form av ett fågelhuvud. Polykrom bemålning. Marieberg 1760–66. H 14,5 cm. Nationalmuseum

En närmast kubisk kanna från Sölvesborg med dekor i grönt, mangan och gult. H 15,5 cm. Nationalmuseum

Tekannor från Rörstrand och Marieberg samt i förgrunden en kinesisk kanna med brun fond och blommor i blått, s k Bataviagods. En kanna av den typen har tjänat som förebild för Rörstrandskannan längst bak, 1746. Kannan längst till vänster kommer från Marieberg, Ehrenreichs period, liksom miniatyrkannan, 1779. Rörstrand har gjort kannan med en blomkvist mot fond i vitt på vitt, 1757, som är 12,3 cm hög. Längst till höger en kanna från Pålsjö. Nationalmuseum

var det överlägsna materialet, när det gällde att göra de relativt stora tebordsbrickorna med upphöjda kanter, det var mera lättarbetat och billigare än porslin. Det var enklare att hålla rent och tåligare mot vätska än lack och trä.

Tebordsbrickorna var om inte enbart en svensk angelägenhet så vanligast här och i Danmark. De förekommer också i Nordtyskland.

Rent vita tebordsbrickor tillverkades, men i det bevarade materialet är de elegant dekorerade helt övervägande. Blåmålade med figurer och landskap avlöstes på Rörstrand av rikt muffelmålade under det sena 1750-talet. Under 1760-talet producerade också Marieberg tebordsbrickor och då gärna i emaljerat blått. På 1770-talet kom skivor eller brickor med landskapsscener målade *en*

73

Tebordet med sin fajansskiva var ett både praktiskt och vackert inslag i 1700-talets interiör. Skivan med kinesiserande dekor i blått, samt skivan med blomranka och kinesisk uppbyggnad kring ett blomsterarrangemang kommer från Rörstrand. L 68 resp 87 cm. 1750 och 1758. Från Marieberg kommer skivan med lilla riksvapnet (detalj), målad av Anders Stenman, 1770-talet. L 92 cm. Nationalmuseum och Hans Majestät Konungen (färgbilderna).

camaïeu, dvs i flera nyanser av samma färg. Det är den nyktrare nyklassicismen som slår igenom. De monokroma skivorna målade i sepia har för det mesta tillskrivits Marieberg, men båda fabrikerna tillverkade dessa med bilder efter gravyrer. De mindre fabrikerna ägnade sig inte åt så avancerade ting. Stralsunds kapacitet räckte dock till. Några skivor målade i blått av Johan Frantzen tillhör topproduktionen.

Att dricka kaffe och te med socker och mjölk var ett europeiskt påfund, som gjorde dryckerna mera acceptabla för en västerländsk gom. Sockerdosor förekommer också i en föremålsuppräkning från Rörstrand.

Mjölkkannorna från 1730-talet finns inte kvar. En halvannan decimeter hög kanna från Rörstrands 1740-tal kan möjligen ha varit avsedd för mjölk. Det som i dag brukar kallas gräddsnäcka, dvs de med naturalistisk utgångspunkt formade kärl som finns från flera av de svenska fajansfabrikerna, kan också placeras in i detta sammanhang.

75

76

Skivan med det klassicistiska landskapet med skepp och tempel till höger kommer från Marieberg. Den är målad i en rik färgskala, säkert under Stens tid. L 88 cm. Nationalmuseum

Tebordsbricka av fajans med dekor i blått "en camaieu" signerad av Frantzen i Stralsund 1770. Skivans längd är 80 cm. Nationalmuseum

Tebordsskivan med bandstav på kanten och flugor (se detaljbild s 18) kring vyn av Drottningholm (efter Martin) är av en typ som gjordes både vid Rörstrand och Marieberg. L 88 cm. I konsthandeln

Kärl för levande och torkade blommor

Blomkrukor, jardinjärer och vaser är alla prydnadsföremål avsedda för blommor. Men också urnorna med lock var gjorda för blommor, eller rättare sagt för torkade blommor och andra välluktande örter, det som kallas potpourri. Potpourri betyder ett sammelsurium, en blandning. Man blandade t ex rosenblad, nejlikor, mejram och rosmarin antingen med lavendel eller ibland med kanel och kryddnejlika. Varvad med salt fick blandningen stå i en

Kruka utan lock eller stor vas skulle man kunna kalla denna praktpjäs från Rörstrand med polykromt måleri av Erik Wahlberg, omkring 1765. H 37 cm. Nationalmuseum

kruka med lock. Efterhand kunde nya torkade blad och kryddor läggas ner. Resultatet blev en väldoft som spreds i rummet när husmor lyfte på locket och rörde om.

De holländskinspirerade uppsättningarna av lockurnor och vaser från Rörstrands första tid är det tidigaste exemplet på genren. Tre, fem eller sju omväxlande vaser och krukor eller urnor med lock tillverkades med samma dekor för att höra ihop. Potpourri lades i krukorna och i vaserna ställdes torkade blommor. Praktfulla exempel inte bara från Holland utan också från Meissen och

En potpourrikruka med lock från Marieberg finns illustrerad på s 51. Den här krukan saknar lock, men har ett utsökt blomstermåleri. Krukan är formad och bränd 14 december 1764 och dekorerad 4 januari 1765. H 28 cm. Röhsska Konstslöjdmuseet, Göteborg

framför allt från Kina finns bevarade, Dekoren på de pjäser från Rörstrand som finns kvar är ofta en blandning av kinesiska och europeiska element.

Mariebergs potpourrikrukor är de flesta, mest varierade och rikast dekorerade. En grundform är den bukiga krukan med slätt, platt eller kupigt lock. Den förekommer omvirad av lätta, målade

Vas med dekor i blått. Sign. Stockholm. Rörstrand, 1730-talet. H 22 cm. Nationalmuseum

Urnan eller vasen med lock med fritt modellerad och målad dekor finns i flera varianter. Lockknoppen kan se ut som en pinjekotte eller vara målad som en jordgubbe. Formen bygger på en silverförebild, vilket särskilt märks på de målade "konkava" räfflorna på lock och fot. H 41,5 cm. Marieberg 1777. Nationalmuseum

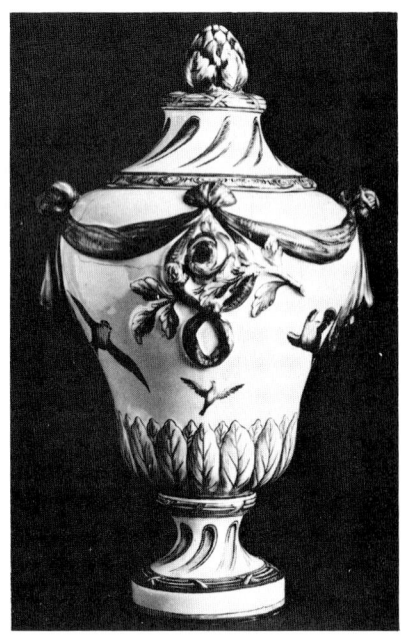

Vaser och urna med lock med dekor i vitt på ljusblått samt rankor och stilleben i blått. Rörstrand, 1750-talet. Vaserna är 31 cm höga. Nationalmuseum

blomslingor, med eller utan en fågel på locket. Fritt modellerade kvistar med blommor och blad pryder andra potpourrikrukor med fåglar på locken. Nästan överrikt praktfulla är de där den fritt modellerade dekoren avtecknar sig mot en marmorering i kraftiga färger och fågeln på locket är en papegoja målad i sin rika fjäderskrud. För våra mera spartanskt inställda ögon kanske marmore-

Potpourrivaser från Stralsund. Den vänstra med en kanin vid foten, den högra med en hund, daterade 1774 respektive 1769. H(den större) 43 cm. Nationalmuseum

Terrassvas från Marieberg med polykrom dekor. 1771. H 42,5 cm. Nationalmuseum

ringen kommer bättre till sin rätt, när den och fågeln på locket är den enda dekoren. Den dekorativa, icke-naturalistiska marmoreringen behåller sin popularitet, när urnorna eller krukorna vid slutet av 1760-talet blir mera klassicistiska. En äggformad behållare på fot med pinjekotte på locket, men grenformade grepar fästa med blad som en eftergift för rokokons naturförälskelse, kunde ha grönmarmorerad fond. Mycket klassicistisk är den päronformade behållare som är omvirad av draperier och vars lock har samma fascesstav och pinjekotte som man finner på silverföremål av t ex Pehr Zethelius.

Mest spektakulär är den upp och nervända päronformade behållaren vars fot utgörs av en terrass täckt av en svepande bladform eller är uppbyggd med en trappa vid vars fot det sitter en kanin (s k kaninvaser) eller hund.

Dessa potpourrikruketyper tillverkades också vid Stralsund under Ehrenreichs tid. Här blir terrassvaserna ibland monumentala. De mindre exemplaren är ofta dekorerade med monokroma bilder och fritt modellerade blommor.

Ett av Rörstrands mest tilltalande föremål, en stor vas eller kruka, som nu saknar lock, är signerad av Erik Wahlberg och bör vara gjord vid 1760-talets mitt. Elegant, spirituellt och levande naturligt målade blommor och insekter visar att den äldre fabriken

Motstående sida: Tulpanställ, eller är det kanske ett nejlikställ, tillverkades både vid Sölvesborg och Pålsjö. Det här blådekorerade exemplaret från Sölvesborg är 24 cm högt. Kulturen, Lund.

Blomkruka med grepar i form av huvuden, landskap i blått. Typen förekommer under lång tid. Det här exemplaret från Rörstrand är daterat 1768. H 21,5 cm. Nationalmuseum

En stor trädgårdskruka med vackert ljusblå dekor. Den strama dekoren är exempel på en kvardröjande barock. Rörstrand 1755. H 49,5 cm. Nationalmuseum

Ovan till höger: Två jardinjärer från Marieberg med genomfärgad blå tennglasyr, förgyllda girlander och ornament. L 54 cm. 1779. Nationalmuseum

Motstående sida: Till vänster en ren blomkruka, till höger en blomkruka med stöd för en insats som skulle hålla snittblommor. Marieberg. H (den större) 17 cm. Nationalmuseum

också hade en stor kapacitet, även om det oftast var Marieberg som stod för "lyxproduktionen". Rena vaser tillverkades redan på 1730- och 40-talen, med andra ord under Rörstrands blå period, men också senare exemplar finns bevarade. Vaser eller "blomsterpottor" av en speciell typ som ofta går under namnet tulpanställ finns från Sölvesborg och Pålsjö. Den välvda översidan har hål för snittblommor av någon sort.

Rejäla blomsterkrukor för trädgården gjordes vid Rörstrand från och med 1740-talet. De är raka eller lätt bukiga och förekommer både med och utan fot. Greparna är ansiktsmasker. Måleriet i blått förefaller ofta grovt och schematiskt, men då får man komma ihåg att de var avsedda att stå ute och vara effektfulla på håll. Ett återkommande motiv är några hus och snabbt uppmålade träd.

Krukor på fötter, som vid första anblicken ser ut som ytterkrukor, men genom en lös insats blir blomställ, tillverkades både vid Rörstrand och Marieberg.

I början av 1780-talet gjorde Marieberg "blomsterkistor", avlånga jardinjärer, som med sin blå färg och förgyllda girlander visar att de var avsedda som ett motdrag till Wedgwoods färgade stengods med vita reliefer, det s k jasperware.

Andra bruksföremål

Under 1700-talet gjordes en hel del föremål av fajans som vi i dag inte använder, till exempel skrivtyg. Att skriva med bläck är idag nästan helt bortlagt. I varje fall behöver vi inga ställ för bläckhorn, sanddosa och penna. Både Rörstrands och Mariebergs produktion innehåller en rad fina ställ, där vi kan följa både formens och dekorens utveckling under fajanstiden. Från det raka blådekorerade går den över det ljuvt blomstersmyckade till det visserligen fortfarande kurviga, men sobert dekorerade i brunsvart. Bläckbehållaren och den perforerade dosan, som ser ut som en pepparströare, är tyvärr ofta sönderslagna. Det mörka bläcket kunde lätt tränga in i sprickor och förstöra behållaren och sanddosan med sitt innehåll som ströddes över skriften för att den skulle torka var utsatt för påfrestningar.

Klockställ är ovanligare och var en mera exklusiv företeelse. Från Marieberg och Stralsund kommer franskinspirerade, lekfullt och asymmetriskt utformade ställ, där man kunde placera sitt fickur och få ett vackert bordsur.

Till kategorin nyttoföremål är det lättare att räkna nattljusstaken, ljusplåten och lampan. Nattljusstakar brukar man kalla de små brickor med ett handtag och ljushållare, som man lätt kunde bära med sig till sängen. Liksom till flera andra ting finns exakta paralleller i silver. Ljusplåten var en avlång dekorativ "tavla" försedd med en fästpunkt för en ljushållare av metall, där man kunde placera ett talg- eller vaxljus som spred sitt sken över dekoren och glittrade i den blanka vita glasyren. Betydligt sällsyntare är en lampa, som står på ett ställ. Den var avsedd att fyllas med tran. I och för sig är sådana lampor inte ovanliga, men i fajans är endast ett fåtal bevarade. Marieberg och Sölvesborg heter tillverkarna.

Om tobaken skall räknas till nödvändighetsvaror får väl bli vars och ens ensak. Rörstrand tillverkade burkar att ha tobak i och därifrån och från Marieberg finns en rad eleganta snusdosor. Både damer och herrar snusade under 1700-talet. En dosa att förvara

Skrivställ från 1740-talet med blå dekor, tillverkat vid Rörstrand. På ryggsidan en figurscen. H 14 cm. Nationalmuseum

Skrivställ från Marieberg med tryckt och målad dekor i brunsvart. H 11 cm. 1770-talet. Nationalmuseum

tobaken i hörde därför till nödvändighetsartiklarna då. Enkla metalldosor var vanligast, silver- och emaljdosor föredrogs av dem som hade råd. Snusdosor av fajans kallas i ett tidigt Rörstrandsinventarium "schefferdosor". Ibland är dekoren just en herdeidyll, ibland strödda blommor, någon gång pryds lockets insida av en lätt vågad scen. Men längre än till denna "ädelporr" tycks fajansmålarna inte ha sträckt sig. De riktiga porrdosorna var gjorda av metall och hade dubbla lock eller bottnar.

Leksaker av fajans tillverkades också. 1700-talet var ett "barnens århundrade" i så motto att intresset för uppfostran och för barnet som individ blomstrade. Om leksakerna av fajans spelade någon roll i den pedagogiska leken är svårt att veta, kanske var de mera statusbetonade objekt för de eleganta dockskåp som nått stor popularitet redan under föregående århundrade. Av inventarieförteckningar att döma var utbudet rikt. Också bevarade föremål vittnar om att de vuxnas vackert dekorerade fajanser förminskades med stor omsorg. Måleriet på miniatyrerna lämnar inget övrigt att önska.

Figurer

Figurinen är en typisk porslinsföreteelse. I avsnittet om porslin finns figurinerna litet närmare beskrivna. Här kan vi bara konstatera att dessa små skulpturer också hörde till det man försökte imitera i fajans. Resultatet blev inte alltid så lyckat. Materialets speciella egenskaper, som ger formerna en mjuk rundhet, och svårigheten att framställa en detaljerad form, gör fajansen till ett

Två ljusstakar och två nattljusstakar från Marieberg. Den målade staken har polykrom dekor. 1760–66. Den största staken är 31 cm hög. Nationalmuseum

Ljusstakar från Rörstrand, samma form men olika dekor. Den rörliga rokokomodelleringen accentueras på den högra ljusstaken av både färger och guld. Rörstrand omkring 1760. H 21 cm. Nationalmuseum

En ljusplåt, eller lampett, från Rörstrand, daterad 25 april 1759. Ljuset skulle fästas på en metallarm i den nedre musslan. H 48 cm. Nationalmuseum

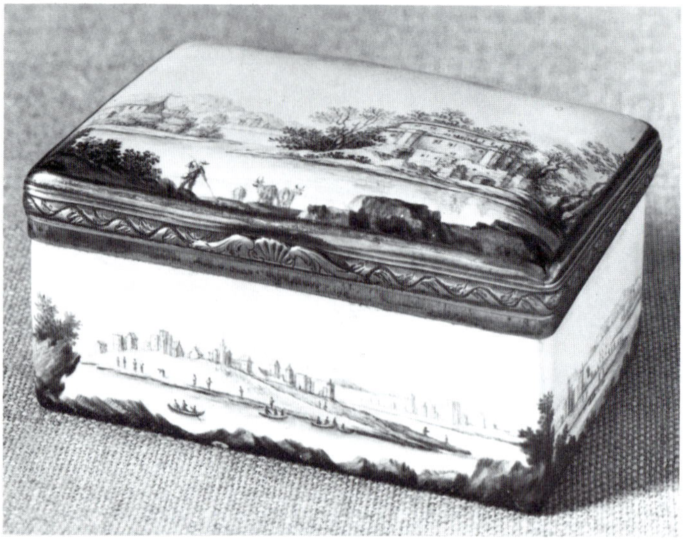
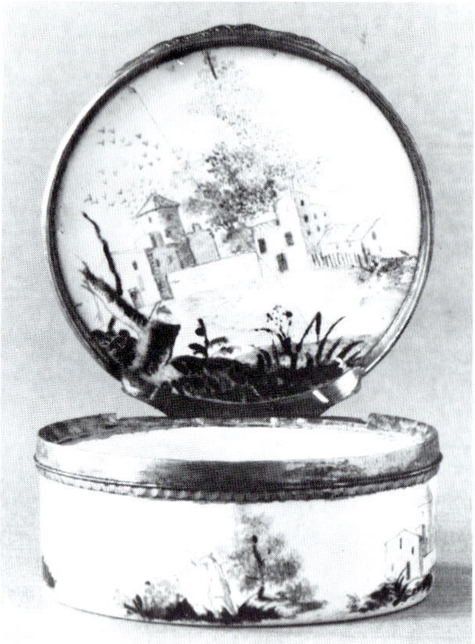
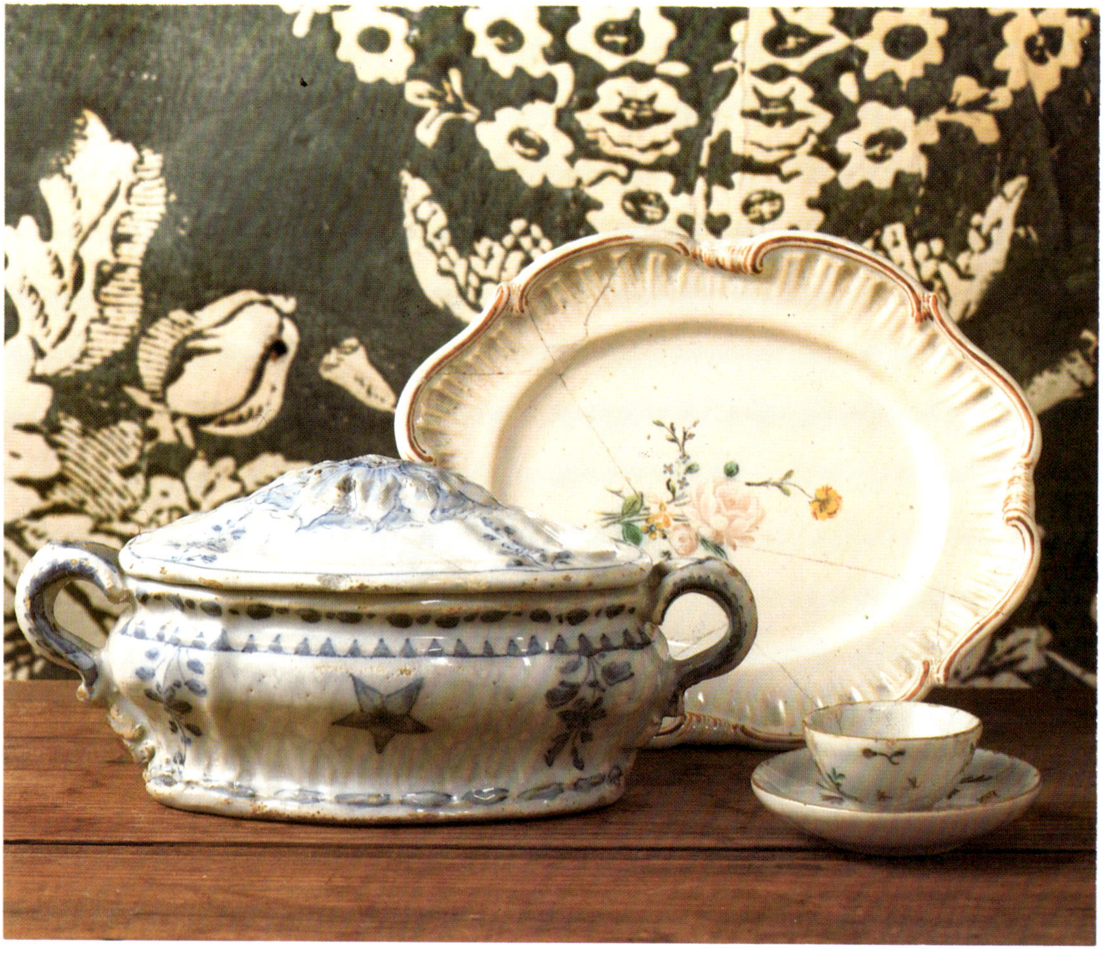

Snusdosa från Rörstrand med monokrom dekor. Signerad Fahlström Stockholm. Rörstrand, 1740-talet. 9,5 × 6,5 cm Nationalmuseum

Den runda snusdosan från Marieberg är dekorerad i svart. 1760–66. D 6,8 cm. Nationalmuseum

Terrinen, fatet och koppen med fat är exempel på de leksaker av fajans som tillverkades vid Rörstrand. Fatet är daterat 1758. L 12 cm. Nationalmuseum

Damen med stränginstrument och fågeln är exempel på den fina polykromi många av Mariebergs fajansfigurer har. Fågeln tillhör fabrikens första period 1760–66, medan damen, H 17 cm, är gjord under 1760-talets slut. Nationalmuseum

olämpligt medium för miniatyrskulptur. Det finns en del figurer med naiv charm, men den effekten var säkerligen inte den avsedda.

Rörstrands produktion var, efter det bevarade materialet att döma, ganska blygsam. En sittande oriental och en kvinna med ett barn är typiska. De är förhållandevis stora, över tjugo centimeter höga, mjukrunda och blanka med litet runnen dekor i blått och mangan. Båda tillhör 1740-talet. I 1733 års inventarium finns upptagna åttiofyra gipsformar "till en hel komedia". Commedia dell'arte-figurer var ett vanligt motiv. Siffran åttiofyra ger ingen uppfattning om hur många olika figurer som fanns. Marieberg skall ha gjort tio commedia-figurer, enligt sin bevarade brännugnsbok. De flesta är identifierade. Deras figurproduktion tycks också ha varit större än Rörstrands.

Mariebergs figurer av fajans är litet mindre än Rörstrands. Fyra

Den sittande nakne gossen med blå vantar och sockor kommer från Rörstrand och är daterad 1746. H 13,4 cm. Röhsska Konstslöjdmuseet, Göteborg

Två putti symboliserande vattnet och jorden. De tillhör samma serie omfattande de fyra elementen som "elden" på s 58. Figurerna är skulpterade av Hans Georg Hierner och polykromt bemålade av Anders Brunstedt 1763–64. "Vattnet" är 17 cm hög. Röhsska Konstslöjdmuseet, Göteborg

putti representerar de fyra elementen: vattnet, jorden, elden och luften. De finns dels med enbart Mariebergs vackra vita glasyr, dels målade i flera färger. Detsamma gäller en serie med figurer föreställande de fyra stånden.

Intressantare än dessa är kanske djuren från Marieberg. Verklig skulptural kraft har några vildsvin. En naturtroget återgiven tax verkar vara ett svar på Meissens alla bologneserhundar och mopsar. Ett liggande lejon i vitt tycks vara gjort efter en förebild från Meissen. Några brokigt bemålade liggande lejon är släkt med det vita men mera valhänt utförda.

Mor med barn, en kissande gubbe och en oriental är en provkarta på de figurer Rörstrand tillverkade under 1740-talet. H 20–22 cm. Nationalmuseum

Figurer ur serien De fyra stånden. Från vänster till höger, bonden, adelsmannen och prästen. H 16,5 cm. Marieberg 1760–66. Nationalmuseum

Mariebergs polykroma tax är hela 33 cm hög och tillverkad under Ehrenreichs tid 1760–66. Kulturen, Lund

Hygien

Under 1700-talet var man inte särskilt frikostig med vattnet. Puder och parfym fick dölja dålig lukt och andra skavanker. Säkert kliade det många gånger under perukerna.

En tvättservis bestående av kanna och handfat hade inte särskilt imponerande dimensioner. Någon gång ser man också en vattenbehållare med bassäng, men den var snarast avsedd för dricksvatten. Tvättfat och handkannor i keramiskt material ersatte sådana av tenn, silver förekom, om man över huvud taget hade en tvättservis. Också rakfat med ett insvängt urtag för halsen tillverkades.

Att underkänna 1700-talets hygien vore dumt. Bidén var en nyhet som introducerades från Frankrike och som av bevarade exempel att döma vann en viss spridning. Här får man naturligtvis minnas att fajansen, särskilt den dyrbara dekorerade, var ett de besuttnas privilegium. Men faktum kvarstår. Den fiolkroppsformade och sittvänliga "lilla hästen" finns i utsökta blomsterdekorerade exemplar både från Rörstrand och Marieberg.

Tvålfoder behövdes också i en tvättutrustning, Både genom blådekorerade och blommiga exemplar kan vi bilda oss en uppfattning om hur de såg ut.

Nattstolshink med blå dekor. Rörstrand, 1740-talet. Rörstrands museum, Lidköping

Apoteksburkar från Rörstrand och Marieberg. H (de högsta) 18,5 cm. Nationalmuseum

Bidé med polykrom blomsterdekor i starkeldsfärger. Rörstrand. Signerad 23/4 1765 av Carl Erik Löfström. L 49 cm. Nationalmuseum

Nattstolshink från Marieberg signerad 1779. Gripsholms slott

Tvålfoder från Rörstrand med blå dekor. 1744. H 25 cm. Nationalmuseum

Handkanna och tvättfat med Rehnska mönstret i blått mot fond målad i vitt på vitt. Rörstrand 1756. Kannan H 19, faten L 35,5 cm. Nationalmuseum

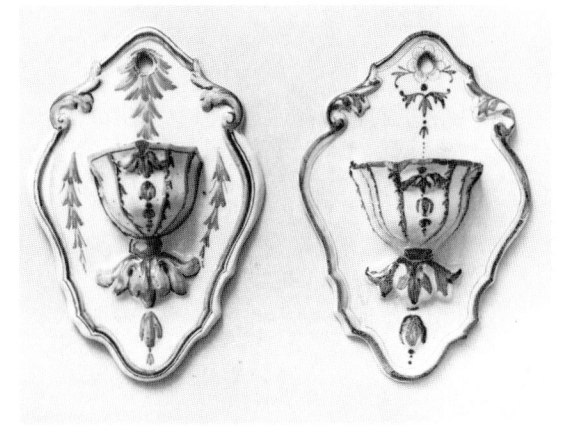

Pottan och nattstolshinken hörde också till de keramiska fabrikernas repertoar. Marieberg signerade stolt sina hinkar med den suveräna vita glasyren. Några exemplar finns bevarade på Gripsholms slott. Där har man också toalettinsatser som är oglaserade på utsidan, medan insidan är glaserad och försedd med en enkel dekor kring kanten. Från Rörstrand finns signerade pottor både odekorerade och med blomsterrankor.

Till kapitlet hygien får man kanske också räkna pomadaburkarna. Ett väl utrustat toalettbord hörde till 1700-talskvinnans käraste ägodelar. Från toalettbordet är steget inte långt till apoteket. Apotekskärl tillverkades av flera svenska fajansfabriker. Rörstrand och Marieberg gjorde såväl specialbeställningar till t ex Serafimerlasarettet som mer neutrala kärl. Också från Sölvesborg finns en serie apoteksburkar. Det fanns både raka burkar, något insvängda under mynningskanten, så att man lätt skulle kunna binda över ett lock, och kannor med pip. Flertalet har också en angivelse av innehållet målad i blått.

Motstående sida:
En genomskärning av huset på Tistad säteri 1766. Här ser man tydligt hur de olika typerna av kakelugnar var fördelade i rummen. Nordiska museet

Kakelugn med blå dekor från Marieberg. Tillverkad 1770–1780 för Sturehov. H 260 cm. Stockholms Stadsmuseum

Kakelugnar

Kakelugnar tillverkades och sattes upp av ett särskilt skrå – kakelugnsmakarämbetet eller krukmakarämbetet. Men också de stora fabrikerna Rörstrand och Marieberg tillverkade kakel till ugnar. Mariebergskakelugn har nästan blivit ett magiskt ord och under tidernas lopp har antalet kände kakelugnar från Stockholmsfabriken växlat. På stilkritiska grunder har Marieberg under vissa tider tillgodoräknats alla vackra kakelugnar som gjorts under 1700-talets senare hälft. Senare har fabriken fråntagits de flesta. Endast med historiska dokument belagda kakelugnar som de på Sturehov, en på Ulriksdal, några på Övedskloster har fått godkänt. Men sanningen ligger nog, som vanligt, någonstans mitt emellan. Nya dokument dyker upp. Vackra, runda ugnar på Björksund med utsökt blomstermåleri är dokumenterade Mariebergare och nya utforskningar om tekniska detaljer kan ytterligare öka det exklusiva sällskapet.

Vad kvalitetskriteriet beträffar så måste man ha klart för sig att särskilt i Stockholm fanns en rad skickliga kakelugnsmakare som kunde åstadkomma en god glasyr och ett vackert måleri, även i flera färger. Kakelugnarna är en värld för sig och kommer i den här framställningen bara med för att fullständiga bilden av våra stora keramiska fabriker.

När Rörstrand på 1730-talet tillverkar kakelugnskakel är de målade. Äldre tiders reliefmönstrade i en färg glaserade kakel har ersatts av Delfts blådekorerade vita kakel. Möjligen är ett av Thelott signerat och 1727 daterat kakel gjort vid Rörstrand. Det är figurdekorerat liksom kaklen på flera ugnar funna i Stockholm. Varje kakel bildar en enhet, där en figur omges av hörnornament. På 1740-talet tycks de heldekorerade ugnarna komma. En ovanligt praktfull kakelugn från Rörstrand, på två ställen signerad av blåmålaren G J Max 1748, är heldekorerad, dvs dekoren bildar en enhet oberoende av kaklens form. Slösande barock är kombinerad med stramare fransk barockklassicism eller régenceornamentik. Vid den här tiden var kakelugnen ännu inte den allmänt spridda och praktiska värmekälla den i Sverige skulle komma att bli. Rök och värme gick rakt upp genom skorstenen och det tog lång tid att värma upp kakelugnen, så att den själv avgav värme. Vid 1700-talets mitt hade man ofta både öppen spis och kakelugn i representativa utrymmen. Kakelugnen var vedslukande och på nyåret 1767 fick Carl Johan Cronstedt och Fabian Wrede i uppdrag att konstruera något mera praktiskt. Redan på hösten samma år presentera-

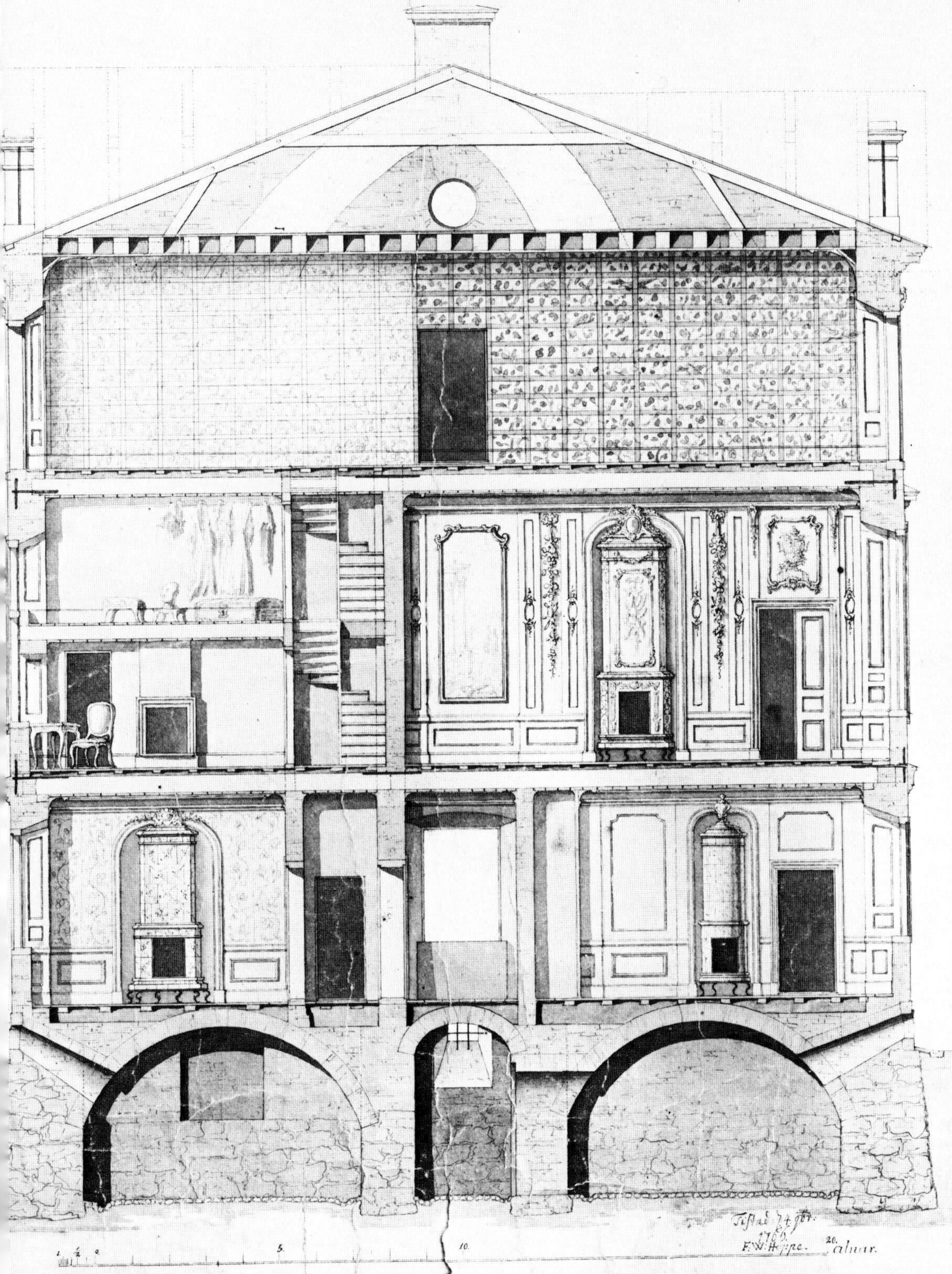

1 ½ 0
5.
10.
Tistad 24 9br.
1769.
F.W. Hoppe.
20.
alnar.

En kakelugn från Rörstrand. Daterad och målad av G. J. Max juli och augusti 1748. Nationalmuseum

Miniatyrkakelugn från Rörstrand daterad 29/10 1746. H 19 cm. Nationalmuseum

Detaljbild från den av Max dekorerade kakelugnen till vänster.

de de sin lösning – en kakelugn där ett system av kanaler håller värmen kvar. Skjutspjället kom till förnyad användning och eldstadsöppningen kunde göras mindre. Den nya Cronstedtska kakelugnen betydde att 1700-talets heminredningsideal med krav på bekvämlighet och ljus kunde genomföras. Den förbättrade värmen tillät större fönster. Kakelugnen spreds också till allt vidare kretsar.

Hur kom då dessa kakelugnar att se ut? De två huvudtyperna är de runda och de flata, de senare huvudsakligen avsedda för mera representativa utrymmen. Antalet skift, dvs rader av kakel i höjdled, kunde växla på grund av rummens höjd. Omkring sju skift var det vanligaste. Alla kakelugnar stod på en fotställning med ben, oftast av trä. Först är benen svängda som på rokokons möbler, sedan stramas de till enligt nyklassicismens mönster.

De flata ugnarna hade oftast ett pampigt krön. Jean Eric Rehn och Carl Hårleman specialritade kakelugnar. De är heldekorerade. Men även andra kakelugnar fick en sammanhängande dekor, något som blev vanligare i takt med att nyklassicismen blev dominerande. Ett genomgående drag är att den nedre delen är utskjutande, så att en hylla bildades. På målningar av Hilleström kan man se hur den utnyttjades för att värma kärl eller hålla dem varma. Många flata och de runda ugnarna, när de inte bara var enfärgade eller stänkmönstrade, var uppbyggda av kakel med upprepningsmönster, dvs varje kakel hade samma mönster. Motivfloran på servisgodset möter oss där, t ex kineserier, den Döda fågeln under parasoll och Nordstjärnan. Dessa upprepningsmönster gjordes gärna i blått medan blomsterbuketter ofta målades i flera färger.

Porslin – ett mellanspel
1766–1788

Drömmen om det riktiga porslinet

När Rörstrand 1729 fick sitt privilegiebrev kallades företaget "Porcellainesfabriquen", även om man var medveten om att godset bara skulle kunna "swara mot det Delfiska", dvs fajans. Porslin hade vid den här tiden en vidare betydelse än i dag. Tillägget fint eller äkta angav att man menade vad vi nu kallar porslin.

Den 17 januari 1735 fick fabriken emellertid av Fredrik I "Wårt nådiga Privilegium på fint Porcellaines tillwärckande wid Rörstrand med andras uteslutande och det till år 1749". Rörstrand förklarade i sin anhållan att man kunde använda samma svarvare, målare och hantlangare för porslinstillverkning som för fajanstillverkningen och att det "allenast ankommer på en serskild brännugn med något smått dertill".

1741 frågade Handels- och manufakturdeputationen varför någon tillverkning inte kommit igång och fick då av baron Rålamb till svar att man gjort prov men att dessa inte blivit så bra som porslinet man fick från Meissen vid Dresden. Men något senare försäkrades att anstalter verkligen vidtagits; mästare hade inkallats utifrån, en svensk lärling hade sänts utomlands och en som man förmodade lämplig lersort hade hittats. Direktörerna Piper och Klinckowström ursäktade sig emellertid bl a med att man hindrats av det ostindiska porslinets införsel i landet.

1741 uppenbarade sig också Christoph Conrad Hunger åter och begärde hos Kommerskollegium att få inrätta en porslinsfabrik. Han visade prov på en vit lera "praeparerad och bränd samt genomskinande och rätt vacker, så att den jemte andra försök äfven gaf eld ifrån sig, när derpå slogs med eldstål på samma sätt som annat äkta porslin". Hunger förklarade att han fått tag i leran i Gränges socken i Dalarna. På 1940-talet hittade man en relativt vit lera i Dalarna. Kanske hade Hunger alltså funnit en användbar lera. Först var kollegiet benäget att ge Hunger ett förskott för att göra porslinsförsök, men då Rörstrand ju fått privilegium på porslinstillverkning och direktörerna vid Rörstrand "voro inflytelserike män" fick Hunger avslag. Det enda han erhöll var ett privilegium på sockerformar, apoteksburkar m m att tillverkas av rödbrun lera.

När Mariebergs egendom inköptes var det "till en äkta Porcellaine fabriques anläggning". "Oäkta porslin" tillverkades ju redan vid Rörstrand. Ehrenreich säger i en skrift, avgiven på sommaren 1758, för att erhålla pengar till företaget: "Stormägtigste, Allernådigste Konung ... de dryga penninge summor, som dels af wårt egit förråd uti utländske händer för Porcellainer stadnat och dels af hela Europa till Ost-Indien föres och ettdera uti hafsbottnen eller hwilket alt detsamma uti China och Japan för ewigt förloras." Det är hans nationalekonomiska argument som skall göra höga vederbörande välvilligt sinnade. Ehrenreich såg också reella möjligheter att genomföra sitt projekt och talar om att "bygga nationens winst med denna wahran på det Sachsiska Porcellain-Wärkets ruiner". Sjuårskriget 1756–63 var en händelse som skulle utnyttjas för att få igång en svensk porslinsindustri. Ehrenreich hoppades få arbetare från den oroliga del av Europa, där kriget rasade, till det relativt fredliga Sverige.

Till skriften fogades en "Förteckning på de af mig uppfundne sorter av äckta och oäckta porcellaine, samt andre Stenkärill" i elva punkter. Ehrenreichs kunskaper tycks inte ha varit särskilt stora. Hans bästa sort sägs överträffa "den så högst dyrbara gamla Japanska Porcellaine" och borde därför kallas "Svensk Porcellaine". Det kinesiska som bara skiljer sig från det japanska i dekoren tar han upp som en särskild sort. "Durchsigtig äckta Porcellaine på Meissens och Vincennes sätt" är Ehrenreichs nästa stora uppfinning. Här sammanblandar han fältspatporslinet från Meissen och det artificiella frittporslin som tillverkades i Frankrike. När man avslöjat denna grundläggande missuppfattning, blir man beredd att avfärda det hela.

"Med ett ord, på sådant sätt och igenom desse mine påfund nyttias och förädlas alla de Jord-, Sten- och Bergarter, hwilka uti Rikets widsträckta Fält och grufwor finnas, ännu mycket okiände äro och till största delen hittils för onyttige och obrukelige ansedde blifwit." Denna sista passus pekar på en av de stora svårigheterna med porslinstillverkning i Sverige – bristen på tillgång till lämpligt råmaterial. 1743 utgavs "Anledning Til nyttiga Ler-Arters Upfinnande i Riket; hwaruti jemwäl förmäles om åtskilliga Utrikes Jord-Arter, theras Bruk och nyttiande, samt om sättet, hwarefter then Äkta Porcellaine göres i China". Här får man veta hur man skall söka lera och en berättelse om hur porslin tillverkas i Kina. Var i Sverige porslinslera kunde påträffas, upplyser Axel Fredrik Cronstedt i sin 1758 (anonymt) utgivna "Försök Til Mineralogie" – "i klyfter på Wester Silfberget (Västmanland) och imellan Stenkol wid Boserup i Skåne".

I de s k Bredsjöpapperen som Henrik Sten, verksam vid Marieberg 1768–82, efterlämnat finns en anteckning om "Adresser på dem som hafwa Caolinsk Lera", men adresslistan är borta. Man kan alltså inte med säkerhet säga om svensk porslinslera använts eller om man lyckats importera, något som säkert var ganska besvärligt, då varje land höll hårt på dyrbarheten.

Porslinstillverkning vid Marieberg

Porslinstillverkningens hemlighet var vid slutet av 1750-talet inte längre något helt oåtkomligt, men det fordrades både kunskap och erfarenhet för att starta en tillverkning. När gjordes då det första porslinet i Sverige? Sedan gammalt har det ansetts att en avlång, kålbladsformad skål i Nationalmuseums samlingar, märkt i blått med tre kronor och E, är det kvarvarande resultatet av den enda bränning Ehrenreich gjorde i sin första fabriksbyggnad den 14 maj 1759. (Natten till den 1 juni brann fabriken nämligen ned och när tillverkningarna återupptogs ungefär ett år senare, i april 1760, gjorde man enbart fajanser.) Skålen är gjord av ett artificiellt glasaktigt porslin.

När man går igenom porslinsproduktionen från Marieberg har man inte samma stöd av dateringar som på fajanserna. Massan är av tre olika sorter. Dels finns det figurer, gelékoppar och små vaser av ett glasaktigt frittporslin av fransk typ, dels figurer, gelékoppar och mera avancerade föremål som kannor, skålar, terriner och koppar av "äkta" porslin. Men inom den senare gruppen är tillverkningarna av två sorter, enkelt uttryckt en bättre och en sämre. Man skulle kunna kalla den sämre hybridporslin och den bättre helt enkelt porslin. Porslinet verkar ha en lämpligare komponerad massa. Skillnaden kan också bero på själva råvarorna och bränningen. Grundmaterialet är kaolin eller porslinslera, därtill kommer kinesernas petuntse, som i Europa är fältspat och kvarts. Glasyren har en sammansättning som liknar själva massan.

Frittporslin

Förmodligen var det Pierre Berthevin som 1765 introducerade den franska typen av porslin. Det var en dyrbar och komplicerad massa, som tog lång tid att framställa. Alexandre Brongniart, som på 1800-talet var chef vid Sèvres och också skrivit om keramik, har givit receptet på den massa som användes vid Sèvres. Salpeter, havssalt, alun, soda, gips och sand blandades och smältes. Blandningen eller *frittan* (härav namnet frittporslin) krossades till ett pulver, tvättades i kokhett vatten, varefter krita och kalkhaltig märgel tillsattes. För att göra massan formbar blandades såpa och lim i denna. Bränningen (som bör ha skett vid 1050–1100 grader) skall ha tagit 75 till 100 timmar och krympningen beräknades till en sjundedel. Glasyren bestod av blyoxid, sand, flinta, pottaska och soda, blandat, smält och malt samt utblandat med vatten (bränns vanligen vid 900–1 000 grader). Den färdiga produkten blir glänsande, något glasaktig och färgerna sjunker in i och förenas med glasyren på ett ofta mycket fint sätt. Det var alltså ett porslin av denna typ Berthevin lyckades framställa under sin tid på Marieberg fram till 1769.

En obesvarad fråga är om Ehrenreich lyckades framställa sin kålbladsskål 1759 eller om den är ett första försök från Berthevins sida under den korta tid han arbetade under Ehrenreich. Massan stämmer inte med den i Berthevins övriga produktion, men ändå verkar det rimligare att han är dess upphovsman. Ett faktum är att prov på porslinsproduktion visades för ständerna 1766, en produktion som måste tillkommit under deras gemensamma tid.

1700-talets favoritmaterial

Om man kallar porslinet 1700-talets favoritmaterial, så kan man också säga att det får sitt mest spirituella och charmerande uttryck i figurinerna. Glansen i materialet, detaljskärpan, den lilla skalan, den litet preciösa elegansen – allt passar i rokokons tidevarv.

Den europeiska porslinsfigurinen skapades i Dresden vid Meissenfabriken av Johann Joachim Kändler. Han var en begåvad skulptör, som bl a modellerade djur i naturlig storlek vilka tillverkades av porslin för August den starke, och uppenbarligen var han uppfinningsrik. Kändler kom på idén att ersätta figurerna av deg, socker och vax i de stora festmåltidernas dekorationsarangemang med figurer av porslin. Mitt på bordet dukades ett s k skådebröd med för tillfället passande figurer omgivna av häckar, tempel eller valvbågar. I fladdrande lågors sken gnistrade de små porslinsfigurerna förföriskt, och så var de ju en nyhet. Också på väggkonsoler och möbler fick de sin plats. Allt från enkla hantverkare och försäljare till världsdelar i kvinnogestalt tillverkades vid Meissen från 1730-talets slut. Snart spred sig konsten till andra tyska porslinsfabriker, som växte upp under 1700-talets förra hälft och mitt. Också i Frankrike gjorde man figuriner. Så förebilder fanns i rikligt mått när Berthevin skulle framställa figurer.

De mest ambitiösa skapelserna från Berthevins tid är ett par grupper med flera figurer: Aeneas bärande sin far Anchises och följd av sonen Ascanios flyr från Troja och en herde som överraskar ett par blomsterplockerskor. Den förra är litet rörande klumpig, den senare mycket livlig. De klassiska gestalterna står på en sockel i typisk rokokoform – en mjuk och rörlig rocaille, ursprungligen en klippform. Den lantliga herdeidyllen utspelar sig däremot på en i grön-brunt målad sockel, som man återfinner t ex på grupper av liknande typ från fabriken i Höchst. Herden och blomsterplockerskorna tillverkades också på Stens tid och finns både i vitt och bemålade.

Vad de enstaka figurerna beträffar finns hela skalan från gudar till bondfolk representerad, somliga bemålade, andra omålade. Jupiters maka Juno är framställd med sin symbol påfågeln. Pomona, hos romarna fruktträdens gudinna, har här inte bara ett ymnighetshorn utan också en drake till sällskap. En putto med sädeskärve kommer härnäst i hierarkin. Figurer ur den italienska komedin hörde till de populära ämnesområdena ute i Europa. Frankenthal i Tyskland har givit förebilden till en av de svenska figurer som finns bevarad, Pantalone. En oriental och en kavaljer tillhör den typ som ställdes upp för att utgöra festtåg till August den starkes, "porslinskungen", ära. Också en herde, en bondflicka och en kvinna med tvättbalja har överlevt ur den allra första produktionen av svenskt artificiellt porslin. De figurer, som är målade, är ganska starka i färgen.

Gelékopparna är gjorda efter original från Mennecy-Villeroy. De har grunda räfflor som sitter tätt, antingen lodrätt eller lätt vridna. Som lockknopp fungerar en liten frukt. Kvaliteten är ofta så bra, att man förväxlar de svenska med de franska förebilderna. Några små vaser med korgflätningsmönster, handtag i form av delfiner som biter i mynningskanten och ibland en målad dekor, tycks däremot inte vara hämtade utifrån.

Två vaser och en figurin, kvinna med tvättbalja, av frittporslin. Porslinsmassan har en varm gulvit ton, alla pjäserna är signerade med ett inristat MB. 1766–69. H (vaserna) 7,8 cm. Nationalmuseum

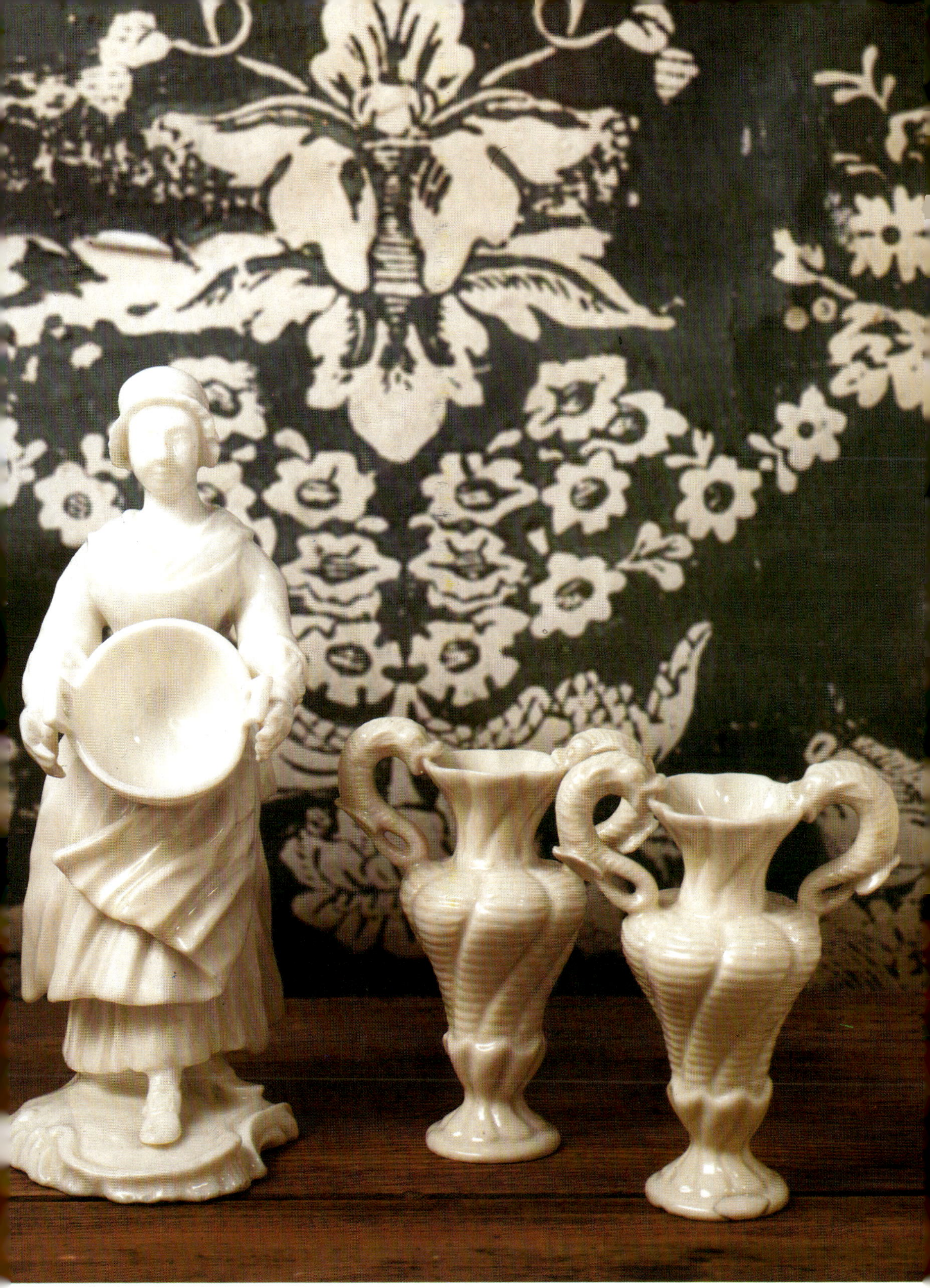

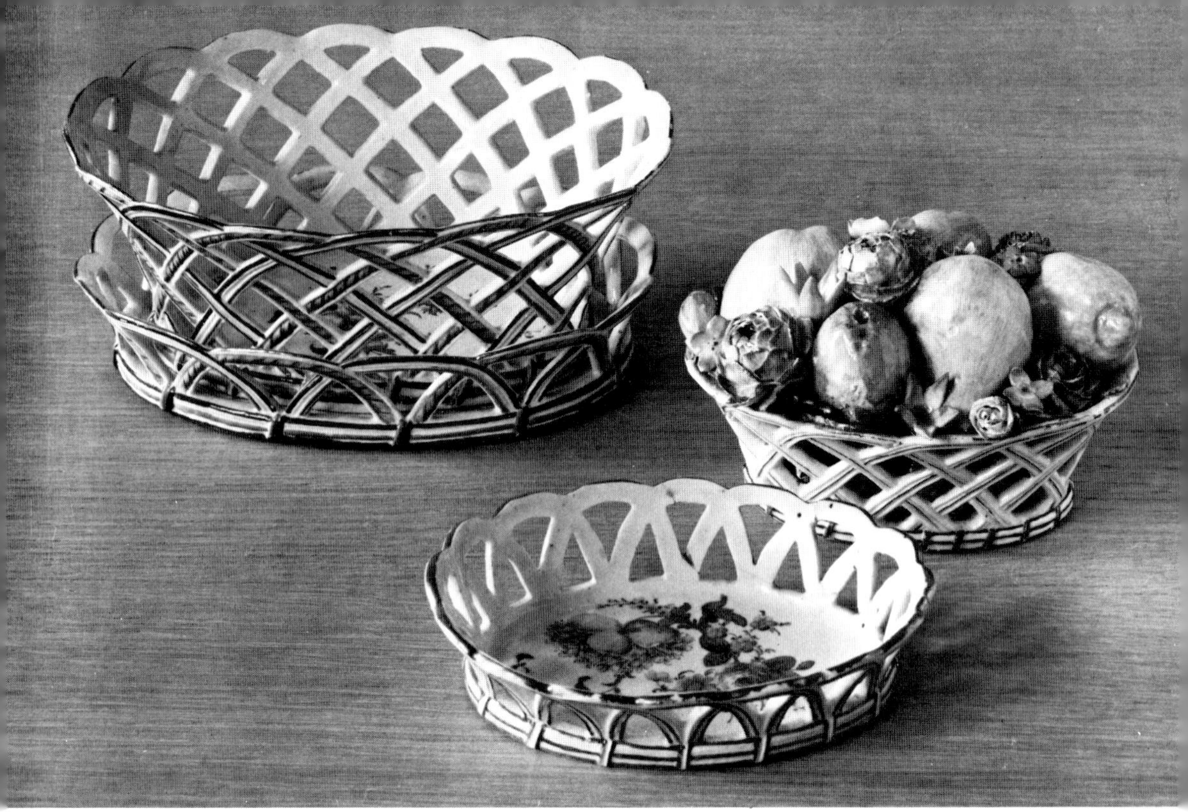

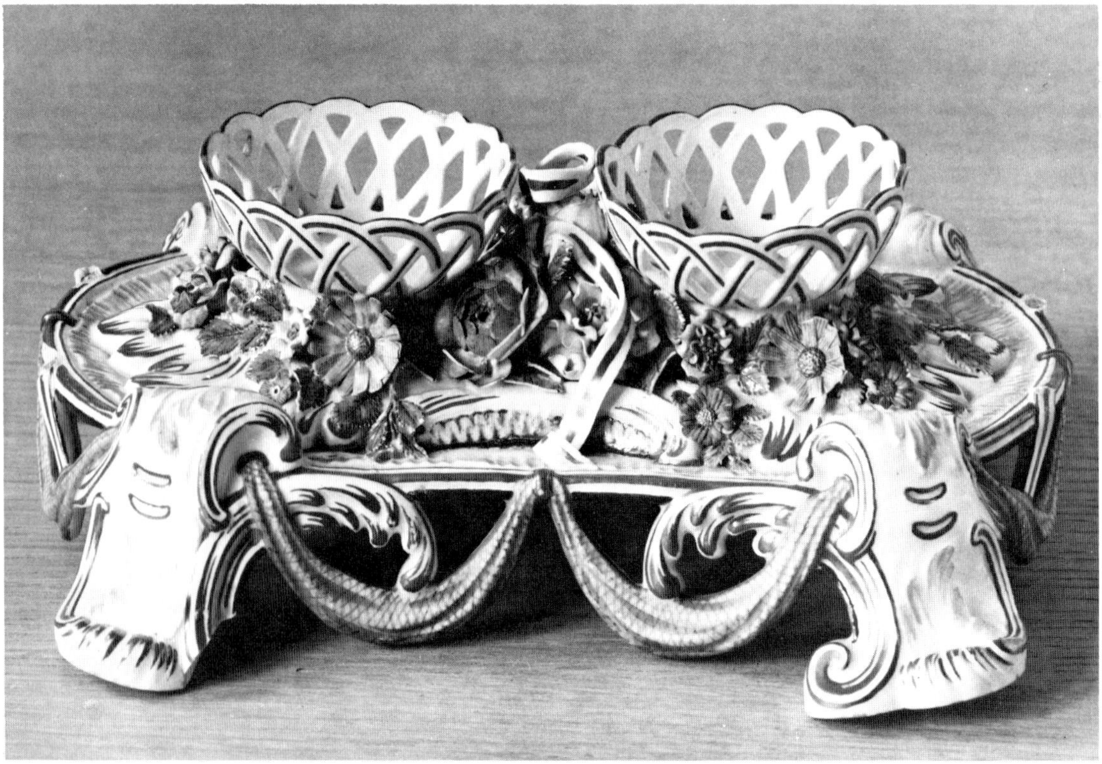

Tre korgar av porslin, en av dem är också fylld med porslinsfrukter. Dess kvalitet är något högre än de andras. Stens period på Marieberg. Korgen med frukter är 7,8 cm hög. Nationalmuseum

Detta ställ för två koppar "tête à tête" med fritt modellerad och målad dekor är gjort av den bättre porslinskvaliteten som endast tillverkades under en kort period av Stens tid vid Marieberg. L 24 cm. Nationalmuseum

Stens porslin

Hybridporslinet och *porslinet* hör till Henrik Stens tid. Andra halvåret 1772 begärde Marieberg tillverkningspremier för porslin hos Manufakturkontoret, förmodligen för det vi nu kan kalla hybridporslin. Att Henrik Sten över huvud taget lyckades framställa ett porslin, även om det inte var av bästa kvalitet, är en bedrift.

Sten började sin bana på Rörstrand, där han blev drejargesäll 1753 eller 1754. 1768 flyttade han över till Marieberg och blev ledare för fabrikens tillverkning med namnet verkgesäll. Henrik Theophilus Scheffer hade 1753 skrivit om flussmedlet i porslin i Vetenskapsakademiens handlingar, men troligt är att någon av de utlänningar som gästspelade på fabriken hjälpte Sten att tillverka porslin. Än mera sannolikt är det att det porslin av bättre kvalitet som tillverkades under Stens tid är någon annans verk. Det skulle då vara *Jacob Dortu,* som arbetade vid Marieberg från september 1777 till augusti 1778. Under den tiden skall arbetsfördelningen ha varit att "gamle Franzen skötte fajansen, Sten flintporslinet och Dortie det äkta". När Dortu drog vidare fortsatte man att tillverka hybridporslin som förut. Dortus korta mellanspel skulle förklara att samma modeller förekommer i de båda massorna och med liknande dekor. Skillnaden mellan Stens hybridporslin och Dortus är, att det förra är något kritigt och ibland lätt blåsigt i glasyren. Det handlar ju inte om två artskilda massor utan om en skillnad vars orsaker inte är helt klarlagda.

Hur tillverkades då porslinet? Det måste vara gjutet i gipsformar. Ibland kan man till och med spåra gjutskarven, dvs den lilla upphöjning som kan bildas där formens delar möts. Porslin bränns minst två gånger (ibland fyra, då det är dekorerat både med färger och guld), första gången i ungefär 8–900 grader, andra gången med glasyr i 14–1 500 grader. Färg- och guldbränningen sker vid lägre temperatur. Den största tillverkningen, till ett värde av 40 000 daler kopparmynt, är noterad 1779. 1788 redovisades endast för 1 200 daler kopparmynt.

De föremål som tillverkades under Stens tid visar en ganska stor variation. Man fortsatte med figurerna eller figurinerna och gelékopparna.

Figurerna är från 8,5 till 15 cm höga. Herdar och herdinnor, sittande med klädsamma attribut i famnen, putti med olika sysselsättningar, en perser och en ryska, en sjöman, jägare och tiggare, vingårdsman och trädgårdsarbeterska. Det är som i den internationella figurplastiken, alla samhällsklasser och olika yrken är representerade. Främmande folkslag och utklädda putti är också förete-

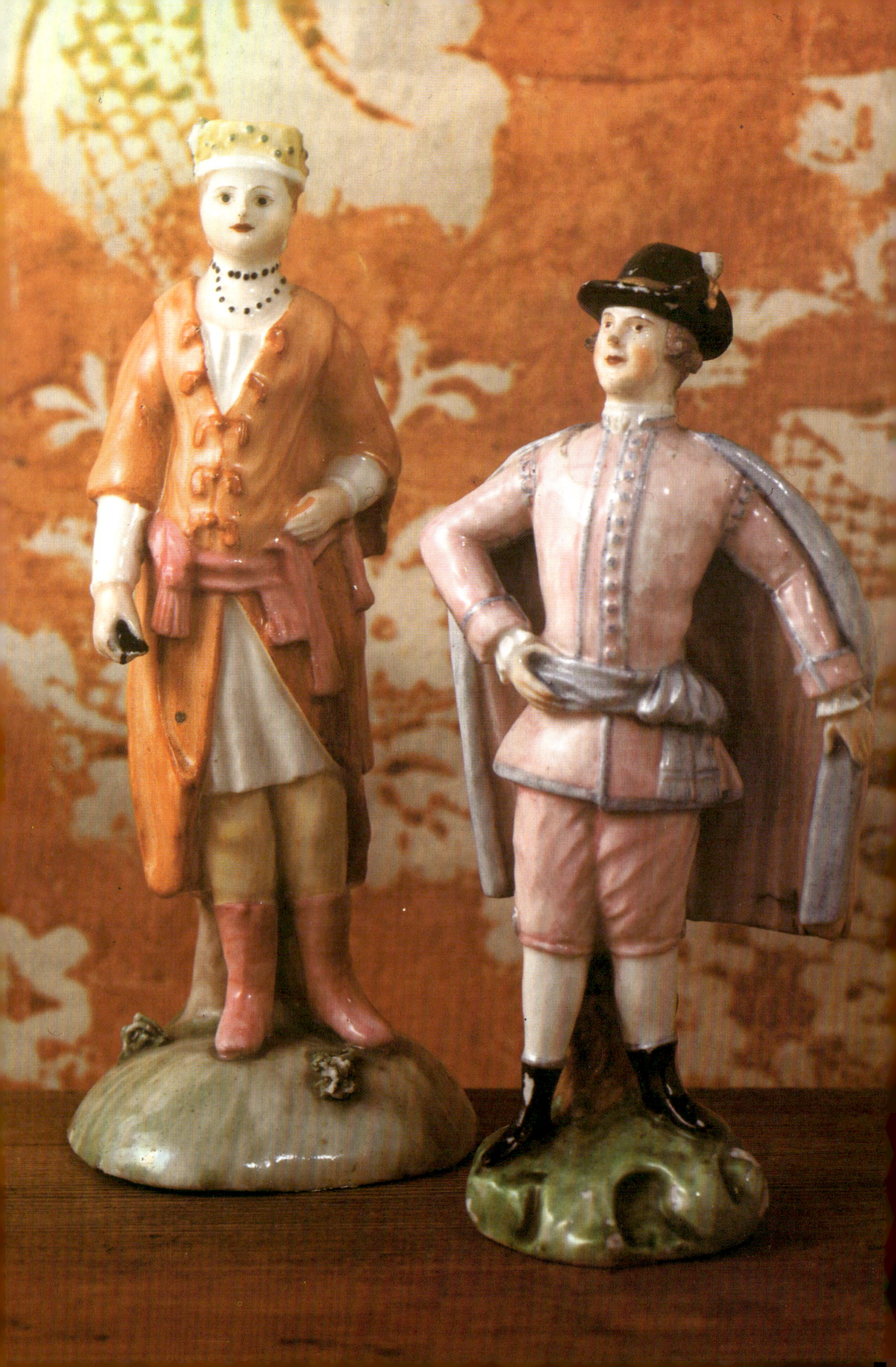

Kvinnan är klädd i rysk dräkt och kavaljeren bär den svenska dräkten som infördes av Gustaf III. Båda är tillverkade av "hybridporslin" vid Marieberg. Nationalmuseum

Herde och herdinna av porslin från Stens tid vid Marieberg. Herdinnan är 10,1 cm hög. Nationalmuseum

elser man känner igen. Vingårdsmannen och trädgårdsarbeterskan har identiferats som lån från Frankenthal. En grupp med Herkules och Omfale är gjord efter en förebild av Johann Joachim Kändler vid Meissen och ett dansade par har Michael Victor Acier, Kändlers efterföljare, som ursprunglig upphovsman. Omisskännligt svenska är däremot ett par klädda i svenska dräkten. Figurerna förekommer dels omålade, dels målade och då ibland dekorerade med guld.

Gelékopparna har utökats med några modeller, en med korgflätning, en med glesa räfflor och blad i relief och ytterligare en nästan slät variant.

Det stora och nya är servisgods i porslin. Det är långt ifrån några hela serviser som tillverkas. Små terriner med lock, korgar samt delar till te- och kaffeserviser utgör sortimentet.

Tekannor, kaffekannor, tedosor och mjölkkannor tillverkades i en karakteristisk modell, vars grundform är cylindrisk. Glesa kannelyrer ger ett intryck av avhuggen kolonn. Handtagen är vinklade och lockknopparna utgörs av pinjekottar, lagergirlander i relief målade i grönt fullbordar denna rent nyklassicistiska modell. Strödda blommor, små buketter eller insekter målade i färger ackompanjerar landskapsbilder, ofta monokromt målade, vilka omges av en rund ram av lager, som hänger från girlanden runt behållarnas överdel.

Juno med påfågeln och Jupiter med örnen flankerar här en bondflicka och Pomona. Alla tillverkade av frittporslin vid Marieberg. H (Juno) 13,7 cm. Nationalmuseum

Gelékoppar av porslin från Marieberg med olika reliefmönster och målade dekorer. Den högsta är 10,5 cm. Nationalmuseum

En annan serie av teutensilier har en lätt reliefdekor av lövliknande former och på bräm och runt mynningskanter korslagda lagerkvistar. Den målade dekoren består av strödda buketter och enstaka blommor, oftast polykrom. Formerna är litet rundare och mjukare, men ändå med ett nyklassicistiskt drag.

De korsade lagerkvistarna och utsökt målade blommorna kommer igen på en unik liten terrin. Ett udda lock och en omålad

terrin ger besked om att lockknoppen här varit ett grönsaksstilleben bestående av en blomkålsbukett, ärtskida och smala rotfrukter. Det är rokokons naturförälskelse som har dröjt sig kvar på locket och verkar litet främmande. En annan terrin, känd i ett enda exemplar, är helt "korgflätad" så när som på utsparade reserver som bemålats med landskap i grönt. Förebilden är en servis från Meissen med "Watteau-scener" i grönt som började tillverkas där på 1750-talet.

Några ställ med holkar för två koppar, i genombrutet arbete, dekorerade med fritt modellerade blommor och ibland rika draperier tillhör Mariebergs mest utstuderade porslin. Ytterligare bevis på den tekniska skicklighet man uppnådde är några genombrutna korgar och särskilt en fylld med fritt modellerade blommor. Ett fint polykromt måleri ökar den nästan överrika prakten.

Tekoppar tillverkades också. Både en hög, i botten lätt rundad modell och en rent cylindrisk. Faten är rundade i övergången mellan spegel och bräm respektive kantigt raka. Av den senare sorten finns ett par praktfulla exemplar med Gustaf III:s porträtt på koppen. Den ena har röd fond och saknar fat, den andra guldfond. Båda är gjorda efter en förebild från Sèvres som avbildar Ludvig XVI.

Mariebergs porslinsproduktion bygger som de flesta andra 1700-talsfabrikers på lån från andra tillverkare, men har ändå som helhet en egen profil.

Kopp med rosa fond och oval medaljong med Gustaf III:s porträtt i svart. H 7,5 cm. Efter Sèvresförebild. Nationalmuseum

Den lilla (17 cm i diameter) terrinen med flätmönstrad yta (s k oziermönster) efter Meissenförebild och målade scener i grönt är tillverkad vid Marieberg under Stens tid. Nationalmuseum

Tekanna och kaffekanna av porslin från Stens tid vid Marieberg. H (tekannan) 15,5 cm. Nationalmuseum

Bricka, sköljskål (spilkum) och mjölk- (eller grädd-) kanna av porslin från Stens tid vid Marieberg.
L (brickan) 32,8 cm. Nationalmuseum

Flintgods – ett nytt material.
1770-tal–1840-tal

1700-talet är i Sverige fajansens stora tid och 1800-talet den rika och varierade massproduktionens epok. Däremellan ligger ett skede som både är en avslutning på 1700-talet och ett förstadium till 1800-talet. Det är det tidiga flintgodsets tid som man kan placera mellan 1770- och 1840-talen.

Flintgodset är en form av keramik som länge har behandlats styvmoderligt. Med beklagande har man sett det första flintgodset som något som dödade den lysande fajanstraditionen. (Också det sena 1800-talets keramik har fått mycket varierande omdömen, men har nu länge varit accepterat.) På 1880-talet utdömde G H Stråle, Mariebergs och Rörstrands förste biograf, flera gånger det tidiga flintgodset. Om en urna från Rörstrand skrev han: "Äfven de förnämsta praktpjeser från denna tid, såsom den afbildade vasen, prydd med Gustav IV Adolfs porträtt, påminner snarare om ett primitivt försök på någon af Söderhafsöarna. än om en tillverkning från ett land med så pass gammal kultur, som den Sverige då egde, och der Gustaf III så nyligen fört spiran."

Och ändå passade flintgodset väl för den gustavianska stilens fordringar. Från 1770-talets början tillverkades flintgods i Sverige. Det blev här liksom i det övriga Europa det sena 1700-talets modematerial. Fajansproduktionen upphörde relativt snart till förmån för den nya uppfinningen.

Flintgodsets födelse

Flintgodset utvecklades i England strax före 1700-talets mitt. Genom att blanda piplera, som var vit, och mald flinta i massan till stengods fick man ett ljust gråvitt och relativt lätt (tillsatsen av flinta) gods, men det blev strävt i ytan på grund av saltglasyren som det försågs med. Då man brände ingredienserna till detta stengods vid lägre temperatur och blyglaserade det, blev produkten både ljus, lätt och slät – vad vi kallar flintgods. Omkring 1750 hade man fått fram ett flintgods av relativt god kvalitet. På 1760-talet presenterade Josiah Wedgwood något som man skulle kunna kalla det perfekta flintgodset. Det har en svagt krämfärgad ton och en tunn och jämn glasyr. Senare har man tillverkat både hållbarare, men också tyngre och renare vitt, mera porslinsliknande flintgods. Då har det förlorat sin speciella karaktär och blivit ett ersättningsmaterial.

När flintgodset skapas är det som ett alternativ till porslinet. Fajansen är litet klumpig, men framför allt skör och ömtålig. Porslinet är en dyrbarhet som bara mycket få har råd att köpa och som inte heller är tillgängligt i tillräckliga kvantiter. Flintgodset fyller alltså ett behov. Sortimentet i det nya materialet blir snart mycket rikt. Genom rationella produktionsmetoder möjliggörs något av en massproduktion. I England är det sena 1700-talet den begynnande industrialismens epok och Wedgwood var den förste industriellt arbetande keramikern. Den keramiska industrin subventionerades och beskyddades aldrig i England, vilket gjorde att de företag som grundades från början hade kravet på sig att vara lönsamma. Den stora flintgodsproduktionen betydde att keramiska föremål blev tillgängliga för ett allt större antal människor. Den spridningen kom först på det sena 1800-talet i Sverige. Men möjligheterna fanns i det nya materialet.

Flintgodset blev inte bara ett massproducerat material för den stora publiken utan ett alternativ också för de högre klasserna. När Josiah Wedgwood fått fram sitt goda flintgods och fått beställningar av engelska drottningen kallade han det *Queen's ware*. Han fick också beställningar från den ryska kejsarinnan Katarina II.

En ostindisk servis med kronor i blått och guld som gjordes för Gripsholms slott ersattes under det tidiga 1800-talet av en flintgodsservis från Rörstrand. Det gick mode i flintgodset.

I flintgodsets barndom är dess formspråk rokokons, ibland t o m en kvardröjande barock. Förebilderna finns både i porslin och silver. Det karakteristiska för den första epokens flintgods är emellertid den enkla sakligheten. Vad man skulle kunna kalla "flintgodsstilen" skapas av Josiah Wedgwood. En bidragande orsak kan ha varit produktionsmetoderna – ett första utslag av den industriella estetiken som gav enkla avskalade former. Att Wedgwood var praktisk och saklig är obestridligt. Han lät pröva den funktionella kvaliteten hos sina produkter innan han började tillverka dem.

Nyklassicismens stilideal var kanske ändå den främsta formkällan. I revolt mot rokokons livliga och utsirade former svärmar man för det enkla och rena. Den stora inspirationskällan är den klassiska antiken. Kolonner och urnor är grundelement. Den klassiska ruinromantikens färglöshet rimmar bra med flintgodset, som kommer bäst till sin rätt enbart med en reliefdekor. Brokiga färger harmonierar inte alltid så bra med godsets lätta krämfärg. Den tunna genomsynliga glasyren låter däremot den finaste reliefdekor framträda med full skärpa.

Ytterligare en dekorationsmetod – *överföringstrycket* – hör intimt samman med det tidiga flintgodset. I Sverige användes metoden, som vi har sett, på fajans under ett kort skede på 1760- och 1770-talen. På flintgods kommer den emellertid inte förrän den tveksamt dyker upp under 1810-talet för att under följande årtionde börja dominera. Men i England skickade Wedgwood från september 1761 gods till firman Sadler & Green i Liverpool för att det skulle förses med tryckta bilder.

Flintgodset och överföringstrycket är de två uppfinningar som ligger till grund för den explosionsartade utvecklingen inom den keramiska industrin under 1800-talet.

Teknik

Det som skiljer flintgods från porslin och gör den gamla beteckningen flintporslin felaktig är att det inte är tätsintrat och genomsynligt. Flintgodset har mellan 3 och 10 procents vätskeupptagning (det är glasyren som gör godset "heltätt", liksom hos fajansen). Skärven (den brända produkten) är i flintgods vitaktig, i äldre tid ofta ganska mörk. Huvudbeståndsdelen i flintgods är en lera som blir relativt vit när den bränns, t ex piplera. Den blandades med mald flinta eller någon form av kvartsmineral. Därtill kunde man tillsätta krita, som gjorde flintgodset vitare och lättare, men också skörare och dovare i klangen. Litet kaolin höjde styrka och klang. Dessutom tillsattes ämnen som leran på orten krävde.

Glasyren var en genomsynlig blyglasyr som förutom bly i någon form, galena eller mönja, kunde innehålla kiselsyra, flinta, borax och soda men också andra ämnen. Arsenik och kobolt neutraliserade tonen på den färglösa glasyren, om den tenderade att bli alltför gul. Glasyren smälter inte samman med skärven utan ligger som ett hölje kring denna. Den blir lätt krackelerad t ex vid temperaturväxlingar. Om föroreningar då tränger in blir flintgodset missfärgat.

I dag vet vi att blyglasyren kan vara hälsofarlig. I kontakt med vissa livsmedel som innehåller syror kan glasyren avge bly och om detta blir alltför högkoncentrerat i maten leder det till förgiftning. Att bly kunde vara skadligt var man dock medveten om redan under 1700-talets slut.

Flintgodset brändes två gånger. Första gången (skröjbränningen) var det oglaserat och temperaturen kunde vara upp till omkring 1 200 grader. (Temperaturen växlar med hänsyn till massans sammansättning.) Andra gången brändes glasyren på vid lägre temperatur (glattbränningen), förmodligen ca 1 000 grader. I Mariebergsledaren Henrik Stens efterlämnade papper finns ett dokument med överskriften "afskrift på glasurer och massor som jag den 21 Maii 1772 gaf upp för Commerce College ledamöter samt Mariebergs Direction". Här ser vi vilka ingredienser det första svenska flintgodset kunde vara gjort av:

Massan No 1		*Do No 2*		*Do No 3*	
Lera		Lera		Lera	
Flinta		Flinta		Flinta	
Krita		Kisell		Dansk Sand	
Glasuren No 1		*Do No 2*		*Do. No 3*	
Mönia	6 lb	Mönia	8 lb	Mönia	10 lb
Saltbetter	4 lb	Saltbetter	4 lb	Arsenikum	2 lb
Bergcristall	2 lb	Marienglas	2 lb	Cristall	2 lb
Påtaska	1 lb	Borax	1 lb	Saltbetter	5 lb
Hollstens Sand	4 lb	Påtaska	1 lb	Dansk Sand	8 lb
(1 lisspund = 8,5 kg)				Påtaska	4 lb

De leror Sten använde är ospecificerade. Flinta är en genomgående beståndsdel i alla tre massorna, medan tillsatserna varierar. Både kisel och sand hör till de vanliga som användes i flintgods. Huvudbeståndsdelen i glasyrerna är mönja, dvs blykomponenten, salpeter och pottaska, medan de andra ingredienserna varierar.

Flintgodset gör sin entré i Sverige

När Ehrenreich 1765 skrev kontrakt med fransmannen Berthevin, som skulle komma att överta ledarskapet vid Marieberg efter honom, står det att denne skulle kunna tillverka *terre d'Angleterre*, vilket betydde flintgods eller som det kallades i Sverige under 1700-talet *stenporslin*. Följande år lär Ehrenreich också för Handels- och manufakturdeputationen ha framvisat prov på flintgods.

Men det är inte förrän i oktober 1770 Marieberg redovisar sin första flintgodstillverkning.

Följande år, i augusti 1771, anhåller Henrik Sten hos Riksens ständer om en inventionspremie för det av honom uppfunna stenporslinet. Vid den tiden har också Rörstrand börjat en tillverkning, vilket framgår av en jämförelse med engelskt gods som företogs inför Kommerskollegium 1771: "Sedan de tre tallrikarna blivit sönderslagna, befanns väl couleuren (i brottytan) av Rörstrands gå närmast intill det engelska, men Mariebergs däremot vara bättre bränt, samt vad materialets finhet angick, så tycktes bägge inländska sorterna däri vara lika."

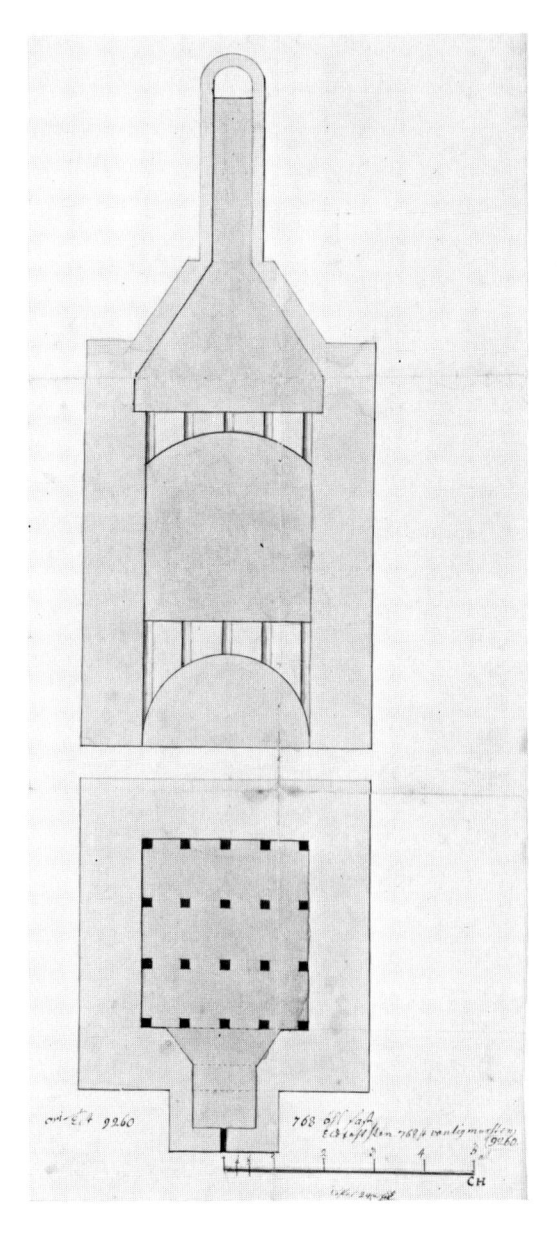

"Stenporslinugn", förmodligen ritad av Conrad Heischman vid Marieberg. Ur Bredsjöpapperen. Nationalmuseums arkiv

Motstående sida:
Delar ur servis med målad dekor av en typ som var omtyckt och vanlig kring sekelskiftet 1800. Från Rörstrand. Nationalmuseum

Ett par ljusstakar och delar ur den s k Gripsholmsservisen från Rörstrand 1819. Ljusstakarna, H 34,3 cm, kommer från Nordiska museet, servisen tillhör Kungl. Husgerådskammaren

Den 21 maj 1772 framlägger Sten inför två av Kommerskollegiums ledamöter och två av Mariebergs direktörer de ovan nämnda recepten på massor och glasyrer till stenporslin och utför även prov. Resultatet blir att han får en premie på 6 000 daler kopparmynt och alltså erkänns som uppfinnaren av stenporslin eller flintgods i Sverige.

Det tidiga flintgodset är mycket svårt att exakt tidsbestämma. Den trevliga vanan att datera, som hjälper oss så mycket vad de svenska fajanserna beträffar, förekommer knappt på flintgods. I stället får man försöka gruppera materialet stilistiskt, vilket också kan ge en tidsindikation.

Franskt inflytande

Den första gruppen skulle då vara det *gåshudsmönstrade* eller som det ibland har kallats det *smultronmönstrade*. Föremål med noppig yta som påminner om gåshud eller ger den behagligare associationen till smultron tillverkades både vid Marieberg och Rörstrand. Formerna är mjuka, i rokokons anda, ibland i barockens formspråk. Man kunde vänta att förebilderna, för sådana finns, skulle komma från England. Där användes gåshudsmönstret (på

Gåshuds- eller smultronmönstrad terrin i rokokons formspråk. Marieberg, 1770-talet. H 28 cm. Nationalmuseum

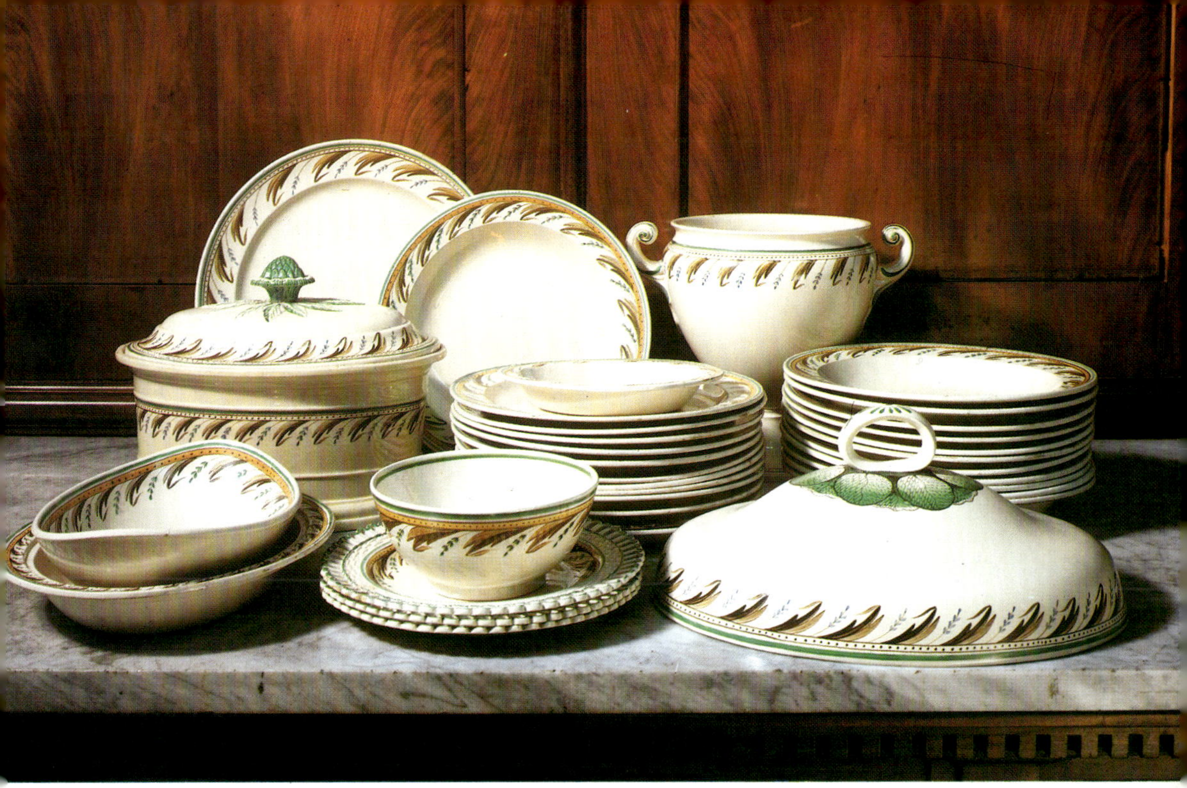

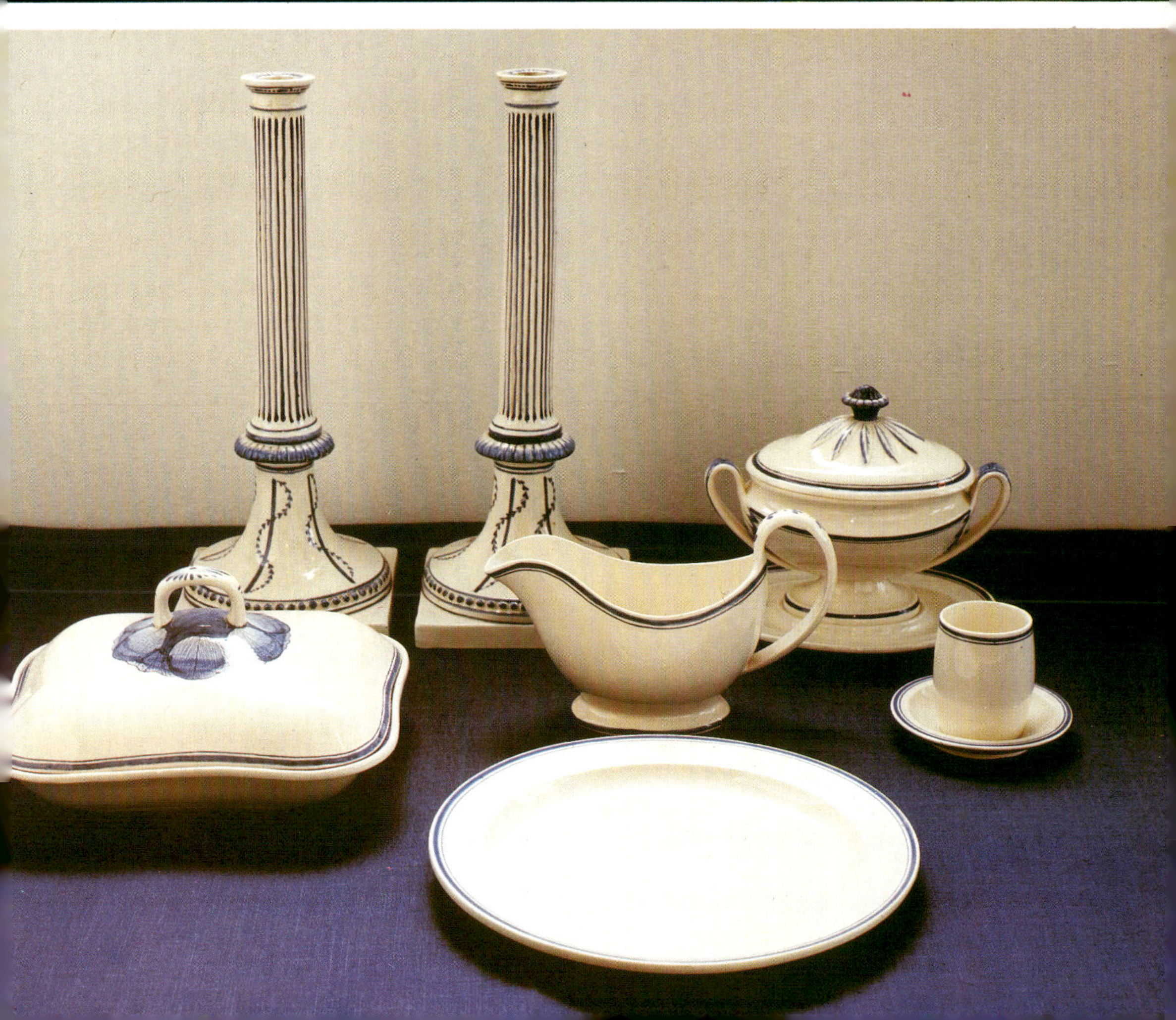

Fat med rokokokartuscher i relief och genombrutet mönster efter förlaga av engelsk tallrik i saltglaserat gråvitt stengods. Fatet är gjort av flintgods och signerat Rst (Rörstrand) Örn. 1770-talet. D 29,2 cm. Kulturen, Lund

Pålsjös försök att vara moderna och göra flintgodsmodeller i fajans. 1771–74. D 23,2 cm. Helsingborgs museum

Tallrik med "feather edge" och blommor i färger. Emaljfärgsdekoren på flintgods var vanligt i England. Här tycks det snarare vara en blek avklang av det lysande fajansmåleriet. Sign. MB Sten. D 25 cm. Kulturen, Lund

engelska *barleycorn*-mönster), men bara på gråvitt saltglaserat stengods – flintgodsets förstadium – och formerna stämmer bara delvis med det svenska materialet. Går man till Frankrike skall man emellertid finna exakta motsvarigheter till flera av våra föremål. De är tillverkade vid någon av manufakturerna i Lorraine (Lothringen) eller vid Pont-aux-Choux i Paris, som var den första franska flintgodstillverkaren, privilegierna fick man redan 1743. En liten, mjukt bullig skål med fat och lockknopp i form av en blomma tillhör de föremål som finns både från Frankrike, Marieberg och Rörstrand. Något som Marieberg tycks ha varit ensam om i Sverige är stora terriner med gåshudsmönstring. De finns med hel fot och barock lockknopp, med bladfötter och bibehållen barock överdel samt helt i rokoko med bladfötter och en rättika som lockknopp.

Många modeller för fajanstillverkningen kom ju från Frankrike och flera porslinsarbetare rekryterades därifrån till Marieberg, så sambandet med Frankrike även på flintgodsets område är inte svårt att förklara.

Engelska förebilder

Den stora inspirationskällan var emellertid England. Också innan den släta "flintgodsstilen" eller "Wedgwoodstilen" slog igenom, fick man modeller från England. Ett par små tekannor från Marieberg, nu sorgligt sönderslagna, vittnar om att saltglaserat gods med snäckmönster importerades. Fat med snäckliknande handtag från Marieberg och Rörstrand hör hit. Liknande finns från Vänge-Gustafsberg, men då är nog Marieberg källan. Också fat och tallrikar med rika rokokokartuscher och genombrutet mönster kopierades. Från Rörstrand finns en tallrik bevarad, från Marieberg oglaserade skärvor. Vid Pålsjö efterbildade man dem också, men där i fajans.

Detta ger ett slående exempel på skillnaden i tjocklek på fajans- och flintgodsglasyr. Reliefmönstret är nästan helt utsuddat och genombrytningen har man inte alls klarat av i Pålsjövarianten.

Feather-edge (fjäderkant) var vanligt på engelska flintgodstallrikar. Det är ett lätt och diskret reliefmönster som både Marieberg och Rörstrand gjorde. Den s k *Bellmanservisen* från den senare fabriken har denna grundform och på spegeln målade bilder eller texter som "Lagom", "Intet för meij", "Kan hända". Också några rejäla raka muggar med lodgrepe kan man associera både till England – formen, och Bellman – dekoren. På var och en av dem är målat ett fantasivapen för medlemmar i Bacchi Orden och i botten på en står det C M B.

Vid sidan av Wedgwood var Leeds den stora engelska flintgodsproducenten. Stadens namn har blivit samlingsbegrepp för en mängd keramiska varor, tillverkade där och av den typen. Mest karakteristikt är kanske de fina genombrutna mönstren och de räfflade, tvinnade greparna fästa med små blomreliefer. Rörstrand gjorde bl a en genombruten korg av ringar sammanhållna med flätverk, tvinnade handtag fästa med en liten blomrelief och blomknopp på locket samt bordsställ och karotter av Leeds typ.

Den utan jämförelse rikaste modellfloran hade Wedgwood. Han var också den stora förebilden både i England och här. Hans produktion brukar delas upp i *useful ware* (servisgods) och *ornamental ware* (prydnadsgods). Det färgade, ofta blå godset med sina vita reliefer är den produktion Wedgwood är mest bekant för. I Sverige togs denna s k *jasperware* inte upp förrän vid 1800-talets slut om man inte räknar med Mariebergs fajansimitationer.

Wedgwoods största insats var nog ändå den "vackra vardagsvaran", för så kan man kalla det servisgods i *plain shapes* han introducerade på 1760-talet. Förmodligen från 1790-talets slut tillverkade Rörstrand serviser av denna typ. Säkert daterbara är serviser som har försetts med Carl XIII:s (1809–1818) ägarmärke. Stora terriner, saladjärer, karotter, spilkummar, pastejterriner, såsterriner, mängder av fat och tallrikar har alla en mycket tydlig Wedgwoodprägel. Det rör sig inte om avgjutningar utan om en närgången efterformning. Resultatet är mycket lyckat. Godset tål vid den här tiden att framträda enbart med en enkel dekor i blått. Lätta, målade brämdekorer, också av Wedgwoods märke, utnyttjades även. Slingor i brunt eller grönt, ax i grönt, gult och brunt ibland med en accent av blått, bladslingor i brunsvart – detta och mycket mera kopierades direkt eller var omtolkningar av de bårder som Wedgwood börjat använda omkring 1770. När man i dag ser

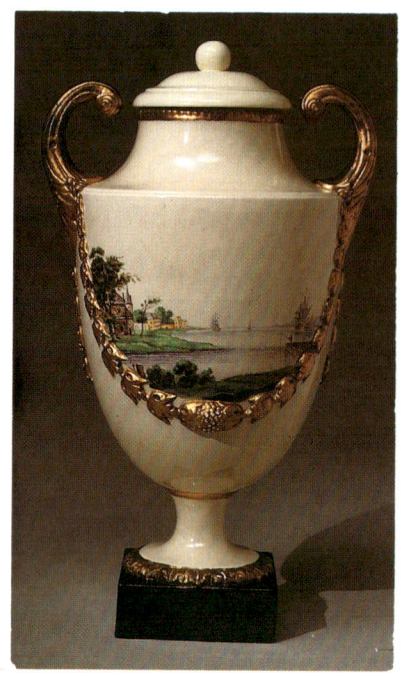

Ett par urnor med en målad vy av Rörstrand, som är uppdelad på den vänstra och den högra urnan. Rörstrand, 1700-talets slut. H 38 cm. Nationalmuseum

Urna med landskap i färger. Marieberg. H 40 cm. Nationalmuseum

dessa slingor kan de tyckas höra hemma kring sekelskiftet 1900, "de är så moderna". Sekelskiftet 1800 var den tid då de stora serviserna började bli vanligare. Det var ingen massproduktion men med inspiration från England tillverkades ett rikt material i det ganska lätthanterliga och ekonomiska flintgodset.

Urnor eller vaser med lock

I Wedgwoods produktion av *ornamental ware* ingick en mängd urnor av klassiskt snitt. De tillverkades huvudsakligen av *black basalt* (ett slags svart stengods), någon gång i flintgods med stenimiterande glasyr. Här finns förebilden till den produktion av urnor i flintgods som Marieberg gjorde till en specialitet. De större urnorna har en upptill indragen äggformad behållare med uppböjda grepar och bladgirland. De mindre kan vara helt äggformade eller kantigare. Vänge-Gustafsberg hade en liten produktion av urnor sedan Sten flyttat dit. De är huvudsakligen av den större typen. Även Rörstrand producerade dessa. Man kan förmoda att de tillverkats sedan Marieberg övergått i Rörstrands ägo. Vid 1790-talets slut görs några självständiga typer på Rörstrand. Särskilt dekoren av tjocka, knottriga band gjorda av lerspånor är karakteristisk.

En samling urnor från Marieberg. De små figurerna på locken är dels putti, dels den från England hämtade s k "widow knob". Förutom Wedgwood kan en inspirationskälla till de kantigare, mera nyklassicistiska typerna, ha varit franska gravyrer. Urnorna längst fram till höger är 24 cm höga. Nationalmuseum

Men det är Mariebergs urnor som är de märkligaste. De förekommer helt vita, men också målade t ex i djupt blått, gult eller marmorerat rosa, till detta en svart fot eller en diskretare stenimitation. Utsparad i fonden är ofta en medaljong i relief med putti, de tre gracerna, porträtt eller något annat, gärna antikiserande motiv. Ibland är den lilla medaljongen slät, markerad av en guldram och prydd med ett landskap i enfärgat rosa eller brunsvart. Lockknoppen kan vara en putto eller *The widow knob*, ett av Wedgwood introducerat och ofta imiterat motiv, en sittande kvinna insvept i en stor sjal.

På den större varianten, som nästan alltid har förgyllda reliefer, är landskapsmålning vanligt. I det bildrum, som bildas av den på behållaren nedhängande girlanden, finns målade både landskap i färg och ruinromantiska bilder i brunsvart. Urnorna hör ihop två och två. Bilderna är mer markerade till vänster respektive till höger, så att de när urnorna står bredvid varandra bildar ett slags sammanhängande vy.

Mera bruksföremål

Ett föremål som återfinns hos både Marieberg och Rörstrand och som vi tidigare har stött på, tillverkat av fajans, är blomkrukan eller "kylpottan". Med sin livliga modellering hör den hemma i rokokon. Om man jämför exemplaren från Marieberg och Rörstrand skall man finna att de är förvillande lika, men inte identiska. Den ena fabriken har sett en bra modell hos konkurrenten och efterbildar den.

Av naturliga skäl – Marieberg avvecklas ju och försvinner under 1780-talet – är Rörstrand den ledande flintgodsproducenten under det tidiga skedet. "Nya" föremål dyker ständigt upp. Det glömda materialet plockas fram ur gömmor och hittas i skräplådor, när det inte har fått skatta åt förgängelsen.

Monumentala ljusstakar med blå dekor vittnar om en sida av produktionen. Andra ljusstakar är mindre och försedda med ett polykromt blomstermåleri, efter Wedgwood, som ändå måste ha varit relativt ovanligt i det svenska materialet. Cylindriska te- och kaffekoppar, av en modell vanlig under det sena 1700-talet, något mindre koppar med vinklad grepe och skålformade öronlösa koppar gjordes under det tidiga 1800-talet. En tekanna med

Frukostservis med fyra ragufat och en liten terrin i mitten. Samma ragufat gjordes också med ett ställ för äggkoppar i mitten. Här är dekoren i brunsvart efter förebild av en Wedgwood-servis från 1700-talets slut. Rörstrand, 1800-talets början. Ragufaten tillverkades i samma modell flera decennier framåt. Terrinens höjd är 28,5 cm. Nationalmuseum

Pastejterrin med en sfinx på locket. Till en del terriner av den här typen finns en insats i metall bevarad. Rörstrand, 1800-talets början. H 23,5 cm. Nationalmuseum

Två tekannor från Rörstrand, 1800-talets början. H (den vänstra) 13 cm. Rörstrands museum, Lidköping

brunröd fond och blommor i en utsparad medaljong tillhör 1700-talet. Oftast omålade reliefdekorerade typer blir vanligare under det tidiga 1800-talet. Några riktiga blomkrukor, med hål i botten och tillhörande fat, efter Sèvresförebild, pekar på ytterligare en källa för Rörstrand. Relativt vanliga är pastejterrinerna med lock, helt vita eller målade med servisernas rankmönster och prydda med en sfinx eller ett lejon på locket har de överlevt, förmodligen på grund av sina dekorativa kvaliteter. Frukostserviser med fyra ragufat med omväxlande konkava och konvexa sidor så att de bildar en cirkel kring ett äggkoppställ eller en terrin gjordes från omkring 1800.

Marieberg och Rörstrand började med flintgodset i Sverige. Men också flera mindre fabriker hade en produktion. Vänge-Gustafsberg hörde dit, som nämnts i avsnittet om urnorna. Mest karakteristiskt för produktionen därifrån är färgskalan och porslinsformerna. Sten, flintgodsets "uppfinnare" i Sverige, ägnade sig naturligtvis med förkärlek åt detta material när han 1785 kom till Vänge-Gustafsberg. Till yttermera visso var fajansen på 1780-talet ganska omodern och porslin hade han inte tekniska resurser att framställa där. Men produktionen går till stora delar tillbaka på det porslin som Marieberg under Stens tid tillverkade. Både tekannor och gelékoppar finns bevarade. Deras dekor i rosa och blågrönt är också en avklang av porslinets.

Löfnäs under den från Rörstrand komne Schirmer hade under 1800-talets första år också en flintgodsproduktion, men av ganska grovt slag. Av större intresse är då *Ulfsundas* tillverkning av bruksgods i oglaserad ljus eller svart lera. Konstnären C A Linning som 1813–23 drev fabriken hade en utgångspunkt i Wedgwoods *black basalt* och *cane ware* och resultatet blev gott. Linning var en skicklig skulptör som gav de klassicerande formerna en egen tolkning.

Tallrik och tekanna, signerad 1790, från Vänge-Gustafsberg. Tekannan är 14 cm hög och finns på Nordiska museet, tallriken på Nationalmuseum

Tekanna signerad Rörstrand Ö, 1700-talets slut och koppar med fat, gula med brunsvart rankdekor. H (kannan) 12 cm. Nationalmuseum

Rörstrand gjorde flera figurer efter engelska förebilder. Här en sittande kyrkotjänare, Gubben grön och en s k Toby jug, alla från 1800-talets början. H (den vanliga toby jugen) 24 cm. Nationalmuseum

Fruntimmerspottan är tillverkad vid Rörstrand under det tidiga 1800-talet. Den har använts på Gripsholms slott. Kungl. Husgerådskammaren

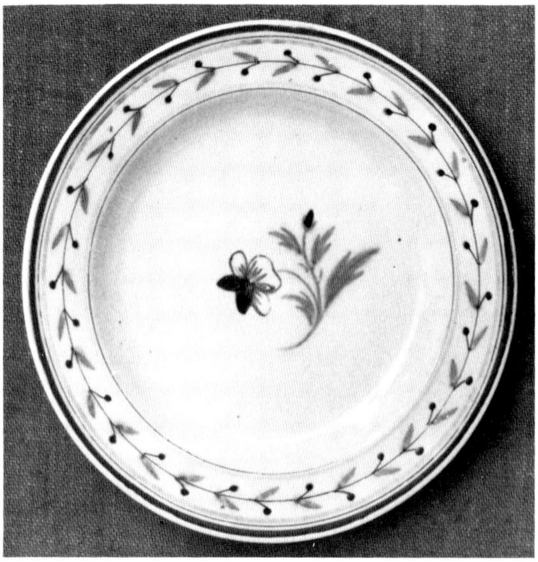
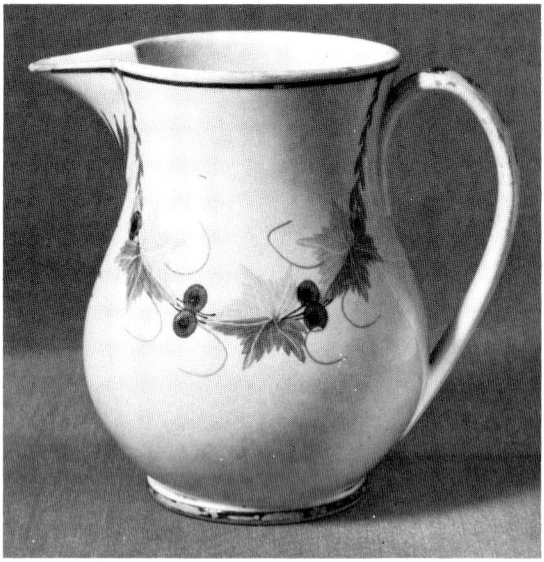
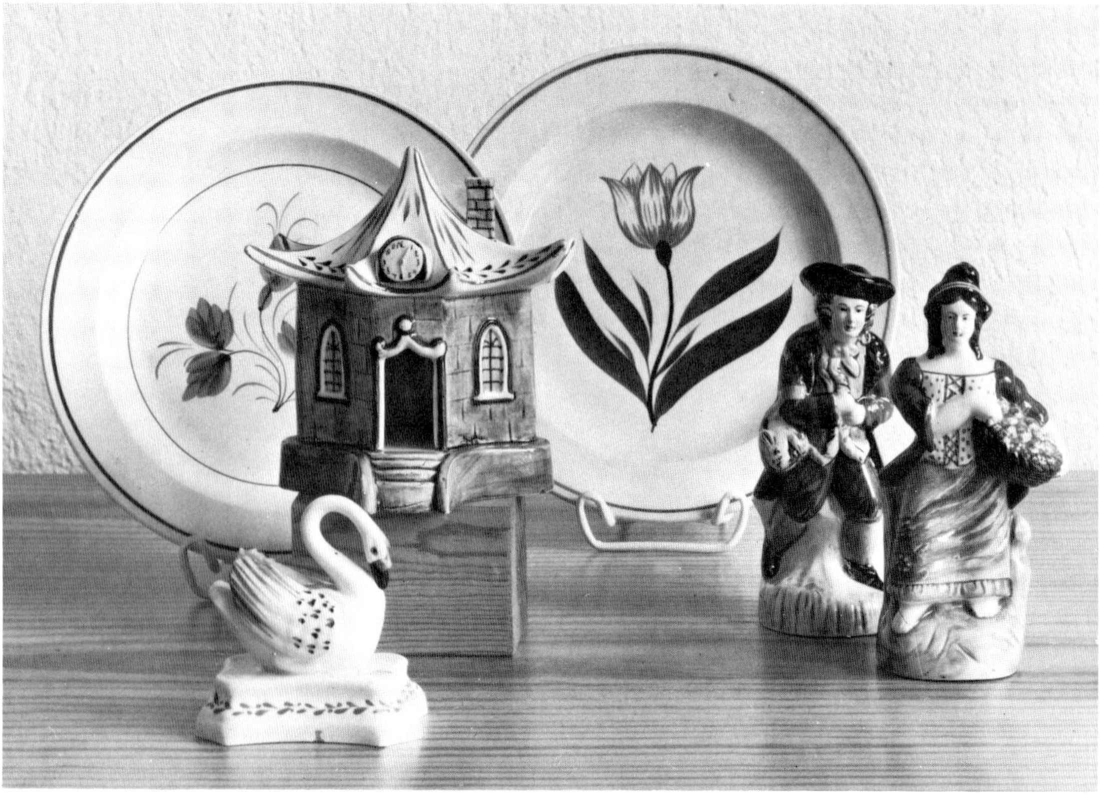

Gustafsberg grundas

Rörstrand står för kontinuiteten i Sveriges keramiska produktion, på 1700-talet har man under en period stimulerande konkurrens från Marieberg. Från 1830-talet är det Gustafsberg som övertar den rollen.

Gustafsberg på Värmdön börjar sin verksamhet under en tid, då flintgodset är det dominerande materialet. Det är också en sådan produktion företaget sätter igång med. Den första provbränningen ägde rum 1827. Produktionen är från början bruksgods i enkla former. Råvarorna hämtade man från Tyskland. Former och dekorer inspirerades snarare från England och Rörstrand. Skålar eller saladjärer, som förekommer hos Rörstrand redan på 1790-talet, tas upp av Gustafsberg. Wedgwoodinspirerade terriner, pastejterriner och mindre frukostterriner tillhör också det tidiga sortimentet. Även om godskvaliteten inte är den bästa lämnas en stor del av godset odekorerat. I dag finns inte mycket av det bevarat. Den näst billigaste varianten, den handmålade, kan vi få en viss uppfattning om. Wedgwoods brämdekorer, ganska långt från originalets elegans, är en sort, naiva blommor och glada soldater en annan.

Också Rörstrand gjorde många målade dekorer på 1840- och 50-talen som den här assietten, D 15 cm. Gustaf Löfbergs samling

Tillbringaren med målad dekor i grönt, gult och blått tillhör den första produktionen på Gustafsberg. H 14,6 cm. 1820-talet. Gustavsbergs museum

De första tryckta dekorerna på flintgods

Det första daterbara trycket på flintgods gjort i Sverige är Carl XIII:s ägarmärke på de förut nämnda serviserna avsedda för Haga och Rosersberg från 1809–18, tillverkade vid Rörstrand. Färgen är blått och man ser tydligt hur papperet har lagts på då det runt om initialerna ligger en knappt märkbar blå ton som avgränsas av det slarvigt klippta papperets kanter. Det stämmer bra, för Bengt Reinhold Geijer, Rörstrands ledare från 1797 till sin död 1815, ville börja göra tryckta dekorer. Kanske är detta beviset för att han lyckades.

Från och med 1820-talet kan man räkna med att produktionen av föremål med tryckt dekor kom i gång på Rörstrand. De flesta tryck är gjorda i blått. Många mönster importerades från England. Liksom under 1700-talet användes den uppsättning av plåtar man hade flitigt. Samma mönster applicerades på de mest skilda typer av föremål och olika bårder och mittmotiv komponerades samman.

Karakteristiskt för de tidiga trycken är att skarvarna ofta syns mycket väl. Alla mönster tycks vara gjorda för platta föremål, men

Tallriken i mitten med sin målade blomma är gjord på 1820-talet. Mannen och kvinnan, som symboliserar vintern och hösten, samt templet och svanen har också en målad dekor. De är tillverkade på 1840- eller 50-talet. Den äldsta tallrikens diameter är 22 cm. Gustafsberg. Gustavsbergs museum

Den fiskande mannen, som är centralmotiv inuti en av bålarna, återfinns också på teservisen (bild nedan) och flera te- och kaffekannor med blått tryck. Bården med de lustiga stugorna täckta av halm eller något annat material kan man hitta på flera bålar också i sällskap med praktfulla druvklasar av samma typ som dem på Gustavsbergstallriken (bild sid 130) eller runt en tekanna. Rörstrand 1820-talet. D (den större vars insida syns till höger) 30 cm. Nationalmuseum

har också fått göra tjänst på buktiga ytor. För att anpassa ett tryck till en rund form har man ibland bara klippt skåror och låtit papperet ligga litet dubbelt.

Bland de tidiga mönstren från Rörstrand finns bårder med kineserier, halmtäckta stugor mellan träd och gärdesgårdar, praktfulla druvklasar samt blommor och blad. En fiskande man vid en sjöstrand med träd och hus i bakgrunden, amoriner bland vågor, en havsgud, och hjortar i ett landskap är exempel på motiv för central placering. Det senare tillhör de från England direkt kopierade.

År 1826, sedan Rörstrand lagt om sin produktion av flintgods efter engelskt mönster och också fick råvaror därifrån, kommer

Delar av en teservis från omkring 1830 med tryckt dekor tillverkad vid Rörstrand. I bakgrunden en sockerskål från Christian Arvid Linnings tid på Ulfsunda. Färgen på trycket är relativt ovanlig, blått är det mest förekommande. Privat ägo. Sockerskålen, Nationalmuseum

En av det lätta godset och bristfälliga trycket att döma mycket tidig bål med tryckt dekor från Rörstrand. 1820-talets början. D 30 cm. Nationalmuseum

Scener från den antika världen hör inte till vanligheterna bland Rörstrands blåtryck från 1820–30-talen. D 23,5 cm. Gustaf Löfbergs samling

nästa tidsbestämda tryck *Willow*. Det är ett klassiskt ostindiskt mönster, under det sena 1700-talet graverat och spritt i England, som kommer till Sverige. *1828-års servis* kallas i dag en dekor med engelska landskap och en yppig blomsterbård.

Omkring 1840 kom en serie med tjugofyra olika svenska folkdräkter. De var gjorda efter *Ett år i Sverige* med kopparstick av Kristian Didrik Forssell efter teckningar av J G Sandberg, som utgavs 1827–1835 och blev en stor succé.

Ett mönster som blivit känt under namnet *Turkiskt blått, (Gamla) Spetsmönstret*, tryckt i lila och blått, och *Svenska slott och utsigter*, även kallad *Svart Sverige*, var Rörstrands 40-talsgiv. Turkiskt blått är mycket romantiskt. En bred bård med insprängda

Terrinen kommer från Rörstrand, 1840-talet, och är dekorerad med ett av *Svart Sveriges* slottsmotiv. Det stora fatet, liksom tallrikarna, är tillverkade vid Gustafsberg. Fatets dekor är *Ecclesial*, 1840-tal, tallrikarna har anemonbården, spegelbilderna föreställer Djurgården och kungliga slottet i Stockholm. 1830-talet. D 23 cm. Nationalmuseum

Willow, som Rörstrand började tillverka 1826. Tallrik med blått tryck. Gustaf Löfbergs samling

Mönstret med de två hjortarna importerades från England av Rörstrand. Ursprungligen hette det "Fallow Deer" och trycktes av John Rogers & Son. Mönstret användes bl a också som dekor på en frukostservis. Rörstrand, omkring 1830. D 24,5 cm. Nationalmuseum

En tallrik ur *Svenska servisen* med tryckt dekor i blått. Rörstrand, 1850-talets början. D 25 cm. Rörstrands museum, Lidköping

rosor omger olika spegelmotiv, bl a en ryttare i full galopp som trycker en kvinna i sina armar. Mönstret gjordes också i grönt och svart. Gamla spetsmönstret har fått sitt namn av bårdens fina spets, Svart Sverige heter så efter tryckets färg, en ganska smal men rytmiskt svängd bård omger olika svenska motiv från Djurgården till Ornässtugan.

Ytterligare en servis med svenska motiv började tillverkas vid 50-talets början. *Den svenska servisen* var gjord efter Ulrik Thersners bilder i "Fordna och närvarande Sverige". I bården omväxlar blommor och utsparade medaljonger med byggnader. Centralmotiv är som namnet anger olika svenska vyer.

1830 gjordes den första tryckta dekoren vid Gustafsberg. Plåtar importerades från England. En bred anemonbård kombinerad med ett spegelmotiv föreställande en elefant finns i exakt samma utförande från Rogers fabrik i England. En stiliserad lotusbård från Davenport och en enkel fjällbård är tillsammans med anemonbården de brämdekorer Gustafsberg huvudsakligen använde under 1830-talet. På kaffe- och tegods och enstaka föremål som bålar kan andra blombårder förekomma. På 1840-talet utökas repertoaren med *Ecclesial* (från 1850 kallad *Gamla servismönstret*), *Sicilian* och *S:t Angelo*. Omkring 1850 kommer också *Royal Scenery*. Namnen förklaras av att spegelmotivet till Ecclesial är en gotisk kyrka och till S:t Angelobården fanns ett spegelmotiv med Castel S:t Angelo. Också en inte namngiven bred bård med rosor gör sin entré på 1840-talet. Den är typisk för den litet yppiga engelska nyrokokon.

Namnen är knutna till bårderna även om de fått sina namn av spegelmotiven. Typiskt för Gustafsbergs tidiga tryckta dekorer är att man fritt kombinerade bårderna med inhemska spegelmotiv. De populäraste var bilder lånade från planschverken "Kongl Lust-

En pastejterrin med *Spetsmönstret* och ett par tallrikar med den tryckta dekoren *Turkiskt blått*. Rörstrand, 1840-talet. Terrinen är 20,5 cm hög. Nationalmuseum

En cabaret, en skål fattas i cirkeln kring den lilla mittskålen. Dekoren är bilder ur *Ett år i Sverige*. Figurerna är tryckta och färglagda. Rörstrand, 1840–75. D (mittskålen) 21 cm. Rörstrands museum, Lidköping

1828 års servis var efter Willow den första stora servis med tryckt dekor som gjordes på Rörstrand. Ett rikt utbud av både servisgods och kaffe- och teutensilier salubjöds. Blått tryck. Karott H 17 cm. Rörstrands museum, Lidköping

Rörstrands motsvarighet till Ecclesial, en kyrkoruin. 1840-tal. L 44 cm. Blått tryck. Gustaf Löfbergs samling

129

En ovanlig tallrik från Gustafsberg. Spegelmotivet brukar förekomma omgivet av anemon- eller lotusbården. Här en vindruvsranka med tydlig skarv nere till vänster. 1830-talet. Privat ägo

Ett av Gustafsbergs 1840-talsmönster, *Sicilian* i blått. Tallrikens diameter är 22,5 cm. Gustavsbergs museum

Gustafsbergs *S:t Angelo*, här med ett motiv som motsvarar spegelbilderna på Rörstrands Turkiskt blått. Svart tryck, 1840-talet. D 24,5 cm. Gustavsbergs museum

Skrivställ, tekanna och brevpress. Tre varianter av Gustafsbergs tidiga tryckta dekorer på udda föremål. Gustafsberg, 1830-talet. Kannan är 20,5 cm hög. Gustavsbergs museum

Två terriner med lotusbård och landskapsvyer. Den runda till höger har en senare lockknopp. Den är 29 cm hög. Gustafsberg, 1830-talet. Gustavsbergs museum

Tre koppar med tryckt dekor från Rörstrand. 1820–40-talet. Den största är 8,5 cm hög. Rörstrands museum, Lidköping

En s k mandarinkopp, dvs utan öra, som man tänkte sig att de kinesiska mandarinerna drack ur. Tryckt dekor. Rörstrand, 1820-talet. Privat ägo

slotten i Sverige "och" Utsigter af Stockholm" av G Söderberg, utgivna 1829 respektive 1830, som ofta förekommer omramade av anemonbården. "Stockholms pittoreska omgifningar" av C J Billmark, 1834, och "Bilder af Stockholm" efter Wilhelm Heinemann användes också. När man i dag talar om Djurgårdsservisen kan det alltså röra sig om flera olika kombinationer med vyer från Djurgården. Beteckningen Djurgårdsvuer användes från 1870 om sådana spegelmotiv omgivna av bården Royal Scenery.

De första trycken på 1830-talet var gjorda i blått, mullbärsfärg eller svart, grönt kommer på 1840-talet.

Formvärlden under 1830- och 1840-talen

Övergången från det sena 1700-talet sker egentligen ganska omärkligt. Koppar och fat och kannor för te och kaffe är tacksamma att jämföra. De cylindriska kopparna lever kvar liksom de öronlösa, men också nyare modeller, litet lägre, vidare och med utsvängd kant tillkommer. Faten blir större. Fortfarande befinner vi oss på 1820- och tidigt 30-tal. Formerna har en lugn karaktär även om nyklassicismens stramhet blandas upp med empirens litet rundare och generösare mått. Kaffeserviser med släta ovalt rundade former är typiska. Redan under det sena 30-talet och definitivt på 1840-talet kommer den engelska nyrokokon. Fabrikernas första illustrerade priskuranter från 1840-talets sista år, Rörstrand, och omkring 1850, Gustafsberg, ger besked om sortimentet.

Gustafsbergs första priskuranter från 1830-talet är enkla oillustrerade förteckningar, där produkterna är uppräknade i bokstavsordning. Den första säkra dateringen är en tryckortsangivelse från 1838. Formpreciseringarna är av typen rund eller oval flätad.

Denna tekanna av s k *Engelsk modell* kommer från Rörstrand. Nyrokokodekoren är tryckt i svart. 1840-talet. Gustaf Löfbergs samling

Tekanna från Gustafsberg, s k *Rund modell*. 1840-talet. H 21 cm. Gustavsbergs museum

Motstående sida:
Tekanna från Rörstrand av s k *Fransk modell*. Den tryckta dekoren är blå. 1840-talet. H 12 cm. Nationalmuseum

Terrin i Gustafsbergs *S-modell* med blå stoffering. Formen var populär och finns även med tryckt dekor. 1840-talet. Gustavsbergs museum

Följande uppslag:
Priskuranter från Gustafsberg, omkring 1850 och Rörstrand, 1848

Godset kunde erhållas vitt, profilerat (målat med linjer, ränder eller band), profilerat och målat eller tryckt.

Den troligen tidigaste illustrerade priskuranten från Rörstrand är daterad 1848. Liksom Gustafsbergs tidiga priskuranter delas godset upp i vitt, målat och tryckt. Dessutom finns en rubrik för lyster. Enkla teckningar ger en uppfattning om formen.

Utsirade med reliefornament, med extravagant svängda grepar, bulliga och fantasifulla annonserar tekannorna en ny formvärld. Rörstrands *Engelska modell* och Gustafsbergs ovala tekanna är fortfarande nyktra och enkla vid sidan om t ex Rörstrands *1839 års modell*. Båda fabrikerna har en *Ny modell*, Rörstrand lanserar två *franska modeller* och en *"med löfkant"*. Gustafsberg har en *rund modell*, *S-modell* och *1844 års modell*. Kopparna blir höga eller liknar utbredda baljor på fot, andra får uddiga kanter och de flesta fantasifulla grepar.

I en Rörstrandskurant från 1850-talets början står som nummer ett bland servisgodset "Bords-Servis-Gods af *Silfvermodell*, mest efter Franska former". Det introducerades på 1840-talet. Nummer två var samma modell, men med Svenska Servicen SS, nummer tre däremot var en ny modell "*Dacca* efter nya Engelska former och mönster; i blått tryck". Denna modell användes även till Spetsmönstret. Gustafsberg erbjuder inga sammanställningar av servisgods i sin första illustrerade kurant, men två modeller som ungefär motsvarar Silfvermodellen och Dacca, det är *S-modellen* och *Ny modell*.

Jämsides med dessa nyheter lever det sena 1700-talets och tidiga 1800-talets modeller kvar. Båda fabrikerna har t ex enkla släta tallrikar, pastejterriner med ett litet djur på locket och ovala terriner. För Rörstrands del är det samma Wedgwoodterrin som man använt i ett halvsekel.

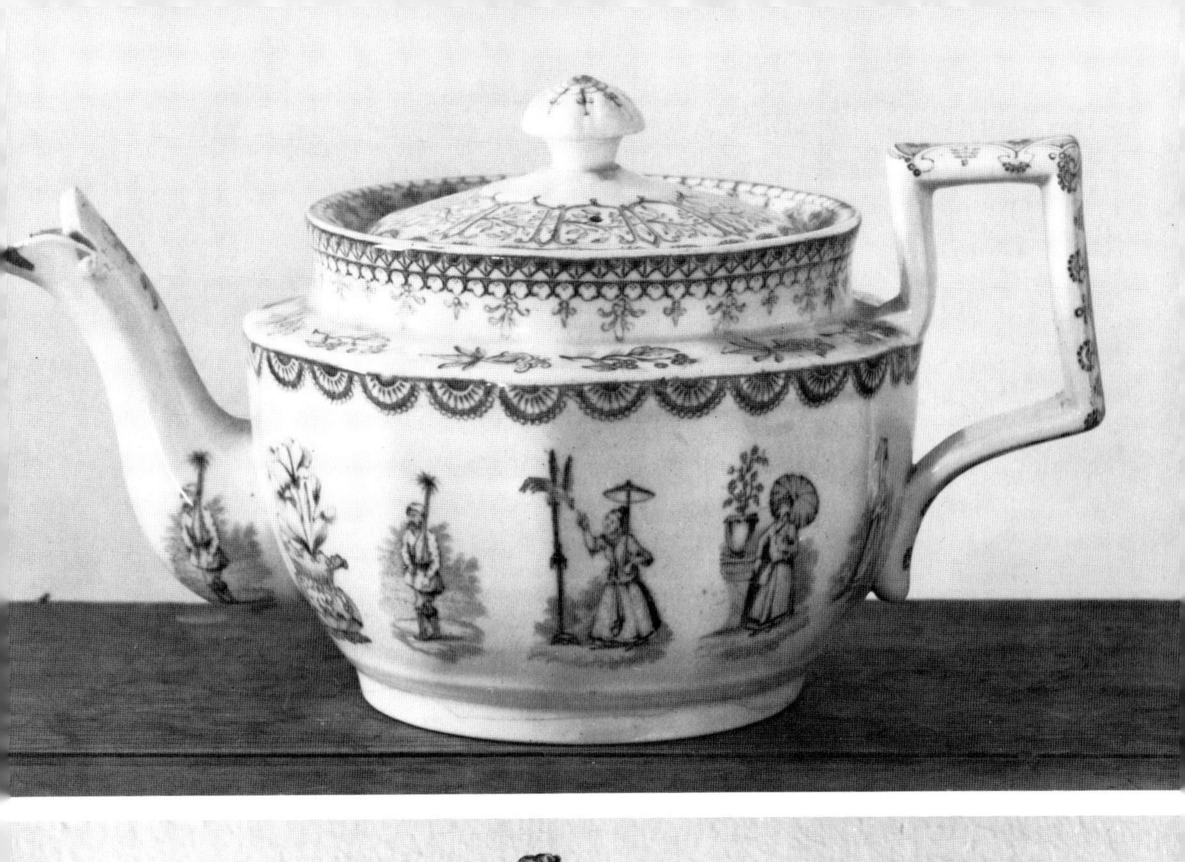

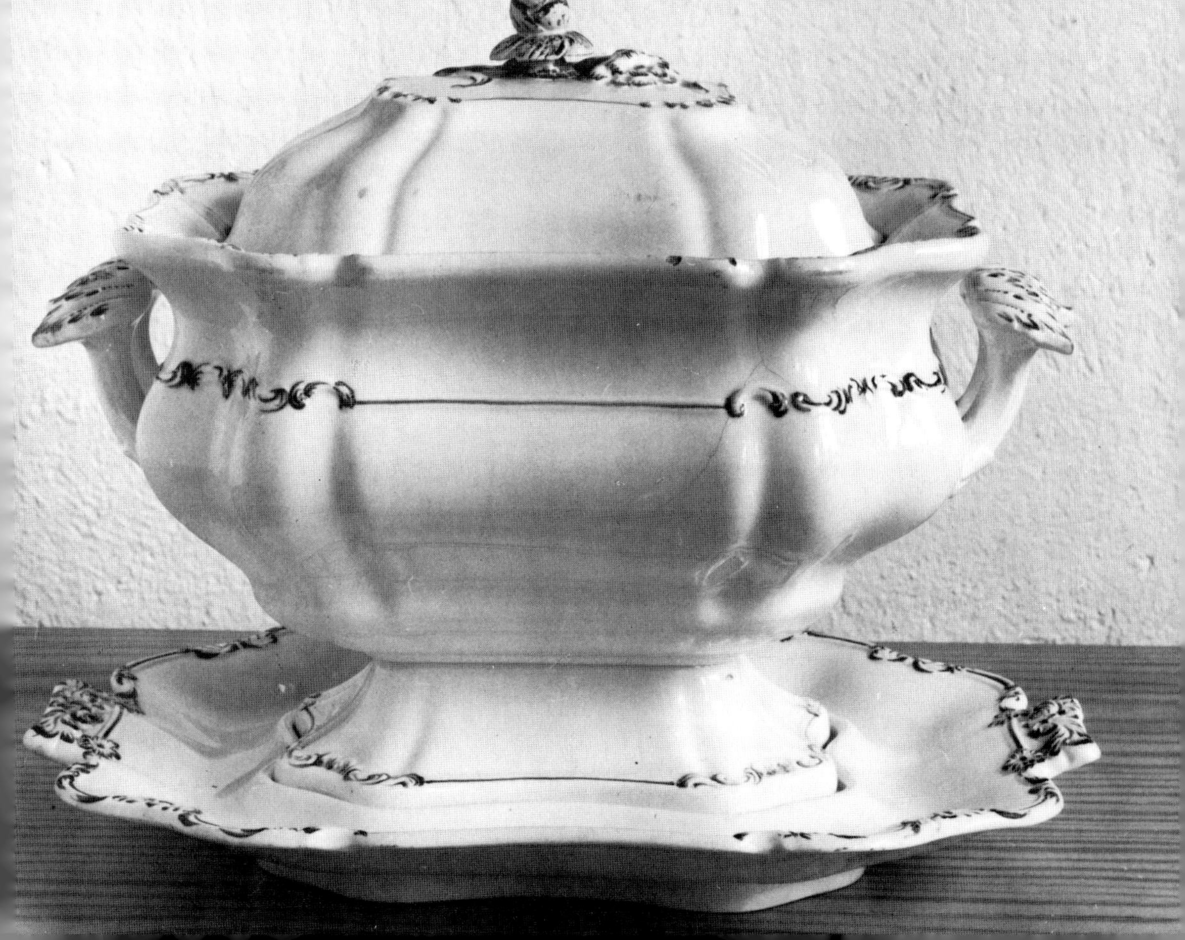

PRIS-COURANT på Gustafsbergs Porslin

	B.G.S.	Hvitt Rdr	Hvitt sk	Profil Rdr	Profil sk	Måladt Rdr	Måladt sk	Tryckt Rdr	Tryckt sk
Ask, Smör-, Oval, med fat och lock	N:o 1		40					1	32
" " " "	2	1						2	
" " Rund, med lock, utan fat	0		18		24		30		36
" " " "	1		20		28		32		40
" " " "	2		26				40	1	
" " med fat ny modell	0		24						
" " "	1		30			1			
" " "	2		36						
" Oval, flatad, med fat		1							
" Socker, Rund, med lock	N:o 1		24				36		40
" " "	2		36			1		1	16
" " S. modell			40					1	32
" " ny mod.			40					1	32

PRIS-COURANT
på
Rörstrands Fabriks Tillverkningar
B. R. Geijers Arfvingar.
1848.

	R.G:S.	Hvitt		Måladt		Tryckt		Lyster	
		Rdr	sk.	Rdr	sk.	Rdr	sk.	Rdr	sk.
Ask, Smör, oval, med fat			40			1	32		
„ „ rund slät, utan fat N:o 1.			18		30				36
„ „ „ „ „ 2.			24		36			1	
„ „ „ refflad			36						
„ „ „ Hejmans mod.			30						
„ „ Socker, rund, Hults modell			30						
„ „ med genombrutet lock		1	24						
„ „ med löfkant			44	1	12	1	24		
„ „ Tandborst			24			1			
„ „ Cigarr- (hållare)			8		12				16
„ „ med guldkant			12						

Industrialismens keramik 1850–1900

1700-talet och 1800-talet är på många sätt två skilda världar, inte minst inom konstindustrin. Steget känns mycket längre mellan dessa två än mellan föregående och efterföljande tidevarv. Men gränsen ligger inte vid sekelskiftet 1800. Det skulle vara samma missvisande talmagi som när silverpjäsen från 1799 med vördnad betraktas som en 1700-talspjäs, medan dess like från år 1800 får beteckningen "bara 1800-tal".

Den industriella revolutionens betydelse

Orsakerna till den stora differensen har sina rötter i den industriella revolutionen. För moderlandet England kan man ange dess ungefärliga tid till från 1760-tal till 1830-tal. Produktionsmetoderna förändrades radikalt. Hjälpmedel som ångmaskiner underlättade arbetet, mycket manuellt arbete ersattes med maskinarbete. Man kunde lättare och snabbare framställa flera och mer komplicerade ting med större precision och ofta av högre teknisk kvalitet. Kommunikationerna förbättrades – ångbåtar och järnvägar kom i bruk – och härigenom blev både råvarutransporter och godsdistribution enklare. Kontakterna mellan olika länder och världsdelar blev lättare. En internationalisering på gott och ont uppstod. Också samhällsstrukturen omvandlades radikalt. Självhushållningen på landet ersattes av massproducerade varor för många. Och en ny överklass uppstod. Borgerligheten och särskilt fabriksägarna blev den nya penningaristokratin. De hade ett behov av att legitimera sin ställning. Det kunde man göra genom att ta upp former som redan hade ett bestämt symbolvärde, dvs historiska stilar som renässans, rokoko och nyklassicism. Häri ligger en av förklaringarna till hur 1800-talets konstindustri ser ut.

Vad den svenska keramiken beträffar stämmer allt detta. Produktionen mekaniserades, blev tekniskt sett allt bättre, ökade och fann en större krets av köpare. Man kan spåra både nystilar, exotism, pampighet och torftigare massproducerad vara.

För att närmare bestämma vad 1800-tal i det här sammanhanget innebär kan vi ta den viktorianska epoken, dvs drottning Viktorias tid från 1840-talet till sekelskiftet 1900, som utgångspunkt. Sverige ligger något senare i utvecklingen än England, 1840-talet kan räknas som ett övergångsskede och 50-talet som periodens början. Slutpunkten stämmer bra, kring 1900 slår jugend igenom i Sverige. I begreppet viktoriansk stil ingår inte de reformsträvanden som löper som en underström genom epoken i England. Morris' läror och The Arts and Crafts Movement får inte någon betydelse i Sverige – för den keramiska industrin – förrän under 1890-talets slut. I Sverige har vi regenterna Oscar I (1844–59) och Oscar II (1872–1907) och kan tala om en oscariansk epok motsvarande den viktorianska.

De stora internationella utställningarna

1800-talets senare hälft blev de stora utställningarnas tid. De var forum för tekniska och industriella nyheter, där konsten också fick vara en röst i hyllningskören. Den första världsutställningen hölls 1851 i London, i det specialbyggda Crystal Palace. Utställarna, och nationerna, spände sina krafter till det yttersta. Utställningarna tjänade som viktiga inspirationskällor. Idéer internationaliserades, vilket också betydde att produktionen likriktades. Det är inte alltid så lätt att se var en keramisk pjäs från 1800-talet är gjord om inte den stolta firman märkt sitt alster i botten. Både Gustafsberg och Rörstrand, de stora svenska fabrikerna, och även Höganäs deltog i många stora utställningar på det internationella planet. Ibland gick det riktigt bra. På priskuranterna från seklets senare hälft pryds omslagen av medaljer och hederstecken, vunna i ädel tävlan i Paris eller Bogotá, för att nu bara nämna ett par exempel. Ibland gick det sämre. I London 1871 fick både Rörstrand och Gustafsberg en nedgörande kritik.

Det man företrädesvis tävlade med var jättelika vaser och urnor, skulpturer och andra prydnadsföremål, som tenderade att bli rena "tours de force" utan varje praktisk användbarhet. Helst skulle man "förena stor konst med mekanisk färdighet". Uppställningen på de stora pyramider eller etagèrer, som var favoritformen för ett utställningsarrangemang, är karakteristisk. Högst upp tronade urnor och jättevaser, skulpturer och figuriner kom någonstans på mitten tillsammans med annat exklusivt gods, möjligen kunde en dessertservis i lyxutförande smyga sig upp på de mellersta hyllorna. Annars var servisgodset hänvisat till de lägre regionerna, där det staplades i jättelika högar. Man ville också imponera genom själva mängden.

Konstindustrimuseerna har även sin plats i sammanhanget. Victoria and Albert Museum i London skapades som en direkt följd av världsutställningen 1851. Det var det första konstindustrimuseet, som snabbt fick efterföljare. Museerna skulle verka stilbildande och uppfostrande både för producenterna och allmänheten. Nationalmuseums konsthantverksavdelning öppnades inte förrän 1885, men tanken att samla konstindustriprodukter för att de skulle bilda en exempelsamling fick ändå betydelse. Svenska Slöjdföreningen samlade efter förebild från de stora utländska

1866 års utställning i Stockholm med Gustafsbergs monter till höger

Gustafsbergs monter på världsutställningen i Paris 1867. I förgrunden två praktpjäser med dekor av Johan Fredrik Höckert, i mitten Bältespännarna (jfr sid 153)

kollektionerna och gav ut mönsterblad, t ex med en praktvas i nordisk stil och en kakelugn i renässansstil. Äldre produkter skulle vara utgångspunkten för nyskapandet.

Det fanns en trygghet i de gamla högreståndsstilarna. För första gången i historien var man nu medveten om historien och med ett nymornat historiskt intresse fann man förebilder till allting. Engelsmannen John Ruskin skrev 1849 i sin bok "Seven Lamps of Architecture": "De former av arkitektur vi redan känner till duger bra för oss." Och det samma gällde uppenbarligen även konstindustrin. Men en 1800-talspjäs är omisskännligt ett barn av sin tid, även om den bygger på äldre tiders formspråk. Man förändrade och inympade sina egna värderingar. Inte heller fanns det några hämningar, när det gällde att applicera den ursprungliga stilen på material och former som var främmande för den. Detta gäller i hög grad keramiken. Drakslingor och kyrkofasader hamnade på soppterriner och kannor. Därtill kom en romantisk längtan efter det exotiska och en förtjusning i naturalism som gav utslag i form och dekor. Så uppstod saker som för oss kan verka helt bisarra men också vittnar om att det många gånger förhånade "smakförskämda" 1800-talet hade sin egenart.

140

En serie arbetsbilder från Gustafsberg tagna på 1890-talet.
Till vänster:
Formning och bränning.
Till höger:
Målning och glasering.
Tryckpressen där avdragen för överföringstryck gjordes

En keramisk fabrik under 1800-talet

Hur en keramisk industri såg ut under 1800-talet kan vi få besked om genom att se litet på den enda större fabrik som startades under detta århundrade. Det Gustafsberg som byggdes upp under slutet av 1820-talet var i princip en fabrik av samma typ som 1700-talets keramiska företag. Kring en gård låg byggnaderna av "korsvirke och bräder". Ett verkstadshus med två våningar låg mitt emot ett mindre verkstadshus där också brännugnarna var uppmurade. Ett krossverk för råmaterialen drevs av oxar. Mera modernt var ett uppvärmningssystem av centralvärmetyp. Dessutom fanns slamhus och ekonomibyggnader.

En rund, ny brännugn, ett tryckeri (för att göra avdrag från kopparplåtarna till dekoren) och en modellkammare hörde inte till den ursprungliga uppsättningen men kom snart. En verklig modernisering betydde installationen av en 30 hästkrafters ångmaskin 1839 – fabriken fick nu en hög skorsten och såg ut som en modern industri.

Förnyelse och förbättringar följde successivt under hela 1800-talet. Några finns omtalade i fabriksberättelsen i slutet av denna bok. Moderna verkstäder, elektrifiering etc betydde drägligare arbetsförhållanden och var en förutsättning för den alltmer avancerade produktionen under 1800-talets senare hälft.

Men den keramiska industrin var fortfarande till stora delar baserad på hantverk. Formning, drejning, målning och annan dekorering, bränning, ja allt krävde kunnande och gjordes med traditionella om än moderniserade former.

Arbetarnas liv och situation

Även när det gäller arbetarnas förhållanden kan man utgå från Gustafsberg, som under 1800-talet ur intet växte upp till ett brukssamhälle. Redan 1825 stod den s k statbyggningen vid Gustafsberg färdig. Det var en bostadskasern för arbetare, ganska illa byggd, av trä och innehållande omkring tjugo rum. På 1870-talet byggdes en- och tvåfamiljshus efter engelsk modell, men där bodde knappast vanliga arbetare. För dem byggdes hyreskaserner i anslutning till fabriken. På 1880- och 90-talen tillkom dock några mindre hus avsedda för arbetarna.

Arbetstiderna var hårda. 1838 började man fem på morgonen och höll på till halv åtta på kvällen. En "normal" arbetsdag var på den här tiden tretton timmar och om man räknar ifrån måltiderna kan det stämma ganska bra. Tio timmars arbetsdag kom på 1880-talet. Barnarbete hörde också till realiteterna. Barnen gick i bruksskolan och började när de var tolv år i fabriken, först som handräckning för att sedan så småningom avancera.

Lönen var differentierad. En porslinsmakare förtjänade nästan dubbelt så mycket som de som arbetade i ugnen, hade hand om de tryckta dekorerna eller var hantverkare. Och kvinnorna tjänade hälften så mycket som männen!

Maten köptes i bolagsboden. Klagomål över priserna förekom redan på 1830-talet. 1868 lades systemet om till uppköpsförening. Men fabriken hade ändå hård kontroll över det hela.

Både arbete och fritid tillbringades i fabrikens hägn. År 1830 anställdes en brukspredikant och kyrksal ordnades i kontorshuset, "Gula byggningen". På 1880-talet fick man en fristående kyrkobyggnad. Den lilla fritid som blev över kunde den hågade tillbringa på arbetarklubben som 1860 bildades av dåvarande disponenten Godenius.

Våra trygga sociala förhållanden var naturligtvis något helt okänt. 1850 bildades en hjälpkassa. Arbetarna betalade en procent av sin lön, fabriken understödde kassan och dit lades också de böter som erlades för olika förseelser.

Livet i brukssamhället skulle i stort kunna karakteriseras som livegenskap under gemytliga former.

Försäljning

Liksom under 1700-talet såldes mindre kuranta varor direkt vid fabrikerna. Gustafsberg hade en bod där arbetarna och folk från trakten kunde handla utskottsvaror. Men Gustafsberg hade också försäljningslokal i Stockholm. Först låg boden vid Lilla Nygatan 14, där fabrikens huvudkontor också fanns till 1899. 1851 stängdes affären för att åter öppnas 1879. Gamla stans lämplighet som affärsbelägenhet visade sig emellertid inte längre vara den bästa. 1886 flyttade man därför till en stor och pampig affärslokal vid Kungsträdgårdsgatan där nu Handelsbanken har sitt huvudkontor.

Både under den period Gustafsberg inte hade egen "bod" i Stockholm och senare såldes fabrikens produkter på flera ställen. Mest bekant för oss är kanske Joseph Lejas magasin, men under det sena 1800-talet hade Svenska industrimagasinet mycket gott renommé. Ute i landet såldes "porslin" i bosättningsaffärer och hos andra handlare som fick sina varor genom fabrikens resande.

De stora bosättningsmagasinen och handlandena ute i landet sålde i lika hög grad Rörstrands varor. Som framgår av priskuranterna hade den gamla stockholmsfabriken ett något exklusivare sortiment. Den som ville ha sin festservis i äkta porslin och hade råd att betala de allra dyrbaraste dekorerna i guld och färger valde nog Rörstrand.

Material och dekorteknik

Under 1800-talet dominerades den svenska keramiska industrin av två företag – Gustafsberg och Rörstrand. Mindre fabriker som Höganäs hade också en intressant produktion, men de två stora var helt överskuggande. Gustafsberg hade en del svårigheter under de första decennierna, men på 50-talet är de två jämbördiga. Deras utbud ger klart besked om att konkurrensen var hård. En teknisk nyhet, en bra form eller ett populärt mönster som presenterades av den ena fabriken togs snart upp av den andra.

Bättre massor och bättre teknik gjorde det möjligt för Rörstrand och Gustafsberg att följa med i den internationella utvecklingen. Något om det tekniska förfarandet finns upptaget i fabriksberättelserna, här skall vi istället se litet på nya massor och dekortekniker.

Från 1700-talets slut till 1857 var det enda material man använde *flintgods*. Detta kallades under 1800-talet antingen ordinärt porslin eller vanlig fajans. 1857 började Rörstrand tillverka *benporslin*, som ibland kallades engelskt äkta. Det framställs liksom fältspatporslin av kaolin, fältspat och kvarts, men därtill kommer en ganska ansenlig mängd benaska – upp till 40%. 1864 kunde Gustafsberg presentera samma nyhet. Till att börja med var det ett lyxmaterial som bara användes till prydnadsföremål och beställningsserviser.

På 1870-talet började Rörstrand tillverka *fältspatporslin*, medan Gustafsberg aldrig tillverkat detta utan hållit sig till benporslinet.

Flintgodsmassan "förbättrades" efter hand, men förlorade på samma gång lättheten och den speciella färgtonen. *Ironstone china* introducerades 1854 på Gustafsberg och kallades då "fint porslin" till skillnad från ordinärt porslin, som ju var benämningen på det vanliga flintgodset. Skillnaden låg i en högre kaolinhalt och en tillsats av Cornwall stone, som kan användas i stället för fältspat. Massan gjordes efter ett engelskt patent från 1813 som gick ut fyrtio år senare. Också Rörstrand tog upp detta gods, ursprungligen från Spode, 1859.

På 1870-talet kom Rörstrand med ytterligare en ny flintgods-

Två olika sätt att använda lyster. Till vänster en tallrik från Rörstrand med en typ av målad lysterdekor, som är starkt inspirerad från England. 1800-talets mitt. Till höger en tallrik ur Gustafsbergs lyxservis Fruit med tryckt och målad dekor i färger, lyster och guld från 1860-talets senare hälft. Nationalmuseum

massa, *opak*. Dess speciella sammansättning bygger liksom ironstone china på kaolin men den innehåller dessutom en hög procent av flinta. 1885 började Gustafsberg också använda detta mera porslinslika material, som 1888 helt hade ersatt ironstone china.

En kvalitet som låg mellan det vanliga flintgodset och ironstone china tillverkades från 1880-talet på Rörstrand och kallades *pearl*. *Ivory* och *granit* är ytterligare två beteckningar på flintgodsmassor man möter från Rörstrand. *Majolika* och *parian* är nyheter värda var sitt avsnitt. (Se s 146 och 149.)

År 1852 kunde båda fabrikerna presentera en ny dekormetod man hämtat från England – *flytande blått*. I dag ser man det ibland som beteckning för olika mönster, och flera dekorer gjordes i flytande blått, som helt enkelt var ett sätt att få den blå färgen att flyta. Rörstrand gjorde också *flytande brunt*. Genom en tillsats av koksalt vid bränningen fick man fram ett diffust, runnet utseende på färgen, som åtnjöt stor popularitet under flera årtionden.

Lyster var en av de tekniker man under 1800-talet tog upp efter förebilder från renässansen. Både spansk-moriska fajanser och majolika försågs då ofta med lysterdekor. En metallösning målas

Avdrag från en tryckplåt med tallriksmönster gjort på ett sådant tunt papper som används vid dekorering med överföringstryck. Fabriksmärke med namnet Asiatic Pheasants och Gustafsberg klipptes ut och placerades under tallriken

Ett tidigt exempel både på benporslin och litografiskt tryck från Gustafsberg. Under 1860-talet gjordes denna vas med gul fond och Karl XV:s bild i litografiskt tryck på en vas av benporslin. H 24 cm. Gustavsbergs museum

på och fästs genom reducerande (syrefattig) bränning. Denna skimrande beläggning var vanlig i England från 1800-talets början. I en priskurant från 1848 erbjuder Rörstrand lysterdekor. Gustafsberg tog också upp tekniken vid 1800-talets mitt. Dels användes den för kaffe- och tegods och prydnadsföremål, dels till servisdekorer. I det senare fallet oftast tillsammans med någon målad färg på ett tryckt underlag.

Uttrycket tryckt dekor står för dekor gjord med koppartryck, dvs avdraget från en graverad plåt lades på de föremål som skulle förses med mönster. På 1860-talet började man använda *litografiska tryck* till vissa dekorer. Ett tidigt exempel på detta är en praktvas från Gustafsberg med Carl XV:s porträtt. Det litografiska trycket, som också medger tryck i flera färger, var utgångspunkt för det s k *kromotrycket*. Nu behövde man inte längre trycka upp ett mönster och sedan färglägga det utan kunde direkt få ett tryck i flera färger. Gustafsbergs första kromotryckta serviser tillverkades på 1890-talet, samtidigt som Rörstrand införde denna metod.

Barbotin är en dekortyp de svenska fabrikerna skall ha använt på 1880–90-talen. Det innebar "målning" med ett slags slicker (förtunnad lera), som gav dekorer i låg relief. *Pâte sur pâte*

En påkostad dekor i blått och guld. Det kan man säga om pottan från Gustafsberg, som tillverkades från 1897. 13 cm.
Gustavsbergs museum

betyder också att ett föremål förses med en dekor i låg relief av slicker, men i flera lager. Rörstrand använder beteckningen i sin utställningsberättelse 1897.

Under 1890-talets senare hälft infördes ytterligare en rad tekniska nyheter vid Rörstrand. De presenterades på 1897 års utställning och hade till stor del utvecklats i samarbete med "artisten" Alf Wallander, som 1895 anställdes vid fabriken. *Rouge flambé* var ett försök att återuppliva den kinesiska sang de bœuf-glasyren. Den gjordes med kopparoxider som måste ha bränts i reducerande (syrefattig) atmosfär, så att man fick fram färgskiftningar från rött över blått till grönt och grått. Också *kristalliserade glasyrer* användes. Det betyder att man tog till vara de mönstereffekter som uppstår vid kristallisation av vissa ämnen. Sèvres använde en effekt med blåa "snöflingor" på gult som också Rörstrand tog upp.

År 1898 började Gustafsberg med en produktion av *sgraffito* som bygger på en skrapad eller ristad dekor i en slicker. Först tillverkades sgraffito av flintgodsmassa, senare även av porslinsmassa.

Majolika

Blank och rikt dekorerad, men "murrig", så skulle man kunna karakterisera 1800-talets majolika. Riktig eller ursprunglig majolika är tennglaserad keramik, fajans, bemålad med starkeldsfärger från den italienska renässansen eller i dess tradition. Den är nästan alltid vitglaserad, sedan kan dekoren, som är ornamental eller med figurer, vara mer eller mindre täckande. Benämningen kommer av att detta gods i sin tur var en ersättning för spansk lysterglaserad keramik som importerades till Italien över ön Mallorca, på gammalitalienska Maiolica.

Mot en skimrande guldfond avtecknar sig blommor och blad i relief överdragna med högblank glasyr i olika färger. Denna vas av s k ungersk majolika är tillverkad vid Rörstrand på 1880- eller 90-talet. H 18,5 cm. Rörstrands museum, Lidköping

En uggla och en annan liten fågel tittar fram bland blommor, blad och mossliknande strukturer, allt fritt modellerat och överdraget med olika färgade glasyrer på denna 1884 signerade vas av s k mossmajolika från Gustafsberg. H 47,5 cm. Gustavsbergs museum

1800-talets majolika var inte en kopiering utan ett försök att återuppliva den italienska renässanskeramiken i "modern" form. Det framgår inte bara av färgskalan utan också av formförrådet.

Den första moderna majolikan gjordes av Minton i England, som visade sina alster på världsutställningen i London 1851. I Tyskland tillverkades senare stora kvantiteter. 1869 kom Rörstrand och Gustafsberg med sin första majolika. I Gustafsbergs katalog från 1870 heter ett avsnitt Majolikaporslin. Beteckningen porslin är, enligt vårt språkbruk, oegentlig. Det Rörstrand, i likhet med Gustafsberg, presenterade var en flintgodsmassa med genomfärgad glasyr i flera färger.

1889–90 kunde också Höganäs framställa ett majolikagods men med genomfärgad blyglasyr. På en grund av blyglasyr, där lergodsets gula färg lyste igenom, lade man ett skikt av färgad glasyr. Speciellt för Höganäsprodukterna är att man arbetade mycket med flammighet, stänk- och prickeffekter. Från 1893 behärskade Höganäs också konsten att göra en majolikaglasyr med tennbas, dvs

88 cm högt är detta blombord av majolika från Gustafsberg tillverkat 1882. Det fanns i produktion fram till 1901. Gustavsbergs museum

Elefanten av majolika från omkring 1880 kommer från Rörstrand. H 54,5 cm. Nationalmuseum

en glasyr som inte var genomsynlig. Detta gav möjligheter till ett rikare spel med färger mot en vit grund, som bl a Helmer Åslund (känd under namnformen Osslund) utnyttjade under sin tid vid fabriken år 1897 (se bild s 192).

Ungersk majolika är en beteckning man möter för Gustafsbergs och Rörstrands sortiment under 1880- och 90-talen. Mot en elfenbensfärgad grund framträder dekoren, gärna fåglar och blommor, förhöjd med guldstänk. Gustafsberg gjorde också en majolikatyp med knottrig yta, så kallad mossmajolika.

Formförrådet i majolika är mycket rikt. Man kan finna allt från cigarrfat till kakelugnar. En del former gjordes bara som majolika, andra även i annat material. Exempel på detta är en blomskål vilande på en delfin från Gustafsberg. Den förekommer både i parian och med majolikaglasyr. I båda fallen bygger effekten mycket på reliefverkan.

Prydnadsföremål, gärna i monumentalformat, är kanske det mest 1800-talsmässiga. Piedestaler med eller utan krukor, blom-

Blomlådan och de båda vaserna, den längst till höger i form av en stövel, är gjorda 1886, 1887 och 1891. Stöveln är 36,3 cm hög. Gustafsberg. Gustavsbergs museum

bord och kandelabrar passade väl in i dåtidens mörka och belamrade interiörer. Glädjen över fantasifullt utförda småting tycks också ha varit stor, men vem behövde egentligen skrivbordsutensilier, cigarrkoppar, tändsticksställ och dylikt av majolika? Också tillbringare, te- och kaffeserviser, kakfat och fruktserviser gjordes.

Majolikan är inte ett enhetligt stilfenomen. Renässanselement var mycket vanliga på kakelugnar; på piedestaler och dylikt kunde både rokoko- och barockornament smyga sig in. De fornnordiska modellerna och mönstren kom ut i majolika. Vanlig var också en naturalism med blommor och fåglar som kunde bära upp fat och sitta på vaser. Även putti fick bära skålar, ja listan skulle kunna göras mycket lång.

Också skulpturer i rejäla dimensioner hörde till repertoarerna. En elefant med sadel och förare från Rörstrand motsvarades på Gustafsberg av en halvmeterhög kamelryttarinna.

Parian

Figurer av oglaserat vitt porslin (biskvi) tillverkades vid Sèvres från 1750-talets mitt. Andra följde efter och under det sena 1700-talet gjordes många skulpturer i liten skala som med sin rena vithet passade särskilt bra i det nyklassicistiska skedet. 1844 introducera-

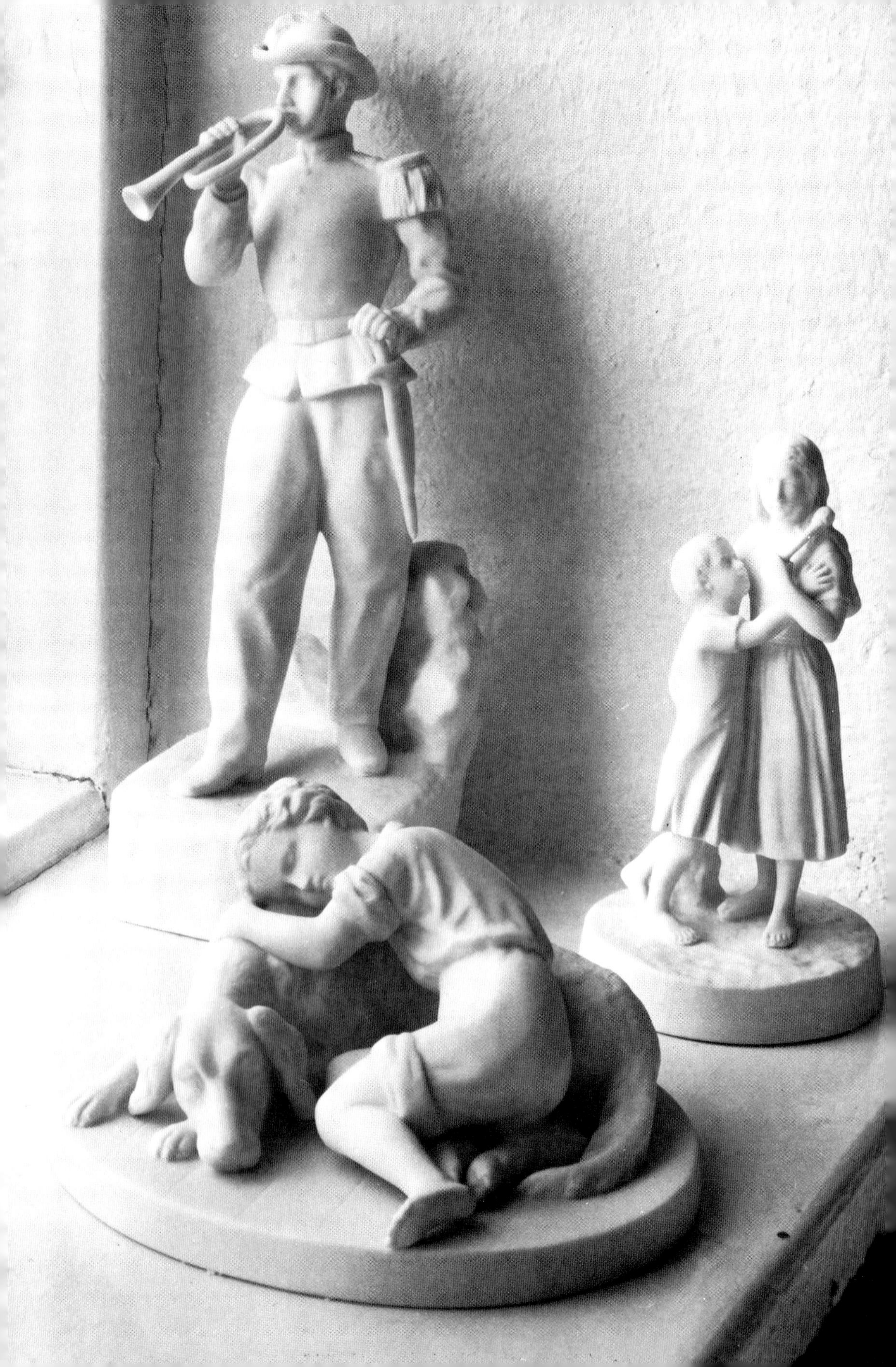

En sida ur 1863–64 års priskurant från Gustafsberg

Parian.

D. M. Konungens och Drottningens Bröstbilder .... pr st. Rmt Rg 27.50
Blomvaser .... pr st från Rmt Rg 1.50 till 15
Statuetter och Byster .... " " 3 . 40
Toilette askar fyrkantiga och ovala
         med blommor pr st. " " 2 . 2.50

Tre av Gustafsbergs mest populära parianskulpturer: prinsessan Eugenies Trumpetare från 1860-talet, Tiggarbarn och Pojke med hund av fröken Rudenschöld från 1872. Trumpetaren är 30 cm hög. Gustavsbergs museum

des ett nytt marmorliknande porslin vid Copelandfabriken i England. På grund av sin likhet med marmor från den grekiska ön Paros kallades det parian. Till efterföljarna den här gången hörde Gustafsberg som från 1861 tillverkade både figurer och andra prydnadsföremål av parian. Egentligen är parian ett slags biskvi. Porslinsmassans sammansättning varierade beroende på tillverkarna. Gustafsbergs massa var starkt fältspathaltig: lika delar kaolin, svensk fältspat och Cornwall stone (jfr s 143).

På den stora utställningen i Stockholm 1866 var ett av Gustafsbergs trumfkort parianföremålen. Parian förblev en specialitet för fabriken söder om Stockholm. Konkurrenten Rörstrand presenterade sin första kollektion 1862–63 men där blev det aldrig något huvudnummer. För att återvända till utställningen 1866, så fanns i Gustafsbergs monter både porträttbyster av kungafamiljen, skulpturer i liten skala samt urnor och vaser. Molins fontän, centralt placerad i Kungsträdgården, var aktuell och framställdes i parian liksom samme konstnärs Bältespännarna. Den senare tillverkades ända till 1925. Populära skulpturer producerades under många år, en del ända fram till 1933, då den gamla parianframställningen lades ner vid Gustafsberg. Figurerna göts, liksom andra porslinsfigurer, i flera delar som sedan de torkat fästes samman med en slicker, en lagom tunn parianmassa, som fungerade som bindemedel. På en välgjord figur ser man inga skarvar, de är fint avputsade. De ihåliga figurerna brändes en gång, sedan fabriksstämpeln tryckts in.

I Gustafsbergs tidigare parianproduktion finns genombrutna och med fritt modellerad dekor försedda föremål. De vittnar om en högt uppdriven hantverksskicklighet, precision och känsla för materialets möjligheter. Blommor var favoritmotivet för den fria dekoren, lövtunna kronblad framstår i hela sin bräcklighet, ingen glasyr suddar ut reliefen. Den enda fienden var, som samtiden påpekade, dammet. De sköra stjälkarna och bladen tålde ingen hårdhänt behandling och snart koncentrerade sig fabriken på robustare helt gjutna vaser och skålar, ett beslut som säkert också hade en ekonomisk aspekt. Vaserna och de rena småskulpturerna

Två vaser av parian med fritt modellerad dekor från Gustafsberg. 1860-talet. H 37 cm. Nationalmuseum

Till höger: Vas av delvis glaserat gods, dvs inte riktig parian. Rörstrand. Gustaf Löfbergs samling

J P Molins Bältespännarna tillverkades första gången i parian 1864 vid Gustafsberg. H 45 cm. Röhsska Konstslöjdmuseet

Tre svenska kungar i parian från 1870-talet: Gustaf Vasa, Gustaf II Adolf och Carl XII. Rörstrand, H 13 och 14 cm. Rörstrands museum

kompletterades med dekorativa nyttigheter som cigarraskar och tändsticksställ i form av vikingaskepp och ruvande ugglor.

Formförrådet var oerhört rikt, men några originalmodeller var det sällan fråga om. Utan hämningar kopierades Venus från Milo och andra välkända antika skulpturer. Thorvaldsens figurer var också oerhört populära. Hans Kristus bredde skyddande ut sina armar i många svenska hem. Också den svenska skulpturen förminskades och spriddes. Förutom Molin kunde man får en Qvarnström, en Sergel eller ett verk av Per Hasselberg. Två till namnet kända personer som skapade direkt för produktion i parian är prinsessan Eugenie och hennes hovdam Adèle Rudenschöld. Ängel med snäcka, en Gardist, en Trumpetare och Våren var prinsessans verk, tillkomma 1868–72. Fröken Rudenschöld gjorde Flicka med gosse, Hund med pojke och Tiggarbarn, 1870–73. Alla figurer höll inte samma kvalitet och en del förvanskades när de förminskades, men kanske var det här en hedervärdare hantering än eftervärlden har tyckt. Långt före Konstfrämjandets tid spreds god konst i de svenska hemmen. Behovet av form och bild var mycket större då än nu. På 1970-talet har parianfiguren kommit tillbaka som en lustig accent, hundra år tidigare fyllde den många gånger ett seriösare behov.

Rörstrands parian omfattade år 1871 broscher, korgar, toilettaskar och vaser, men också figurer och byster. Carl XII av Molin, Gustaf II Adolf, Birger Jarl samt Amor och Venus av Fogelberg och Sergels Amor och Psyke tycks ha varit de förnämsta verken. Därtill kom en rad anonyma.

Former – från ampel till äggkorg

I avsnitten om majolika och parian har vi redan mött något av det som är karakteristiskt för 1800-talsproduktionen av "porslin" – det stora och varierade utbudet. Mycket har förstörts och försvunnit, men genom de priskuranter som utgavs i en jämn ström efter sekelmitten, kan man få en ganska god uppfattning om huvuddelen av produktionen.

Praktstycken och många dekorer går inte att fastställa på detta sätt. De ägnas nästa kapitel.

Gustafsberg

Några närmare uppgifter om dekorerna förutom färgangivelse får man inte förrän i 1866 års kurant. Dekorernas utseende framgår först i 1874 års kurant och då bara i urval. Tecknade bilder av föremålen fanns, som vi sett från omkring 1850.

Den första priskuranten av större format utkom 1870. Omslaget är ritat av Magnus Isaeus, som inramat fabriken med rykande skorstenar i ett ståtligt arrangemang av utställningsmedaljer. Den gamla uppställningen i bokstavsordning finns kvar. Under rubriken Styckegods står allt från ampel till äggkorg. Sedan följer Tvättserviser, Bordserviser, Svart, Grönglaseradt och Majolika-porslin, samt Äkta porslin och Parian. På ungefär samma sätt är 1897 års kurant uppställd. De tre sista rubrikerna har slopats och ersatts av

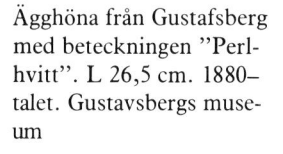

Ägghöna från Gustafsberg med beteckningen "Perlhvitt". L 26,5 cm. 1880-talet. Gustavsbergs museum

en enda – Äkta. Majolikan ingår i det övriga sortimentet och pariangodset presenterades i en särskild priskurant.

Rörstrand

För att få en jämförelse med Gustafsberg kan man välja 1871 och 1897 års kuranter från Rörstrand.

Ordinärt porslin motsvarar i Rörstrandskuranten från 1871 Gustafsbergs Styckegods, övriga rubriker stämmer helt överens om man undantar att Äkta porslin står före Majolica och Lyxartiklar. Sist kommer också här Parian.

Priskuranten från Rörstrand 1897 har samma rubriker som den från Gustafsberg med ett tillägg: fältspatäkta porslin för laboratorier och kemiskt bruk. Dessutom erbjuder man enligt särskild priskurant: Kakelugnar, Kaminer och Spislar omkring 110 olika modeller så väl enklare som dyrbarare Lyxartiklar af äkta Porslin, Parian, Majolika, Majolika och guld, s k "Holmia"-gods m.m., Klosetter, Pissoarer m.m., Telegraf-isolatorer & Kaminknappar och Preparerad gips. Mycket av detta finns inordnat i Gustafsbergs Styckegods, vilket framgår av följande uppräkningar.

Både Rörstrand och Gustafsberg presenterade sig 1872 med rykande skorstenar och många medaljer på sina priskuranter

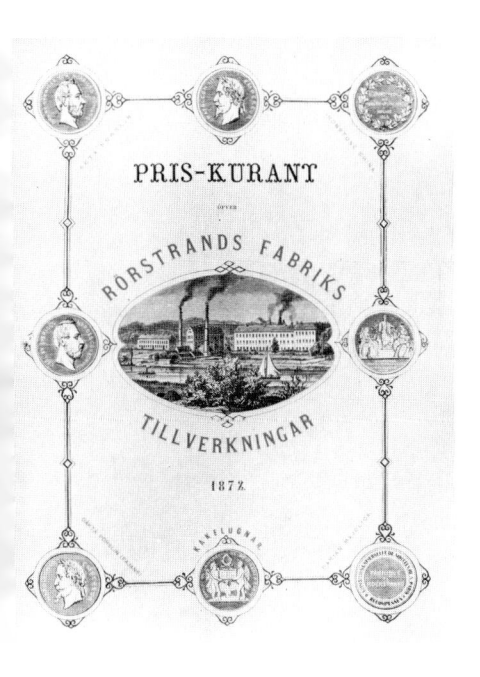

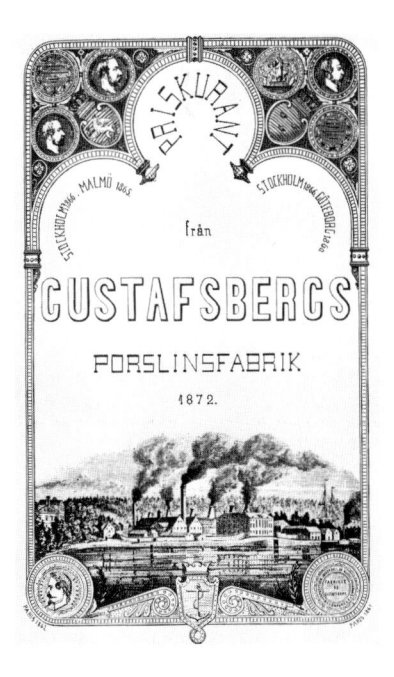

För att få en uppfattning om det totala utbudet har Gustafsbergs priskuranter från 1870 och 1879 fått bilda utgångspunkten. Förutom variationer i modellförrådet och antal alternativ har Rör-

155

Brödbräde, syltkruka och saltlåda av flintgods med tryckt dekor i svart (salt) och blått. Krukan är 26 cm hög. Föremålen tillverkades vid Gustafsberg omkring 1900, 1898 resp 1887. Gustavsbergs museum

Husgeråd från Gustafsberg. Durkslaget, den större och mindre kannan samt diskbaljan och skålsatsen fanns i priskuranterna från det sena 1800-talet. Diskbaljan är 39 cm lång. Gustavsbergs museum

strand ibland ännu mera att bjuda. Deras kuranter från 1871 och 1897 har fått ge besked om detta. Utan hänsyn till fabrikernas indelning är materialet här inordnat under några rubriker efter användningsområden.

Husgeråd

1870 kan man från Gustafsberg tillhandla sig en mjölkbunke, kryddburkar och syltburkar i olika storlekar, mathämtare, mortel och spilkummar. Kryddburkarna finns med olika texter, spilkummarna tillverkas i flera olika modeller med skilda dekorer. För övrigt är formerna enkla och godset odekorerat. 1897 har sortimentet utökats med brödbräde, durkslag, geléform, olika handdukshängare, kavel, kar för salt, mjöl etc att hänga på väggen, kryddskåp, köttklubba, litermått, matskyddare (mot vidbränning), mjölkbägare, pajformar och peppardosa. Fortfarande är det mesta ganska flärdfritt. Brödkaveln finns dock försedd med den tryckta dekoren *Dresden*. Knappar till "jernspislar" och kaminer, buljongkopp för sjuka, medicinskedar och ägg (att lägga i reden) fanns också till salu. Rörstrands utbud skiljer sig inte väsentligt från detta.

Det dukade bordet

De stora middagarnas tid – inte bara i de högsta kretsarna, utan också i breda borgerliga lager – kan man kalla det sena 1800-talet. Rader av gnistrande slipade glas, blänkande damast, kruserligt nysilver och stora serviser av "porslin" utgjorde en värdig inramning till de många rätterna. När Strindberg i Svarta fanor skildrar en "spökdiné" hos professor Stenkåhl skriver han: "För övrigt var bordet en glasbutik, ty det var dukat med åtta glas, en porslinshandel ..."

År 1897 bestod en servis för 48 personer från Gustafsberg av 454 delar. Flata och djupa tallrikar av olika storlek, terriner, såsskålar, såsterriner, ragufat med lock, karotter utan lock, ovala och runda fat, fiskfat med sil, rostbiffat, saladjärer, tillbringare och ägghållare ingick i uppsättningen. Ett lämpligt antal delar för 12 personer var 125, medan 24 och 36 personer ansågs behöva respektive 205 och 333 delar. Dessa kunde sedan väljas ur 12 olika klasser med beteckning $1-9\frac{1}{2}$. Priset var den gemensamma nämnaren inom varje klass. Den billigaste servisen kostade för 48 personer 215 kronor 95 öre, den dyraste 572 kronor 40 öre. En odekorerad

Bordsservisgods. D-modell (1863 års modell). Ur 1872 års priskurant från Gustafsberg.

Bordservisgods.

Bordsservisgods. AC-modell. Ur 1897 års priskurant från Gustafsberg.

BORDSERVISGODS.

servis av "opak" var dyrare än en dekorerad av "ordinärt" gods. De flesta var dock tillverkade av "opak" och priserna steg med dekorens utförande. Någon servis i "äkta" finns inte upptagen i priskuranten.

År 1866 erbjöd Gustafsberg för första gången hela serviser för 12 och 14 personer. 1870 kunde man få en servis för 48 personer, som då ansågs böra innehålla 290 delar. Några tallriksdussin, ett par fatstorlekar, några såskärl och ägghållarna är det som skiljer uppsättningen från 1897 års mastodontuppbåd eller, för att tala med Strindberg, reducerar porslinshandeln något. Priset på en 48-personersservis i sitt mest påkostade utförande är 1871 hos Rörstrand 681 kronor och 80 öre. (Redan 1862 presenterade Rörstrand serviser för upp till 48 personer). Motsvarande siffra hos Gustafsberg är 487 kronor och 50 öre. Antalet delar är något mindre hos Rörstrand, som dock hade flera påkostade ting.

I ovanstående är tilläggsdelar som fruktkorg, frukostservis, fiskfat, rostbiffat, tillbringare, saladjärer och salladsterriner, som inte ansågs helt nödvändiga, inräknade. I Gustafsbergs styckegodsförteckning 1870 hittar man dessutom smöraskar, en bordsuppsats, punschbålar, glassfat, muggar, äggkorg, senapskannor och saltkar. En dessertservis i majolika, en sparriskanna och en knivhållare i "äkta" kunde den hugade också lägga sig till med. 1871 erbjöd Rörstrand dessutom en smörask i form av en pumpa på ett blad. Vitt, emaljerat eller i majolika kunde man tillhandla sig detta föremål som verkar vara en exakt kopia av en av fabrikens 1700-talsfajanser.

År 1897 kunde man få ytterligare en ansjovislåda, en ask för sardinlådan, sejdelbricka, brödfat, slev, tandpetarställ och sparrishållare. Antalet bordsuppsatser hade också vuxit lavinartat.

D-modellen i måttfull nyrokoko från 1863 fanns kvar hos Gustafsberg 1897. AD, AE och AF måste också betecknas som ett slags nyrokoko, men är alla betydligt livligare i modelleringen. F, I och H, tre sansade varianter, kom på 70-talet, M har empirekaraktär, U är försedd med bulliga vulster, AB är fasetterad och har tiokantiga tallrikar. Försedda med olika tryckta dekorer, som i sin tur kunde vara färglagda, enbart emaljmålade, guldstofferade eller i en kombination av de båda senare var variationsmöjligheterna praktiskt taget oändliga.

Rörstrands servismodeller är 1897 väl presenterade – hela 27 stycken olika finns att beskåda på helsidesplanscher. Där finns Dacca, A-modellen, B eller 1861 års modell, C eller 1866 års modell, som är litet yppigare, och D eller 1867 års modell, en pastischservis där man plötsligt känner igen tunnbindarbaljan, den gamla fina fajansbålen, som alltså nyproducerades från 1867. Mjukt uddig är K-modellen, L är tiokantig, M vulstig, R efterbildar en

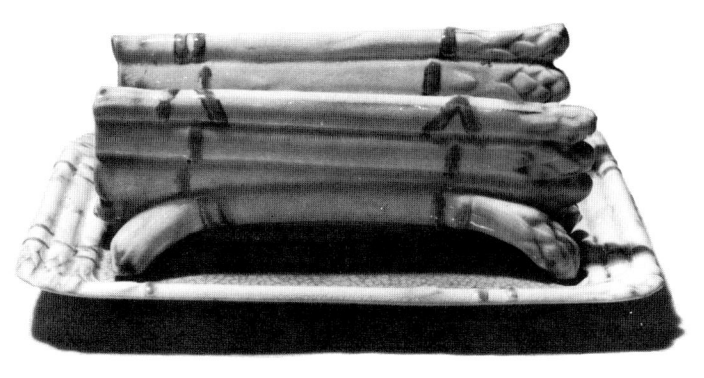

Sparrisställ av flintgods från Rörstrand. Det är 27 cm långt och tillverkat 1885. Rörstrands museum

servis i ren 1700-talsrokoko sammansatt av delar som tillverkades vid fabriken då. AH och AS verkar vara gjorda direkt efter en förebild i silver, båda har tydlig rokokokaraktär.

Det är ett nästan tröttande överflöd som inte blir gripbart förrän man står inför föremålen, om de finns kvar, och upplever formernas samband med dekoren och ser spåren av glada middagar. Skall man sammanfatta modellfloran på något sätt, så är det starkaste intrycket rokokons livskraft. Både den första – 1700-talets rokoko –

Uppläggningsfat av Dacca-modell med *Mulberry*-dekor. Rörstrand.
H 12 cm. Nordiska museet

Bordsservis, A-modell (Dacca-modell) från Rörstrand. Ur 1871 års priskurant (jfr s 132)

Bordservis, A-modell (Dacca-modell).

den andra som kom kring 1800-talets mitt och den tredje – 1890-talsrokokon – är väl representerade. Som särmärke har Rörstrand sitt historiska tillbakablickande.

Rörstrand offererade 1897 också hela serviser i "äkta". För en 24-personers servis, det största man hade med dekoren Meissen, var priset 843 kronor, vilket kan jämföras med Gustafsbergs dyrbaraste servis, dock ej av porslin, som kostade 322 kronor och 15 öre i samma storlek. Den innehöll till och med litet flera delar.

Terrin ur 1867 års servismodell från Rörstrand "emaljemålad och frukter i relief". Dekoren brukar kallas *Blommor* (jfr s 169). Nationalmuseum

Bordsservis. D-modell (1867 års modell) från Rörstrand. Till vänster syns "tunnbindarbaljan" en av flera 1700-talsmodeller. Ur 1871 års priskurant

BORDSERVISGODS.

Bordservis, D-modell (1867 års modell).

161

Tre koppar med fat av benporslin med målad dekor i guld och färger. Gustafsberg, 1860-talet. De bakre kopparna är 8 cm höga. Gustavsbergs museum

Kaffekannan med dekor i flytande blått är tillverkad på 1860-talet vid Rörstrand. H 16 cm. Rörstrands museum

Koppen med guldspets, blommor i färger och svart hänkel är tillverkad 1880. Rörstrand. Gustaf Löfbergs samling

"Renaissancestil" är Gustafsbergs beteckning på kaffeservisen av rödbrunt gods täckt med svart glasyr och dekorerad med färgpärlor av den typ Sèvres introducerade på 1780-talet, s k "juvel-Sèvres". H (kannan) 25 cm. Gustavsbergs museum

Te och kaffe

Kaffets betydelse som nationaldryck växer fram under 1800-talet. Från att ha varit en överklassnjutning blir kaffedrickandet en sysselsättning som också bönder och enklare borgare hänger sig åt. "Riten" är lika viktig som drycken. Kaffetåren, den kära, passar i alla sammanhang. I det sena 1800-talets pittoreska folklivsskildringar hittar man kaffedrickande personer.

Kaffe- och tekoppar kunde erhållas till alla bordsserviser. Hela kaffeserviser med bricka, kannor, sockerskål och koppar fanns i olika lyxutföranden. Annars var servisen för dessa drycker något man kunde plocka samman ur styckegodsförteckningen. Där fanns också bakelsefat. Urvalet av gräddkannor, kaffekannor, tekannor och koppar är rikt redan 1870. I "äkta" kan man dessutom få sockerask och kaffebricka. Kaffegods tillhörde för övrigt det första man tillverkade av porslin på Gustafsberg.

Många dekorer förekom enbart på kaffegods. Gustafsbergs omtyckta Blå blom fanns från början bara på te- och kaffekoppar. Liksom för de flesta populära mönster hade Rörstrand en motsvarighet. Deras kallades "med upphöjda kulörta blommor", och finns med i priskuranten redan 1871.

Rörstrands utbud av kaffegods ger många alternativ, särskilt i eleganta porslinsmodeller.

På Bengt Nordenbergs målning från 1869 (detalj) ser man prästen och hans familj som tar emot tionde. På bordet är kaffeservisen uppdukad. I skåpet står en syltkruka och en låg skål på fot. I konsthandeln

Blombärare

Buketter av konstgjorda blommor hörde till 1800-talets tunga och överrika heminredningsideal. Fikusen var också ett stående inslag tillsammans med några andra härdiga krukväxter. Gustafsberg tillhandahöll amplar och blomkrukor i flera modeller. 1897 lämnade urvalet av blomkrukor inget övrigt att önska. Storlekarna varierade från 8 till 34,6 cm, modellerna från rena, vita cylindrar till praktfulla rokokojardinjärer. Helmer Osslund ritade i början av sin bana på Gustafsberg en dekor med blommor och flygande amoriner för den kanske mest utstuderade nyrokokomodellen. Naturalistiska dekorer med ormbunksblad, grässtrån, blommor och blad eller druvor i relief var vanliga sorter. En rejäl trädstubbe kunde man placera sina blommor i eller en japanskt inspirerad rektangulär låda med "bambustavar" runt om. Flera av blomkrukorna var försedda med majolikaglasyr och passade samman med piedestaler. Magnifika blomsterbord i majolika fanns till salu för 100 kronor. Några stora vaser, som snarare får betraktas som prydnadsvaser eller urnor, utannonserades 1870. Blomglas gjordes då bara i parian. 1897 fanns det både blomkorgar, blomskålar och vaser i nättare storlekar. Rikt ornerade och utstuderade modeller som konkurrerade kraftigt med eventuella levande blommor var vad som bjöds. Men vi får komma ihåg att de också skulle kunna fungera som prydnadsting tomma. Också här har Rörstrand ett analogt utbud.

Jardinjär av flintgods med dekor i guld och färger ritad av Helmer Osslund och målad av Franz Meder 1890 på Gustafsberg. L 52 cm. Gustavsbergs museum

Andra bruksföremål

Det som förenar dessa föremål är knappast den praktiska nyttan, snarare är de en provkarta på uppfinningsförmåga eller ett vittnesmål om överflödssamhällets onyttigheter. Båda Gustafsbergs priskuranter, den från 1870 och den från 1897, får lämna sina bidrag. Dörrskyltar, dörrhandplåtar, dörrnamnskyltar och väl inom hemmets dörr behövdes ett paraplyställ, kanske också en konsol att ställa prydnadsföremål på, ett ställ för klockan och en korthållare samt brevpress. Sorteringen av ljusstakar är dock förhållandevis liten. För rökaren: cigarraskar, cigarrbägare, cigarrsnäckor, cigarrställare, tobaksask, tändsticksburkar. Kanske behövdes en spottlåda, det fanns flera modeller att välja på. En vira-pulla och spelmarker kunde också komma väl till pass i herrummet. Barnen var inte heller bortglömda. Antingen kunde de få delar till en servis eller ett dockhuvud av äkta porslin. En brosch, toalettaskar, nålfat och ringhållare, allt av parian, kunde kvinnorna glädja sig åt.

Börjar man leta efter vad Rörstrand har att bjuda utöver Gustafsbergs sortiment skall man finna några udda ting: Ett dryckeshorn, vilande på en tomteliknande varelses rygg – som kunde fås i elfenbensimitation – hundar dvs figurer av Meissentyp, eldgaffellåda, matsedelhållare, ostkupa, ett pampigt skrivtyg, en strut att ha blommor i och en tillbringare som uppenbarligen är en kopia av ett tyskt stengodskrus tillverkat under 1600-talet.

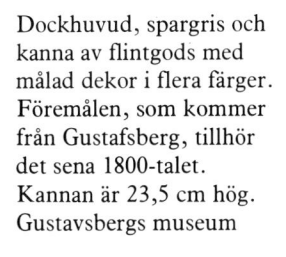

Dockhuvud, spargris och kanna av flintgods med målad dekor i flera färger. Föremålen, som kommer från Gustafsberg, tillhör det sena 1800-talet. Kannan är 23,5 cm hög. Gustavsbergs museum

TVÄTTSERVISER.

Y-modell.

Z-modell.

AA-modell.

Hygien

Tvättserviserna var ett betydelsefullt kapitel, som under 1700-talet. De bestod av handfat, handkanna, potta, tandborstask, tvålask och spilkum (för tvättsvampen). Därtill erbjöds passande hinkar. Liksom beträffande bordsserviserna var urvalet stort. Den enklaste vita servisen kostade 1870 hos Gustafsberg 6 kronor och 80 öre, medan T-modellen med blå fond och äkta guld kostade 100 kronor, utan hink. Studerar man styckegodskapitlet skall man dessutom finna flera andra delar. Fotbaljor, bidéer, pomadaburkar, olika nattstolskrukor, lavoarskivor, stickbäcken, tvålhängare finns redan 1870. År 1897 kan man också få tandborstkopp och rakfat. En enkel tvättservis kunde man hos Rörstrand få för 4 kronor och 45 öre, lyxmodellen med emalj och guld kostade 52 kronor och 50 öre utställningsåret 1897.

Motstående sida:
Några tvättserviser ur 1897 års priskurant från Gustafsberg

Tvättservisen i *Etruskisk stil*, från Gustafsberg, tillverkades i flintgods, men hade en påkostad dekor. Handkannan är 30,5 cm hög. Gustav V:s stiftelse Tullgarn

Kakelugnar

Kakelugnar var under 1800-talet, precis som under 1700-talet, egentligen något för sig. Liksom under 1700-talet hade de stora keramiska fabrikerna också en kakelframställning. "Tillverkningen af kakelugnar af hvit eldfast massa med genomskinlig glasyr, den största kakeltillverkningen vid någon fabrik i Sverige infördes 1857" omtalar Rörstrand 1897. 1881 började också Gustafsberg en produktion. Men deras medtävlare var inte kakelugnsmakare utan andra industrier och maskintillverkningen satte sin prägel på produktionen.

En snabbare och rationellare framställning var säkert välbehövlig. Kakelugnen hade blivit och förblev långt in i vårt århundrade den förnämsta värmekällan i en bostad. Variationerna i utseende är lika stora som för den övriga keramiken. Reliefmönstrade kakel

"Kamin af glaseradt eldfast lergods" ritad av Magnus Isæus. Plansch

Miniatyrkakelugn från Rörstrand. Nationalmuseum

Tre "praktkakelugnar" som Rörstrand erböjd sina köpare 1865:" No 6 Fransysk Spisel med skänk. No 7 Sals Spisel med skänk. No 8 Venetiansk Spisel med skänk." Den sista var den dyraste av dem, den kostade 500 riksdaler.

blev mycket vanliga. Helt vita kakelugnar finns, men också grönglaserade, blå och sådana med majolikaglasyr. Renässans, barock och rokoko, alla har de lånat sitt namn till olika kakelugnar. Magnifika salspjäser för de rika borgarna får gärna en inbyggd spegel, medan kakelugnen med inbyggd spis ligger i andra änden på den sociala skalan. De olika nystilarna existerar sida vid sida och ansågs passa i olika typer av rum: Renässans i matsalen, moriskt i rökrummet eller i brist på detta litet manligt fornnordiskt. Rokokon fick sin plats i salongen.

1897 års utställning bjöd på ett rikt sortiment av kakelugnar från Rörstrand. Idel kända namn hade åstadkommit kakelugnar. Professor Clason en i grönt och guld, arkitekten Lindegren kakelugnar såväl i blått som blått och guld, chefsdessinatören Tryggelin kakelugnar i majolika och arkitekt och fru Boberg ytterligare varianter. Ferdinand Bobergs var inte de minst viktiga, för han hade ritat jugendkakelugnar. Så slutar 1800-talets form- och mönsteräventyr också här i – "ungdom".

Dekorer

1800-talets dekorer och praktpjäser är så många och rika att man på något sätt måste försöka systematisera dem för att få ett grepp om det som gjordes. Man kan årtionde för årtionde följa hur nyheterna kom, somliga för att stanna och bli perenner, andra som modenycker. 1830- och 40-talens rika heltäckande men enfärgade dekorer avlöstes på 50- och 60-talen av stramare, mera sammanhållna mönster. Färgerna och guldet gjorde sin entré i de högre prisklasserna på 60- och 70-talen. Det totala utbudet ökade markant på 80-talet och på 90-talet möttes den tredje rokokon och jugend – den nya konsten – som ännu låg i sin linda. Nyhetsflödets snabbhet och beständigheten hos vissa former och dekorer bidrar till den brokiga bilden. I det följande skall vi se litet närmare på de olika typerna, på blommorna, ränderna, drakslingorna och de andra märkvärdigheterna.

Blommor, blommor

Vad vore "fint postelin" utan blommor? Allt sedan Meissens tyska blommor på 1740-talet började målas har de behållit sitt grepp. Rörstrand gjorde flera pastischdekorer på 1800-talet. Den första, *Blommor*, kom 1868. Strödda blombuketter och till och med en liten insekt var återgivna i tryck som sedan färglades för hand. Enbart med tryck i en färg men samma andas barn var *Flora*, också från 1868. Helt handmålad på fältspatporslin gjordes *Meissen*, också den med strödda buketter och på en rokokomodell med böljande ytterkonturer. 1887, då den lanserades, var Meissen en av fabrikens två dyraste serviser. *Saxblommor* från 1888 och *Stralsund*, som kom ett år tidigare, hade för hand färglagda tryckta blommönster i 1700-talsstil. De låg något lägre på prisskalan än Meissen då de inte var helt handmålade.

Men blommor var mycket mera än kopior och pastischer. De tidigaste heltäckande tryckta dekorerna omgavs gärna av en frodig blomsterbård. När dessa mönster på 1850- och 60-talen fick konkurrens var flera av nyheterna blomsterdekorer. Godset är emellertid inte längre helt täckt av mönster. Gustafsbergs båda serviser i flytande blått *Japan* och *Sobrown* har dekorer uppbyggda av växter och blommor. *Lilium*, som kom 1860, pryds av storskaliga blommor tryckta i blått eller gredelint, *Florillas* tryck är en bukett och en relativt lätt bård på brämet. När den kom 1860 var den gredelin. I *Festoon* från samma år och med samma färg är mittmotivets

En av Gustafsbergs första dekorer i flytande blått, *Sobrown*, även kallad Rosen, här på en bål. D 33 cm. Nationalmuseum

Parallelliteten mellan Rörstrand och Gustafsberg är ofta slående. Här Rörstrands motsvarighet till Sobrown. Gustaf Löfbergs samling

storlek starkt reducerad och bården har blivit en girland – festoon av nyklassicistisk karaktär. *Iris* från 1862 har ett kraftigare blommönster.

Rörstrands *Iris* däremot har ett ganska stramt blombårdsmönster, tryckt och handmålat i flera färger och lyster. Denna 1872 lanserade servis var relativt dyrbar. Men det disciplinerade var populärt under 1870-talet och Rörstrand kom med flera alternativ. Något enklare är *Linnea*, presenterad 1878. Till typen med blomsterornament mitt på spegeln och brämbård hör av Rörstrands 1850- och 60-talsserviser *Mulberry*, 1855, i flytande brunt, en av många "flytande" blomdekorer, *Lilas*, 1866, i gredelint och blått tryck och *Fuchsia*, 1869, i gredelint.

Under 1880-talet, då dekorernas antal ökade mycket kraftigt vid båda fabrikerna, lägger man ändå märke till vissa dekorer för att de representerar något nytt. De kraftiga blommönstren, som inte anslöt sig till 1700-talstyper utan har en ganska fräsch naturalism, började göra sin entré. Rörstrands *Bella*, 1884, *Vineta*, 1887, och Gustafsbergs *Hedera*, 1887, är alla tryckta i en färg. Bella och Hedera har en liten nätt fågel inkomponerad i vegetationen liksom Gustafsbergs *Wexiö* från 1892. Rörstrands *Pensé* och *Svalan*, 1897, är ytterligare ett par som hör till samma familj.

Nittiotalet på Gustafsberg var, bortsett från denna frodighet, rikt på serviser med ängsliga och tunna blomrankor. Många av dem fick stadsnamn. Under det sena åttiotalet lanserade Rörstrand också litet intetsägande glesa blommönster i de lägre prisklasserna, t ex *Örebro*.

Rokokopastischer hade Rörstrand med sina Blommor presenterat redan på 60-talet, men som vi har sett kom det flera på åttiotalet och de höll ställningarna på nittiotalet.

Karakteristiskt för nittiotalet blev annars 1890-talsrokokon – den tredje rokokon. De tyska porslinsfabrikerna utgjorde en vä-

Saxblommor, en 1700-talspastisch på finaste porslin från Rörstrand. Diameter 25 cm. Rörstrand museum

Festoon och *Florilla*, två strama blomdekorer i violett tryck från Gustavsberg. Båda tillhör 1860-talet. Det stora fatet är 49 cm långt. Gustavsbergs museum

Praktvas från Rörstrand, tillverkad 1875. H 43 cm. Gustaf Löfbergs samling

Rörstrands fågel- och blomdekor *Bella* kom 1884. Diameter 26 cm. Rörstrands museum

Tillbringaren är dekorerad med *Wexiö* i grönt .och guld. Godskvaliteten är opak. Gustafsberg började sin tillverkning 1892. H 17,5 cm. Gustavsbergs museum

Dekoren *Gustaf* tillhör Gustafsbergs 1890-talsrokoko. Diameter 19,5 cm. Gustavsbergs museum

sentlig inspirationskälla. I Leipzig kunde direktörerna Odelberg på Gustafsberg och Almström på Rörstrand se vad som var modernt och kunde tänkas slå. Och på nittiotalet var det alltså blommönster i nyrokoko. Ett par exempel är Rörstrands *Teresia* från 1892 och Gustafsbergs *Eugen* från 1897. Något mer traditionell är *Gustaf* från Gustafsberg, 1895, alla med tryckt och målad dekor i flera färger. Kromotryckta var Gustafsbergs *Hagtorn* och *Viola*.

Praktpjäser med ett rikt och tekniskt sett oerhört välgjort blomstermåleri hörde till båda fabrikernas repertoar från 1870-talet. Vaser eller urnor med lock i kolossalformat där ett blomsterstilleben framträder i en utsparad reserv omramad med guld var det mest typiska.

Viola, en kromotryckt dekor med guld. H 23 cm. Gustafsberg. Gustavsbergs museum

Med klassisk inspiration, men hemvävt namn: *Svea* från Gustafsberg. Dekoren är tryckt i gredelint. D 24,5 cm. Nationalmuseum

En terrin och ett halvmeterlångt fat för rostbiff ur servisen *Minerva* från Gustafsberg. Gustavsbergs museum

Stramt och klassiskt

I 1800-talets utbud av rikt dekorerat gods finns också enkelhet och stramhet. "Den svenska fattigdomens betydelse" kan man dra fram, när det gäller 1820-, 30- och 40-talets billigaste dekorerade gods, det "profilerade". Denna med ränder i sparsamma färger prydda vara var det alternativ som bjöds dem som inte ville ha vitt gods men heller inte hade råd att köpa det tryckta. På sextiotalet kom emellertid dekorer med linjer, ränder och band som inte alls hade karaktär av fattig enkelhet. Det nya benporslinet försågs med sådana enkla brämdekorer för att framhäva det vackra godset, men också serviser i mellanprisklass pryddes med olika randdekorer, där både guld, färger och lyster ingick. *Tre blå ränder* från Gustafsberg kom första gången 1870 och fanns sedan i produktion ända till mitten av vårt eget århundrade. Också Rörstrand hade *Tre blå ränder*, varianter som *Eidsvold* från 1873 och bägge hade typer av *Guld och brons* osv. Randdekorerna markerar en klar förskjutning från det mycket yppiga mot större renhet och stramhet.

Som ett utslag av samma anda måste man nog också räkna serviserna *Minerva*, 1866, *Jonia*, 1870, *Athen* och *Thebe*, 1873, samt *Svea*, 1876, från Gustafsberg och *Tarent*, 1872, samt *Vasa* och *Victoria*, 1882, från Rörstrand. De har alla strama, men praktfulla bårddekorer. Den klassiska inspiration, som de första namnen antyder, gäller också de mera inhemskt klingande Svea, Vasa och Victoria. Minerva var Gustafsbergs första riktiga praktservis i utförandet med färger och lyster på trycket. Den förekom också i en enklare variant. Svea med sin alagreckbård och sina kvinnoprofiler ligger den ganska nära. Den rent ornamentala Athen kunde fås med tryckt och målad dekor i svart, köttfärg och guld. Jonia har ett tandsnitt av samma typ som Wedgwood knappt ett sekel tidigare tagit upp, men Gustafsberg nöjde sig inte med det utan

Ett exempel på en enkel randdekor: *Eidsvold* från Rörstrand. D 24,5 cm. Rörstrands museum

Bland medaljongporträtten på Rörstrands *Vasa* känner man tydligt igen den gamle landsfadern Gustav Vasa. D 24,5 cm. Rörstrands museum

Gripar i röda medaljonger mot blå fond tillhörde tidens lyxserviser. D 24 cm. Rörstrands museum

Rörstrands *Etruskiska vaser* var en omtyckt och vacker servisdekor som gjordes i olika varianter. Terrinen H 16,5 cm. Nationalmuseum

lade till en liten spets. Tarent och Thebe liknar varandra, Vasa påminner om Minerva och Svea med sina medaljongporträtt, men som namnet anger har kvinnorna fått lämna plats för vasakungar.

Både alagreckbård och rent klassiska gestalter mot djupblå fond på tvättservis och potta fick den som hade råd att köpa Gustafsbergs pjäser i *Etruskisk stil* för 7 kronor och 50 öre per styck. Rörstrand hade en hel servis *Etruskiska vaser* där just antika vaser avbildades. Dessa presenterades 1864 respektive 1866.

Stram och klassicerande var 70-talets lyxservis från Rörstrand med *Gripar i röda medaljonger mot blå fond. Fogelmönstret* från Gustafsberg kom 1868 och gjordes i flera varianter. Med fåglar i medaljonger liknar det Grip-dekoren från Rörstrand och fanns i lyxutförande med färger och guld.

Vinklade grepar på praktvaserna och klassicerande medaljongmotiv visar ett intresse för "antiken". Rörstrand kallar också en kaffeservis från 1868 med arabesker för *Neo-greque*.

Vasen med den klassiska kvinnogestalten tillhör Gustafsbergs tidiga benporslinsproduktion, dvs 1860-talet. Fonden är lysande grön, guld accentuerar den strama medaljongen i brunt och gråsvart. H 28 cm. Gustavsbergs museum

Med en ny dekor får samma vas en annan karaktär. (Jfr färgbild s 171.) Gustaf Löfbergs samling

Kina och Japan

Redan 1826 presenterade ju Rörstrand Willow, ett mönster av ostindisk typ tryckt i blått. Gustafsberg tog inte upp denna klassiker förrän 1880. I England graverades och trycktes mönstret för första gången omkring 1780 av Thomas Minton för Caughley. Det har gjorts i otaliga varianter och är inspirerat av det blådekorerade kinesiska porslin som i stora kvantiteter importerades till Europa under hela 1700-talet. Strikt sett hör mönstret inte till industrialismens 1800-tal när det först presenterades av Rörstrand, men det

I imarifärgerna rött, blått och guld målades Gustafsbergs *Ostindiskt mönster*. H 27 cm. Nationalmuseum

Tallrikens och assiettens dekor är *Fasan*, tryckt i gredelint respektive brunt. Kannans modell med sina reliefer användes även till *Blå blom*, här är dekoren *Ceylon*, från 1870-talet. Gustafsberg. Kannans höjd är 21,5 cm. Gustavsbergs museum

Helmer Osslunds dekor på denna 46 cm höga vas från 1890-talet är målad i flera toner blått. Gustafsberg. Gustavsbergs museum

producerades där ända fram till 1888 och ännu längre på Gustafsberg och måste alltså ha passat in i vår motsvarighet till den viktorianska eran. Tittar man litet närmare på 1800-talets dekortyper skall man finna att Kina- och Japan-inspirerade mönster var ganska vanliga. De kan närmast ordnas in i kategorin exotism, men de ostindiska dekorerna hade även ett värde som gammal "stil". Vad det japanska beträffar finns också ett sammanhang med jugendepokens strävanden till en ny och fräsch framtoning.

Den dekor från Rörstrand som oftast brukar kallas *Flytande*

Terrin ur en servis från Rörstrand med dekoren *Japan*, polykrom. H 30 cm. Rörstrands museum

Yokohama, en "modern" dekor från Gustafsberg i grönt och guld. D 24,5 cm. Gustavsbergs museum

Två ganska enkla dekorer med ostasiatisk inspiration från Rörstrand: *Bambu* och *Kines*. D 25 cm. Rörstrands museum

blått och som tillverkades från och med 1858 är ett kinesiserande pagodmönster omgivet av en blomsterbård. Rörstrands praktservis *Japan*, som första gången kom 1866, har i sin uppläggning inget att göra med det "nya" japanska. Det är en ostindisk brämdekor med pagodtempel och blommor som mittmotiv, allt tryckt och färglagt för hand. Gustafsbergs motsvarighet, *Celestial*, vilket hänsyftar på det himmelska Kina, kom två år tidigare och följdes 1868 av *Chila*. Gustafsbergs *Palm* från 1872, tryckt i en färg, hör till samma ostindiska familj. *Ostindiskt mönster* kallade Gustafsberg en dekor som finns på servisgods och även på enstaka delar målad i imarifärgerna rött, blått och guld. Den uppenbarade sig först 1869. Båda fabrikerna kom 1880 med *Fasan*, en enklare nästan heltäckande dekor tryckt i en färg. Asiatic Pheasants (asiatiska fasaner) var ursprungligen en engelsk klassiker. Rörstrand ökade under 1880-talet ytterligare ut sin "ostindiska" repertoar med famille rose-pastischen *Formosa*, 1884, och *Singapore*, 1887, som också helt går i den traditionella 1700-talsandan.

Japan öppnades i slutet av 1850-talet för västvärlden. Träsnitt, keramik och andra konsthantverksföremål utställdes i och importerades till Europa. Konstnärer som Degas, Monet och andra impressionister tog starka intryck. Träsnittens komposition med djärva förkortningar, acentriskt placerat huvudmotiv, subtila linjer och dekorativa kvaliteter inspirerade dem. På de stora världsutställningarna lanserades först original och snart också japaneserier. 1878 års utställning i Paris har blivit berömd som "japansk", men redan 1867 hade detta nya exotiska slagit igenom. Lägg härtill ett nyuppblossande men aldrig avsomnat Kinaintresse. I slutet av 1880-talet började Gustafsberg göra impressionistiska japaniserande dekorer. Tallrikar till serviserna *Yokohama*, 1887, och *Peking*, 1890, är båda gjorda på tiokantiga grundformer. Dekorerna är litet spretiga, graciösa och helt "moderna". Mönstret på Rörstrands

Tre praktvaser från Rörstrand där den ostindiska inspirationen är tydlig. Vasen längst till höger från 1870 är dessutom av Mariebergsmodell. Gustaf Löfbergs samling

åttkantiga tallrik *Hoang-Ho* 1892 är mera symmetriskt. *Bambu* från 1890 har bambubitar i blått på brämet och *Kines*, 1897, en heltäckande dekor i blått.

Helmer Osslund arbetade 1889–1894 på Gustafsberg och influerades av dessa nya tongångar till *Chrysantemum*, 1894, ett servismönster med blomsterarrangemang med avskurna, lätt böljande färgfält och en halvmeterhög vas målad i blått, till synes direkt efter ett träsnitt med Fujiyama.

Kina- och Japan-intresset avspeglar sig alltså också i enstyckspjäserna. Osslunds vas är "modern", men mera historiska saker var vanligare. Rörstrand gjorde en urna med lock, till formen och den plastiska dekoren, en lockknopp i form av en fågel, en ren Mariebergskopia. Dekoren är däremot helt kinesisk – några figurscener i färg. Man tillverkade även stora vaser med blommor och djur klart inspirerade från Kina.

1897 års priskurant från Gustafsberg erbjöd också traditionell *Chinesisk målning* på en kolossalvas. Det stämmer helt. Seklet slutar, som vi skall se flera gånger, i en massivt konventionell stil, där det nya bara utgör lätta inslag.

Kopior och pastischer samt andra praktföremål

1800-talets förhållande till gamla tiders stilar kan ibland kännas nästan besvärande. Man lånar detaljer eller försöker återskapa en önskvärd anda eller gör helt frankt en kopia. När kopian är en förfalskning blir den bara obehaglig. Den vill krypa in under skinnet och låtsas. Det som gör ett föremål till en förfalskning är att det ger sig ut för att vara från en annan tid eller av en annan hand än det egentligen är. Sedan kan förfalskningen vara aldrig så

Praktvas målad i färger och guld efter en komposition av J F Höckert. Gustafsberg 1866. H 112 cm. Gustavsbergs museum

Den skicklige porslinsmålaren Franz Meder har till 1897 års utställning kopierat Bouchers Venus triumf på en meterhög vas. Gustafsberg. Gustavsbergs museum

Tedosa av Mariebergsmodell, men med "modernt" blomstermåleri. H 11,7 cm. Gustafsberg. Hallwylska museet

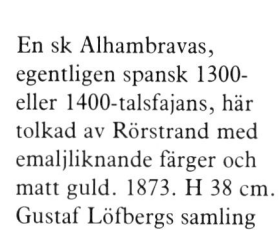

En sk Alhambravas, egentligen spansk 1300- eller 1400-talsfajans, här tolkad av Rörstrand med emaljliknande färger och matt guld. 1873. H 38 cm. Gustaf Löfbergs samling

Kanna av benporslin efterbildande s k Saint Porchaire-vara. Signerad Gustafsberg 28 Oct 1864. H 30 cm. Nationalmuseum

Två ölkannor från Rörstrand med polykrom riddarromantisk dekor i tysk stil. H 35 cm. Gustaf Löfbergs samling

Italiensk apotekskruka, albarello, av 1500-talsmodell, tillverkad vid Gustafsberg. H 29 cm. Nationalmuseum

Oscar II och hans drottning Sofia återgavs ofta på det sena 1800-talets praktpjäser. 1897 målade Franz Meder vid Gustafsberg sin konung på en 68 cm hög vas med lock. Gustavsbergs museum. Sofia är framställd på en vas från Rörstrand. Gustaf Löfbergs samling

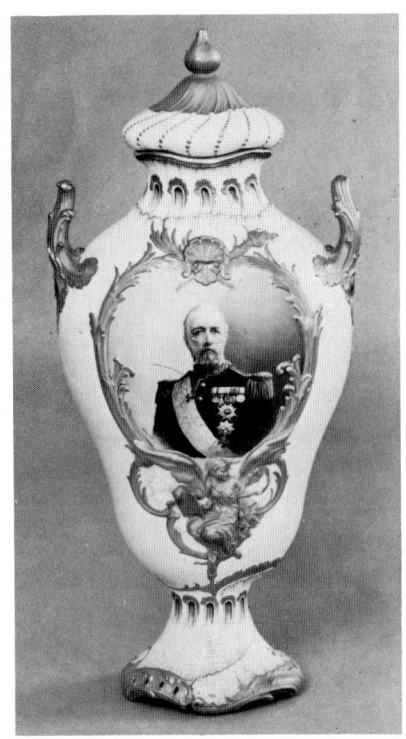

skickligt gjord – stämma i form, färg och teckning, men den saknar "det", dvs tidsdimensionen eller det personliga handlaget. Den är historielös och förmedlar inget budskap från en gången tid.

Det som räddar 1800-talskopian är att den inte låtsas. Den har ingen försåtlig krakelyr eller några nötningsmärken och behöver inte ens vara gjord i rätt keramisk massa. För i 1800-talsandan finns en stolthet i att kunna, göra något litet hållbarare, litet blankare eller litet mera precist tecknat. Ibland är skillnaderna mycket subtila. Man måste ge sig tid att se och kanske också begrunda märkningarna i botten som ofta finns och klart deklarerar att det inte är fråga om förfalskningar. Rörstrand kopierade sig själv och Marieberg, men också Sèvres och gammalt tyskt stengods, för att ta ett par exempel. Gustafsberg gjorde Mariebergskopior, imiterade Urbinofajanser och Saint Porchaire-vara från 1500-talet.

Den s k tunnbindarbaljan var ju en 1700-talsmodell Rörstrand tog upp under 1800-talets senare hälft, liksom flera former i 1867 års servis (jfr s 161). Också det mera anspråkslösa klöverbladsmönstret i blått användes, men på flintgods. En magnifik vas med lock från Sèvres med fond i "bleu du roi", rik gulddekor och två "tavlor" efter Greuze efterliknades mycket noggrant. Skillnaden ligger i att Greuzes bilder ersattes av två målningar av Amalia

Lindegren och det djupblå blev mörkbrunt. Resultatet är sant 1800-talsmässigt.

En tedosa, till synes från Marieberg, men tillverkad av bästa benporslin, lika vackert bemålad men starkare och bättre. Är inte det ett framsteg? I 1897 års priskurant från Gustafsberg finner man också gelékoppar av omisskännlig Mariebergsmodell, något som Rörstrand kunde bjuda i rikare mängd.

Ibland kan man lura sig själv inför en 1800-talskopia. En kanna från Gustafsberg av benporslin med fritt modellerad och målad dekor i flera färger och grepe i form av en egendomlig kvinnogestalt, som slutar i två ormkroppar med huvuden, tycks vara en fantasifull 1800-talsvariant på ett historiskt tema. Ända tills man ser en kanna i Louvren från Saint-Porchaire daterad till 1500-talets mitt, som stämmer detalj för detalj med Gustafsbergs kanna.

Till de fria omtolkningarna hör t ex en kaffeservis i "Renaissancestil" från Gustafsberg, baserad på s k juvel-Sèvres, med ädelstensliknande emaljfärgsdroppar och Rörstrands tolkningar av emaljer från Limoges. På en rad praktvaser från både Rörstrand och Gustafsberg, har rokokon satt tydliga spår. Det samma gäller några jardinjärer från båda fabrikerna.

Att avbilda kända 1700-talsmålningar hörde också till det man företog sig. Gustafsbergs jättevas med Venus triumf efter Boucher är i alla händelser mycket skickligt gjord.

Boucher var en populär förebild, det vittnar den vänstra vasen om. Den högra vasen pryds av Julius Kronbergs Jaktnymf, virtuost återgiven.
H 68 cm. Vaserna är tillverkade 1893, respektive 1896 på Gustafsberg. Gustavsbergs museum

Urna eller vas med lock efter Sèvresförebild. Amalia Lindegrens Söndagsafton i en dalstuga 1860 pryder framsidan. Rörstrand 1878. H 43 cm. Nationalmuseum

Fornnordiskt

I 1800-talets upplivande av äldre tiders stilar kan man också skönja ett nationalistiskt drag. 1500-talsmajolikan och de venetianska glasen kom i nya upplagor i Italien, fransmännen hade sitt gamla Sèvresporslin och 1700-talsfajanserna, tyskarna återupptog helst den tyska renässansens olika former. Vad hade vi i Sverige att

Magnus Isaeus ritade mönstret till denna kanna i *Nordisk stil*, som började tillverkas 1872. H 31,5 cm. Gustafsberg. Gustavsbergs museum

Rörstrands kanske praktfullaste bidrag till genren fornnordiska drakslingedekorer, en bål med fat efter E H Tryggelins ritningar. 1890-talet. Fatets längd 60 cm. Rörstrands museum, Lidköping

Skål på fot och såsspilkum ur en servis med mönster i *Nordisk stil* ritat av D J Carlsson 1877. H (skålen) 23,5 cm. Gustafsberg tillverkade servisen vars dekor är gjord i blågrönt och rött mot beige botten. Nationalmuseum

August Malmström ritade den 62 cm höga praktvasen som fanns i produktion hos Gustafsberg från 1872 till 1901. Materialet är ironstone china och dekoren är målad i grått och brunt mot gul fond. Gustavsbergs museum

sätta upp mot detta? Något som var riktigt svenskt. Jo, vikingatiden, och så föddes den fornnordiska stilen. Den var ett svenskt alternativ, ett försök att förena en ny stil med kravet på nationell medvetenhet. Drakslingor hämtade från runstenarna broderades, snidades i trä och bredde ut sig på olika keramiska produkter från 1870-talet och fram mot sekelskiftet.

I 1870 års priskurant från Gustafsberg finns en dessertservis i *Fornnordisk stil* och redan under 1860-talets slut ritade måleriprofessorn August Malmström ett servismönster med drakslingor och medaljonger. Men det var inte förrän 1872, året efter det att fabriken fått nedgörande kritik för osjälvständighet på en världsutställning i London, som den *Nordiska stilen* lanserades ordentligt. August Malmström ritade också drakslingorna till den nya servisen. Arkitekten Magnus Isaeus gjorde alternativa fornnordiska motiv och 1877 presenterades ännu en nordisk servisdekor ritad av D J Carlsson. Många majolikaföremål hade ett drakslingemönster i relief. När Höganäs på 1890-talet tillverkade majolika tog man även upp drakslingemönster. Också bland praktpjäserna är genren representerad. En drygt sextio centimeter hög vas med lock av Malmström, tillverkad vid Gustafsberg, återfinns bland Svenska Slöjdföreningens mönsterblad.

Till kategorin praktpjäser och enstaka dekorer hör Rörstrands alster i genren. Några kaffekoppar försågs med ett slags fornnordisk lyxdekor. Praktfullast är nog en rund bål med fat från 1890-talet ritad av E H Tryggelin. Den finns i ett fåtal exemplar. Drakar och drakslingor omramar medaljonger med vikingar i guld och brunt; accenter i turkosblått och rött livar den gyllenbruna pampigheten.

Jugend

Jugend (ungdom) eller *l'art nouveau* (den nya konsten), den stil som slog igenom och levde ett kort tag kring sekelskiftet 1900, kan man i Sverige placera mellan 1897 års utställning i Stockholm och Baltiska utställningen i Malmö 1914. Det är en rik och spänningsfylld tid, som både rymmer stark idealism och markanta estetiska uttryck. Man ville bort från det gamla och unkna, mot det nya och friska och hamnade till slut i ett stilbegrepp. Bakom och före jugend fanns en rörelse som hade både en social och en estetisk sida. Den var en bredsida mot 1800-talets konstindustri, både dess förutsättningar och resultaten. Den var *mot* det själlösa mekaniserade arbetet och dess produkter. Den var *för* en meningsfylld tillvaro, där arbetet var en glädje och *för* en miljö med vackra ting som var njutbar att vistas i. Det fanns en tro på det skönas förmåga att göra livet meningsfullt. Ellen Key skrev 1898 "Skönhet för alla", där hon propagerade för detta. "Man arbetar bättre, mår bättre, blir vänligare och gladare, ifall man i sitt hem möter vackra former och färger på de ting med vilka man omgiver sig."

Men 1898 kunde man inte gå in i en svensk bosättningsaffär och skaffa sig de enkla och vackra ting Ellen Key propagerade för.

Delar ur servis av Alf Wallander med underglasyrdekor. Kannans höjd är 26,5 cm. Rörstrand 1897. Nationalmuseum

Vägen dit var ännu lång. Några pionjärer som Erik Gustaf Folcker, sedermera sekreterare i Svenska Slöjdföreningen, hade kommit i kontakt med förspelet i England. William Morris och The Arts and Crafts movement blev också genom tidskriften The Studio kända i Sverige. Själva jugendstilen blomstrade upp på 1890-talet och fick sitt namn av den tyska tidskriften Jugend. Samuel Bings affär L'art nouveau, som öppnades i Paris 1895, gav stilen det namn som också används i England.

Gotik, rokoko och jugend är de enda självständiga antiklassiska stilarna i den västeuropeiska konsten. Det betyder inte att jugend står fri från influenser och lånade stildrag. Både rokokon och den japanska konsten var betydelsefulla inspirationskällor. Jugend har inte heller ett enhetligt formspråk. Ett gemensamt tema är växandet. Mjuka, slingrande kurvor är ett karakteristiskt drag, som i sin mest utpräglade form får ett trånsjukt och manierat uttryck. Efter sekelskiftet kommer också en "kontra-jugend", särskilt i Wien och Skottland men också i Finland och Sverige. Här är inte växandet det bärande elementet utan geometrin. Det var ett annat sätt att vara ny.

Jugend får i Sverige delvis en nationell utformning. De nationalromantiska strömningarna i bildkonsten överförs också till konst-

Gullviva och *Liljekonvalje*, två dekorer Gunnar Wennerberg ritade för Gustafsberg till 1897 års utställning. D 22 cm. Nationalmuseum

hantverket. Det är mycket naturligt, då en av periodens viktiga budskap var att bildkonstnärerna skulle stiga ner ur sina elfenbenstorn. De skulle inte bara ägna sig åt den "stora" konsten utan ta sig an hela den mänskliga miljön. Belgaren van de Velde är ett bra exempel. Han ritade sitt eget hus, men också möblerna, prydnadsföremålen och hustruns kläder. Så kunde han skapa ett allkonstverk. Carl Larssons inredningar på Sundborn passar in i detta mönster, även om han inte själv skapade konsthantverk.

I Sverige var det två målare, Alf Wallander och Gunnar Wennerberg, som i särskilt hög grad ägnade sig åt konsthantverk i olika former. De ritade textila mönster, glas och keramik och brukar räknas som de första konstnärer som engagerades inom industrin. 1895 anställdes Wallander vid Rörstrand och Wennerberg vid Gustafsberg. Konstnärer hade tidigare gjort sporadiska insatser. J F Höckert, August Malmström, Magnus Isaeus och Helmer Osslund hade hjälp till vid Gustafsberg och arkitekten E H Tryggelin hade gjort en insats vid Rörstrand, men ändå betydde de båda W:na en början till något nytt. De var pionjärer för den verksamhet med konstnärliga medarbetare som vi i dag vill se som något karakteristiskt för den svenska konstindustrin under 1900-talet. Sedan kan man bara beklaga, att deras insatser inte satte djupare spår i fabrikernas produktion.

Redan 1896 hade Wallander i Svenska Slöjdföreningens regi visat en del pjäser. På den stora Konst- och industriutställningen i Stockholm 1897 svarade han för viktiga delar av Rörstrands kollektion. Samtidigt presenterade Gustafsberg Wennerbergs alster och Höganäs Helmer Osslunds moderna experimentella former. För den som hade ögon för det nya fanns alltså en hel del jugend att se. Men om man ser på det totala utbudet var det ändå en försvinnande liten del.

Gustafsberg visade 1897 en kavalkad av sin "historiska" produktion, två stora väggfält med parianfigurer, mycket majolika och praktpjäser. Den förnämsta av alla, den s k Kungavasen i vitt och guld med kungaporträtt i medaljonger, var ritad av Wennerberg, men hade inget med den nya tiden att göra. Rörstrand hade också historiska paradnummer, för deras del från 1700-talet. Enligt egen utsago koncentrerade man sig på "gångbara varor och enklare billigare prydnadsartiklar". Konstslöjden stod i en speciell avdelning. Höganäs hade inte bara sitt av kritiken rosade Osslundgods utan också t ex terrakottapjäser ritade av Ferdinand Ring på 1860-talet.

Närmast som lyx får man karakterisera de två serviser av Alf

Skiss till monumentalvas av Alf Wallander. Privat ägo

Lampfot med nymf och faun. Alf Wallander, Rörstrand 1897. H 38,5 cm. Nationalmuseum

Wallander som 1897 tillhörde Rörstrands stolthet. Den ena var gjord av "pâte dure" (fältspatporslin) och hade växtmotiv i relief, den andra var tillverkad av "pâte tendre" (benporslin) och dekoren bestod av penséer målade i emaljfärger. Mest berömda är kanske hans serviser i underglasyrmåleri och då särskilt den med iris i smältande toner av grålila och grönt. Det var danskarna som började med underglasyrmåleriet, men Rörstrand tog upp tekniken och gjorde den till en specialitet. K Lindström och N C Lundström visade 1897 en rad pjäser med växtmotiv. På utställningens konstavdelning fanns två jättevaser av Wallander med slingrande djur i relief och underglasyrmåleri. Både här och i hans serviser finns en böljande, nästan sensuell formgivning fylld av organisk mystik. Det är kontinental jugend på hög nivå. Wallander gjorde också servisdekorer med enkla blåsippor i lätt stilisering som lanserades under 1900-talets början.

Motstående sida:
Ett exempel på Gunnar Wennerbergs prydnadsgods till 1897 års utställning. Vasen är 16 cm hög och bemålad med luktärter i grönt och vitt mot gul botten. Gustafsberg. Nationalmuseum

Koppar med fat av benporslin med målad dekor i guld och färger efter Gunnar Wennerbergs skisser. Gustafsberg 1897. H (stora kopparna) 6,5 cm. Gustavsbergs museum

Gunnar Wennerberg i sin ateljé på Gustafsberg.

Färgbilden på motstående sida:
Vas och burk med lock av jasperware ritade av Gunnar Wennerberg 1897. Gustafsberg. H (vas) 14,5 cm. Nationalmuseum

Det mera troskyldigt svenska blev annars Gunnar Wennerbergs särmärke. Hans första dekorer för Gustafsberg är ganska traditionella blombårder på fabrikens standardmodeller, men snart blir de förenklade och lätt stiliserade – de blir riktiga mönster. Allra finast är kanske "Liljekonvalje", där blomklockorna ligger som skimrande reliefdroppar, varmvita mot det vita benporslinet och bladen slingrar rytmiskt. *Snödroppe, Blåsippa, Lindlöf* och *Gullviva*, alla gjordes de som lyxdekorer på benporslin i ett fåtal exemplar 1897. Också prydnadsgodset försåg Wennerberg ofta med enkla blommor, målade eller i relief. Wedgwoods jasperware återupplivades vid både Gustafsberg och Rörstrand. Särskilt intressanta är Wennerbergs jugendvarianter med t ex ax och trollsländor.

Helmer Osslund hade, före den korta period 1897 då han arbetade vid Höganäs, under några år utomlands mött mycket av tidens

191

moderna strömningar. Hans keramik är ibland ansträngt vriden, vilt skulptural. Han tycks ha attackerat materialet och prövat dess möjligheter. Den simmiga majolikaglasyren passade honom väl. En strimmighet i glasyren motsvaras av en strimmighet eller en kamning i själva godset. J F Willumsen, Paul Gauguin och Puvis de Chavannes har nämnts i samband med Osslunds keramik, från dem kan han ha fått impulser, men hans keramik är mycket egen och personlig.

Med jugendepoken är vi på väg in i ett nytt århundrade. Jugend är också i sig ett övergångsfenomen, en brytning med det gamla, som leder över i en ny tid, där för Sveriges del den "vackrare vardagsvaran" blir ett svar på vad man innerst inne ville uppnå.

Vas av Helmer Osslund med glasyr i rött, blått och gult. Höganäs 1897. H 24,5 cm. Nationalmuseum

Fabrikshistoria och märkning

Rörstrand

Kommerskollegium skall på våren 1725 med intresse ha tagit del av en skrivelse från den Johan Wolff som 1722 anlagt fajansfabriken Store Kongensgade i Köpenhamn, om villkoren för att han skulle bege sig till Stockholm och anlägga en "porslinsfabrik". Skrivelsen finns inte bevarad, men ett svar från Kommerskollegium, där Wolff får löfte om respengar och hjälp till upprättande av fabriken. Dessutom lovade man att ge pengar till ett parti kobolt som han sade sig ha köpt och betalt. Senare har man misstänkt att Wolff helt enkelt stulit det från fabriken i Store Kongensgade, där han på kort tid lyckats göra sig så omöjlig att han måste flytta.

Den 6 september 1725 kom Wolff till Stockholm. Trots höga vedpriser och andra omkostnader ville han anlägga fabriken där för att avsättningsmöjligheterna var störst i huvudstaden och det färdiga godset då inte behövde transporteras så långt.

Redan 1698 hade egendomen Rörstrand genom kungligt brev upplåtits till "at anlägga och inrätta tienliga manufacturer". Första tanken var ett rasp- och spinnhus, men denna anstalt för vanartiga och brottsliga individer blev inte inrättad. Egendomen arrenderades i stället ut och skall också ha tjänat för att inhysa ryska fångar. Här ville man anlägga den nya fabriken och 13 juni 1726 underskrevs ett "Associations-Contract emillan samtelige Interessenterne uti det swenska Porcellains wärket som kommer å Stora Rörstrand efter det delftiska at inrättas". (Lilla Rörstrand, den nedanför Sabbatsberg belägna delen, skildes 1727 från Stora Rörstrand.) Från 1731 fick intressenterna mot ett belopp av 350 daler kopparmynt årligen arrendera Rörstrand. 1824 inlöste B R Geijers arvingar, som då ägde Rörstrandsfabriken, egendomen från staten.

År 1727 stod en stor och en liten ugn färdiga och i augusti bevistade kungen i egen hög person en provbränning och så anhöll man om privilegier. Kommerskollegium yttrade sig över ansökan i januari 1728 och tillstyrkte 20 i stället för 30 års privilegietid som begärts.

Den 4 februari 1729 undertecknade Fredrik I ett "privilegium". Strax innan man fick privilegiet hade Wolff avskedats från fabriken, därför att, som Rörstrands förste biograf Stråle säger, "Wolf hvarken varit vuxen det åtagna värfvet eller ens fullt redbar". Efter honom anställdes en annan tysk, Christoffer Conrad Hunger, som arbetat både vid Meissen och i Wien. I mantalslängden för Stockholms stad 1731 finns Hunger "med dess käresta" upptagen. Han måste alltså ha kommit senast 1730, förmodligen redan 1729. I november 1733 beskrivs han av intressenterna som habil och "en af de bäste mästare i Europa", men före årets slut måste även han lämna fabriken.

År 1734 blev Anders Nicolaus Ferdinand, som kommit till Stockholm tillsammans med Wolff, föreståndare. Han kvarstannade till slutet av 1739. Johan Georg Taglieb efterträdde honom, men dog redan 1740. Anders Fahlström fick då ansvaret för hela produktionen, trots att han bara var gesäll. Allt detta hade inte bara varit tids- utan också kostnadskrävande.

Rörstrand fick vid upprepade tillfällen pengar från Landshjälpsdeputationen. Flera betydande män var engagerade i Rörstrand, bl a överintendenten Carl Gustaf Tessin, vilket kan ha haft sin betydelse. Efter det att ett begärt inventarium från 1733 inkommit, var Landshjälpsdeputationen emellertid inte villig att ge mera pengar och i november 1734 skrev Rörstrand direkt till Sekreta

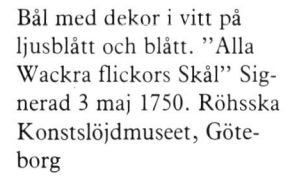

Bål med dekor i vitt på ljusblått och blått. "Alla Wackra flickors Skål" Signerad 3 maj 1750. Röhsska Konstslöjdmuseet, Göteborg

Urna med lock. 1765. H 35 cm. Nationalmuseum

utskottet. Dels sade man sig kunna "fournera landet med tillräcklig och tillika så skön Porcellaine af Majolica, som den någonsin utomlands tillverkas kan" samt att trots att boden vid Riddarhustorget var sorterad, man inte hade fått någon riktig fart på avsättningen, då nyligen "det ostindiska porcellaine" inkommit. Även denna gång fick man pengar liksom vid ytterligare några tillfällen. Allt detta avbetalades genom att det avskrevs eller kvitterades mot 15% av värdet på den årliga produktionen, s k tillverkningspremier, och genom exportationspremier. Exporten var vid den här tiden mycket blygsam, och premierna därefter. Den sista skulden betalades 1762 av Manufakturkontoret till banken.

Med Anders Fahlström började en för Rörstrand betydelsefull tid, han skulle komma att vara den ledande kraften i tjugo år, vilket betydde ett visst lugn. 1744 var arbetarstyrkan omkring 30 man och produktionen hade ett värde av 13 000 daler silvermynt. 1752 var man uppe i omkring 80 arbetare och 39 000 daler.

Bland 30- och 40-talets skickliga målare kan man först nämna Johan Hedberg, verksam under praktiskt taget hela denna tid, Joakim Silfverskoug, förmodligen dansk som signerat 1741–70, Johan Casper Sauer, påvisbar från 1741 och död 1766, Jonas Tåman, också påvisbar 1741 och död 1769. Anders Fahlström var själv målare och hans bror Erik likaså. Johan Granberg och Daniel Hillberg kom under 1740-talet.

Trots skickliga arbetare och goda produkter bar sig inte fabriken och 1753 bildades med hjälp av ett fåtal av de gamla och nytillkomna delägare ett nytt bolag med 60 lotter. I "reglorna" för detta Rörstrands Porcelaine Werks Bolag stod: "Som inseendet öfwer Werkets drift, Betjente och Arbetare, bäst skötes genom vissa Directeurer, så böra thertil wäljas fyra af Bolagsmännerne, som om Werket äga bästa kundskapen."

Den för Rörstrand mest betydelsefulla nya bolagsmannen blev Elias Magnus Ingman, född 1704 i Finland och 1758 adlad Nordenstolpe. I april 1753 flyttade han ut till Rörstrand för att ha uppsikt över förvaltning och tillverkning. Det år han kom dit producerades för 53 000 daler silvermynt med drygt 100 arbetare. 1759 var man uppe i 80 000 daler silvermynt men inte stort flera arbetare.

Sedan Rörstrand 1758 börjat med överglasyrfärger hör Erik Wahlberg och Carl Eric Löfström till de mera namnkunniga målarna.

Anders Fahlström dog 1760. Han efterträddes 1761 av den nye mästare som skulle stanna längre än någon hittills, Jakob Örn. Under dennes tid ökade produktionen först för att 1765 nå upp till 95 000 daler silvermynts värde med 122 arbetares insats. 1765–66 blev på en gång början till bistrare tider, då mössorna satte in sin restriktiva politik. 1768 sjönk tillverkningen till 54 000 daler silvermynts värde och arbetarstammen minskades.

År 1773 dog Nordenstolpe, men affärerna måste ha gått relativt bra för efter hans frånfälle var fabriken helt i familjens ägo. Sedermera ryttmästaren vid adelsfanan Magnus Nordenstolpe, som 1775 blev ledare och 1778 kallas disponent, var den som 1782 köpte in Marieberg, året före sin död. 1781 fanns dock bara 46 arbetare. Fajansen förde en tynande tillvaro, 1770-talets daterade pjäser blir färre. Flintgodset var huvudproduktionen. Efter 35 år som verkmästare drog sig Örn 1796 tillbaka av åldersskäl. Han efterträddes av Philip Anders Schirmer, som varit produktionsledare på Marieberg några år under 1780-talet och nu åter dök upp.

Syskonen Nordenstolpe, som övertagit fabriken efter sin bror

Fat med målad dekor i blått och mangan föreställande Neptunus och två tritoner. 1760-talet. D 32 cm. Rörstrands museum

Magnus, sålde 1797 denna till överdirektören vid Kontrollverket Bengt Reinhold Geijer. Han gjorde en kraftfull insats för att modernisera Rörstrand och få fram en konkurrenskraftig flintgodsproduktion. Nya verkstäder och ugnar byggdes och nya beredningsmetoder för massan infördes. Den tyske formar- och drejargesällen Christian August Ehms blev 1802 verkmästare och Schirmer försvann. Samma år byggdes ett laboratorium. 1807 skaffade Geijer en ångmaskin från England. Men fortfarande var tyska krafter ledande vid fabriken, också efter Geijers död 1815 och Ehms död 1818, då Ehms efterträddes av Hans Henrik Kristian Ruther.

Den ledande bland B R Geijers Arfvingar var hans måg assessor Per Lagerhjelm. Efter en studieresa till England började han lägga om fabriken efter engelskt mönster under 1820-talets senare del. Engelska leror, färger och koppartrycksplåtar importerades. Arbetare rekryterades där och efterträdare till Ruther blev engelsmannen Ralph Holmes. 1836 ersattes Holmes dock av svensken

Sven Adolf Bergström, som stannade kvar till 1855 med ett kort avbrott 1845–46, då Gregory Holden, närmast från Gustafsberg, tjänstgjorde.

1833 blev Lagerhjelm ensam ägare, från 1834 tillsammans med sin svåger Nils Wilhelm Stråle af Ekna som 1847 övertog hela Rörstrand. Han dog 1853 och hans son Gustaf Holdo Stråle blev 1858 tillsammans med Robert Almström och häradshövding N C Claëson ägare av företaget.

1867 blev Rörstrand åter bolag. Den här gången var det Rörstrands Aktiebolag som bildades. Gustaf Holdo Stråle var från 1853 administrativ disponent, och Robert Almström, som 1855 efterträtt Bergström, blev 1863 teknisk disponent. Almström var kvar vid Rörstrand till 1909, från 1893 både som teknisk och administrativ ledare. Stråle dog 1896.

Flera moderniseringar och förbättringar genomfördes under årens lopp. 1863 hade man en 45 hästkrafters ångmaskin, 1874 två och 1889 hela åtta stycken. Arbetslokaler och bostäder byggdes om och andra nybyggdes. Rörstrand var under 1800-talets senare hälft en stor industri. Arbetet varierade starkt från grovt och tungt jobb i massaberedning och bränning till konstnärligt och precisionsmässigt krävande dekorarbeten.

Produktion

Från den första provbränningen 1727 till 1760 var Rörstrand den enda fajansproducenten i Sverige. Först dominerade det med starkeldsblått dekorerade godset med inspiration ofta från Kina men också från holländsk, tysk och dansk barockfajans, om man undantar allt det mera anonyma odekorerade vita godset som tillverkades i stora mängder. På 1750-talet kommer en mjukare och rörligare formgivning – rokokon gjorde sin entré. Vita spetsmönster mot en svagt blåtonad glasyr som underlag för dekorer i blått blev en specialitet.

1758 började Rörstrand använda emaljfärger, under några år i ett ganska petigt "porslinsmåleri". Men fabrikens dominerande insats på det flerfärgsmålade godsets område blir starkeldsfärger, brända i låg temperatur. Ett vackert blomstermåleri i denna begränsade färgskala är lätt igenkännbart. På 1770-talet börjar Rörstrand tillverka flintgods, som snart undantränger fajansen. Nyklassicismens formspråk ersätter rokokons och produktionen blir ganska färgfattig. Enkla bårder lånade från England och Wedgwood livar ibland strängheten. På 1820-talet gjorde metoden att dekorera med överföringstryck på allvar sin entré och enfärgade tryck, först bara i blått, dominerar fram mot 1800-talets mitt.

Den industrialiserade produktionens främsta kännemärke blir en oerhörd rikedom av former och mönster som mot sekelskiftet blandades upp med försök till en förnyelse – jugend, en utveckling parallell med Gustafsbergs.

Märkning

Rörstrands första produkter är betecknade Stockholm, målat i blått, och ofta försedda med en målarsignatur. Ett par enstaka årtalsbeteckningar förekommer på 1730-talet, men först på 1740-talet blir datering med datum och år vanligt. Stockholm förkortas nu ofta till Stock eller St. Härtill kommer på många föremål en prisuppgift för den enstaka pjäsen eller dussinet angiven i daler kopparmynt. Från 1758 började Rörstrand signera med sitt namn, Stockholm var inte längre tillräckligt sedan Marieberg grundats. Kring 1760 är ofta både ort och namn utsatta. Förkortningarna Rörst och Rst används mycket.

Flintgodset försågs under 1770- och 80-talen med en inristad signatur Rörst eller Rst, ibland med tillägget Örn. Från 1780-talets slut kommer ett inpressat R, ett mindre likaledes inpressat RS och från 1790-talet ett med versaler inpressat Rörstrand, på målat gods ofta ackompanjerat av en målad initial. En variant med Rörstrand i gemena bokstäver tycks börja användas omkring 1800. På 1820-talets med tryck dekorerade gods finner man på mindre föremål också ett RÖ i inpressade versaler och ofta något litet tryckt motiv i botten. Förmodligen på 1840-talet tillkommer ett lätt bågformat inpressat versalt Rörstrand. På 1850-talet blir de tryckta motiven tillsammans med fabriksnamnet större och innehåller ibland upplysningar om dekorens namn eller motiv. De nya godskvaliteterna som ironstone china och opak sätts ut i botten. Från och med 1884 tar Rörstrand upp Mariebergs tre kronor och placerar dem två över och en under namnet Rörstrand, i något växlande skrift, men alltid i ett slags skrivstil. Nummer- och bokstavsbeteckningar för massor, modeller och arbetare förekommer också.

Från vänster till höger, uppifrån och ner:
När Rörstrand var den enda fabrik som tillverkade fajanser i Stockholm signerade man enbart med Stockholm, ibland kombinerat med en målarsignatur.

Stockholm kunde förkortas Stock. Fortfarande 1761 kan man finna föremål med enbart denna signering samt datumangivelsen 26 mars och priset 17 riksdaler kopparmynt. Nederst en målarsignatur förmodligen för Daniel Hillberg.

Den ännu mera summariska förkortningen St för Stockholm, datum 12 juni 1762 samt priset 12 daler kopparmynt.

Den 14 augusti 1759 signerar man vid Rörstrand både med Stockholm och Rörst.

Enbart ordet Rörstrand förekommer på praktpjäser under 1760-talet.

Förkortningen Rörst för Rörstrand här med datumangivelsen 6 april 1779.

Enbart Rst betyder också Rörstrand.

Flintgodset märktes på 1770- och 80-talet med en inristad signatur som här Rörst Örn eller bara Rst.

På slutet av 1780-talet kommer ett versalt inpressat R eller RS

Från 1790-talet kommer den med versaler inpressade signaturen.

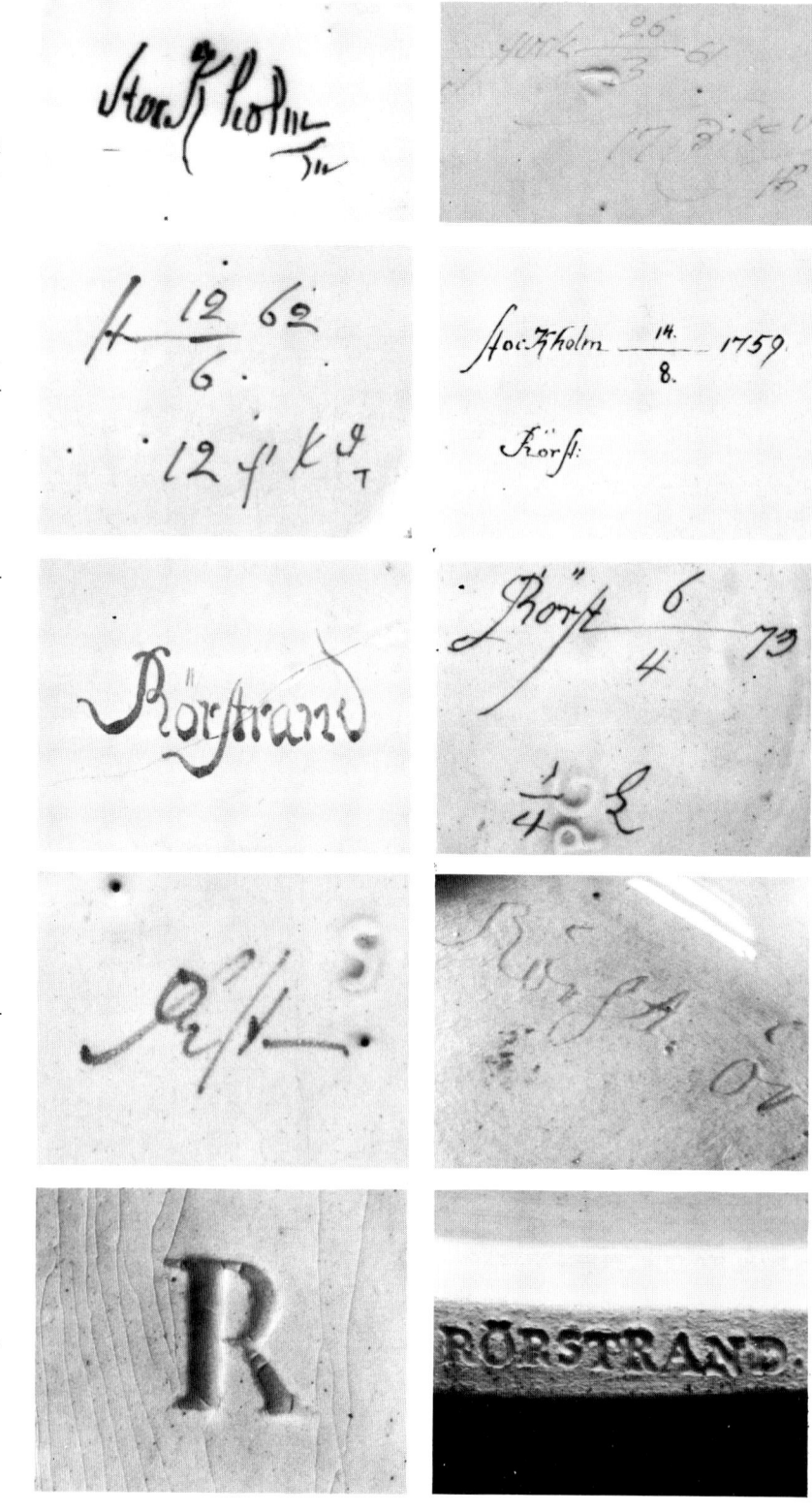

200

Från omkring 1800 finns också en inpressad signatur med gemena bokstäver.

På 1820-talet kommer ett inpressat RÖ ofta kombinerat med ett litet tryckt märke som också förekommer ensamt.

Den inpressade signaturen med versaler förblir huvudstämpel fram till 1884. Här kombinerad med tryckta stämplar.

Godskvaliteten ironstone china finns här inpressad tillsammans med fabriksnamnet. Därunder en tryckt dekor- och namnstämpel

En mera fantasifullt utformad godskvalitetsstämpel för opak syns till höger. Till vänster dekor- och namnstämpel

Rörstrands nya märkning med namnet i fast skrivstil omgivet av tre kronor finns här både inpressad (nederst) tillsammans med godskvaliteten ivory och tryckt tillsammans med dekorbeteckningen Hoangho.

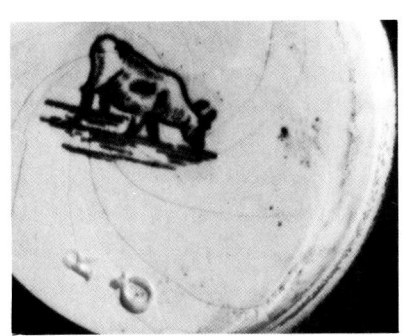

Marieberg

Den 18 juli 1758 föredrogs i Rådet en skrivelse som inkommit till kung Adolf Fredrik från Johan Eberhard Ludwig Ehrenreich. Ehrenreich, som var en mångsysslare – han hade bl a varit hovtandläkare hos Fredrik I och han var lantbruks- och trädgårdsintresserad – ville anlägga "En universel Swensk Porcellains och Stenkärills Fabrique". Rådet var positivt inställt och remitterade ärendet till Kommerskollegium. Efter överläggningar med Manufakturkontoret svarade kollegiet: "Således, Allernådigste konung, ser Collegium ingen annan utwäg till denna fabriques i gång bringande öfrig wara, än att Doctor Ehrenreich hälst igenom några få och förmögna Bolags Män, eller om de icke skulle träffas, genom allmänna Subscriptioner, för lindriga Lotter, söker sammanskaffa en tillräckelig penninge-stock ..." I enlighet härmed avfattades också kungens svar. Den 28 maj 1759 fick "Ehrenreich och dess bolag" privilegier för en "fabrik till förfärdigande af hvarjehanda äkta och oäkta porcellainer och stenkärill". Genom baronen, se-

Skål med lock, marmorerad, med fågel som lockknopp. Omkr. 1765. H 29 cm. Nationalmuseum

dermera greven Carl Fredrik Scheffer hade egendomen Marieberg på Kungsholmen inköpts.

Hösten 1758 och vintern 1759 uppfördes början till en fabrik. Den 14 maj 1759 skall den första bränningen, av porslin, ha ägt rum, men natten till den 1 juni utbröt en stor och förödande brand på fabriksområdet. Ehrenreich tappade emellertid inte modet. Redan den 7 september samma år började han låta bygga ett nytt fabrikshus. I april 1760 gjordes den första bränningen där, nu med fajans.

Till följd av detta lämnade Kungl. Maj:t till Riksens Ständer (riksdagen) ett förslag om att Ehrenreich borde ges "någon anständig belöning". Åter skulle Kommerskollegium och Manufakturkontoret höras innan något kunde ske. Ehrenreich hann komma med ett nytt ödmjukt memorial innan Sekreta Handels- och Manufakturdeputationen, som var vederbörande organ i Riksens Ständer, gjorde sitt utlåtande. Marieberg borde av Manufakturfonden få 15 procents tillverknings- och 25 procents utskeppningspremier för äkta porslin, tio procents tillverknings- och 15 procents

Fat med blomdekor. 1766. D 40 cm. Nationalmuseum

utskeppningspremier för fajans och som ovan nämnts 300 daler silvermynt i läropremier för var och en av 40 lärlingar. Tillverknings- och läropremierna skulle emellertid upphöra efter tio år.

Vad utskeppningspremierna beträffar blev det aldrig några svindlande summor. 1760–64 utskeppades från Marieberg och Rörstrand fajanser till ett värde av 65 204 daler 20 öre silvermynt. Vidare skulle Marieberg få införa "en sats" arbetare från utlandet och få full ersättning för kostnaderna, enligt verifikationer, från Manufakturkontoret. Arbetare fick annars resekostnaderna betalda enligt en särskild, mindre generös, taxa. "Utur kronans parker och allmenningar" skulle man få det virke som behövdes. Ehrenreichs begäran om understöd med en million daler förbigicks med tystnad. Svårigheten för det privatfinansierade Marieberg blev att få tillräckligt rörelsekapital. Produkterna var, trots sin höga kvalitet, inte alltid lätta att avsätta. Dels fanns konkurrenten Rörstrand, som genomgående tycks ha hållit lägre priser, dels och inte minst bådas hårda medtävlare Ostindiska kompaniet.

1764 fick Marieberg tillåtelse att anordna ett lotteri på 6 000 000 daler kopparmynt. Det väntade kapitaltillskottet blev dock ganska magert. För oss har lotteriet sitt största värde genom att vi av underskrifterna lär känna deltagarna i bolaget Marieberg. Riksrådet Scheffer, Anders von Plomgren, som bodde på Hufvudsta vid Stockholm, och bröderna Bergius, varav den ene var professor och båda medlemmar av Vetenskapsakademien (de donerade senare Bergianska trädgården) samt Johan Abraham Grill, en av herrarna i handelshuset Carlos och Claës Grill, var några av de namnkunniga bolagsmännen. Någon ekonomisk vinning fick de knappast av sitt engagemang, men utan tvivel ansågs de göra en patriotisk gärning genom att stödja den för landet gagneliga manufakturen.

1765 var tillverkningen värd 620 581 daler kopparmynt, en ansenlig summa. Mössornas återkomst till makten 1765–66 betydde emellertid även för Marieberg sämre tider.

1766 tog också den Ehrenreichska epoken slut. Den 27 augusti detta år finns vid Marieberg en utgiftspost för omkostnader vid stämning av Ehrenreich. Det var uppenbarligen inget smärtfritt ledarbyte. Dels var bolagsmännen missnöjda med hans sätt att sköta företaget, dels häftade han i skuld. Ehrenreich ersattes av Pierre Berthevin, som 1765 kommit till Sverige.

Den 22 september 1766 bildades ett nytt bolag med 69 lotter. En del av de gamla bolagsmännen stod kvar, som Scheffer och bröderna Bergius, andra var nya, bl a franske ambassadören i Stockholm Louis Auguste Le Tonnelier de Bréteuil. Bland de mest inflytelserika kom kommerserådet Westerman, adlad Liljencrantz och mest känd som Gustaf III:s finansminister, att bli. 1768 flyttade han också ut till Marieberg för att kunna ta itu med fabrikens skötsel. Berthevin kallades därefter direktör eller verkmästare och slutade snart. Redan i januari 1769 lämnade han Sverige. Hans förevändning var att resa till Köpenhamn för att skaffa nya arbetare, men han passade på att avvika.

Efter Berthevin kom Henrik Sten. Han hade börjat sin bana vid Rörstrand och övertog ledarskapet av Marieberg under Westerman-Liljencrantz med titeln verkgesäll för att 1778 avancera till direktör. Det var bekymmersamma tider, men Sten lyckades klara en parallell produktion av såväl fajans som porslin och flintgods. Tre fransmän spelade betydelsefulla roller under Stens tid, modellörerna Fleurot, som kom 1770 och Huret, 1771, samt Dortu, 1777–78.

1779 och 1780 hölls krisbetonade överläggningar om Mariebergs läge. Fabrikens skulder översteg dess tillgångar. Några bolagsmän beslöt att skjuta samman medel för att täcka bristen. 1782 såldes fabriken emellertid till Rörstrands dåvarande ägare ryttmästare Magnus Nordenstolpe. Sten slutade och ersattes av Philip Anders Schirmer. Tillverkningen fortsatte i blygsam skala till 1788, då Mariebergsfabriken slutligen nedlades efter knappt trettio års verksamhet.

Produktion

Produktionen under Ehrenreichs tid karakteriseras av en mycket vacker glasyr och god, färgrik målning, där dock det riktiga röda fattas. En varierad modellflora typisk för rokokon, den stil som råder i Sverige när Marieberg grundas, hör Ehrenreichs tid till. Formerna är livliga och rörliga i konturerna. En naturalism, där kärlen lånar former från växtriket och dekoren blommar utan att slaviskt kopiera naturen, är också signifikativ. Under denna tid tillverkades enbart fajans, om man inte skall räkna den enda omdiskuterade porslinspjäs som eventuellt härstammar från Ehrenreichs första bränning 1759.

Med Berthevin kommer klassicerande drag i modeller och dekorer. Urnan, äggformad eller omvänt päronlik, med eller utan lagergirlander blir en favorit. Kaninvaserna hör också till Berthevins nyheter. Färgerna på fajansen blir dels rikare, genom att man från den här tiden behärskar ett riktigt rött, dels ofta sparsamma, då klassicismen gärna var återhållsam och stram. Målning i flera toner

Uppifrån och ner:
Fajanserna under Ehrenreichs period märktes oftast på detta sätt. Dateringen är här 23 januari 1765.

Den målade märkningen anger att pjäsen är gjord under Ehrenreichs tid medan den inristade signaturen H F troligen betyder att modellören Hierner gjorde den (fecit). (BS 2067 är ett modernt inventarienummer.)

Målaren Johan Waltman har här 26 januari 1767 signerat en pjäs som tidigare, vid glasyrbränningen, fått fabrikens målade signatur.

Under Berthevins tid följs MB oftast av ett B.

Under Stens tid saknas oftast hans initial, men dateringen 23 juni 1774 är tydlig.

Frittporslinet från Berthevins tid har oftast ett inristat MB.

Tre kronor med MB en lilja eller en kärvliknande formation målad är en typ av märkning för Stens porslin.

1780 och 1781 förekommer datering ibland även på porslinet.

av en och samma färg, *camaïeu*, blev vanligt. Också de med tryckta bilder dekorerade fajanserna började tillverkas under Berthevins tid. Det första porslinet, en frittyp, användes till figurer och gelékoppar.

Under Stens tid gjorde flintgodset sin entré. Huvudsakligen i engelskinspirerade former blev särskilt prydnadsgodset en specialitet för Marieberg. Porslinet i egentlig mening hör också till Stens epok. Gelékoppar, te- och kaffekannor och andra mindre servisgodsdelar samt figurer var fabrikens stolthet. En nätt klassicism är betecknande. Fajansen nyskapades inte, men ett måleri av hög klass gjordes fortfarande.

Märkning

Marieberg försåg, enligt en annons 1762, sina produkter med "fabrikens inbrända märke, bestående af tre kronor jemte bokstäfverna M B och E inunder". E för Ehrenreich byttes under Berthevins tid mot B, medan Stens initial tycks ha fallit bort. Pjäserna är i regel daterade och dessutom ibland försedda med en drejar- eller modellörsignatur, allt i starkeldsblått. Pjäser dekorerade med överglasyrfärger har många gånger ytterligare en märkning, nämligen en vanligen daterad målarsignatur gjord i någon av dekorens färger. Ibland är tidsskillnaden bara ett par veckor, ibland längre.

Frittporslinet från Berthevins tid är bara försett med ett inristat sammanskrivet MB. Stens porslin har nästan alltid tre kronor, utarbetade eller i enkel streckvariant, någon gång med ett MB, oftare med en lilja. Årtal förkommer 1780 och 1781. Dessa är målade i blått eller rosa, även guld och svart förekommer. En eller tre prickar i blått finns som enda signering både på porslin och flintgods. Flintgodset har dock vanligen ett inristat MB Sten eller ettdera av dessa.

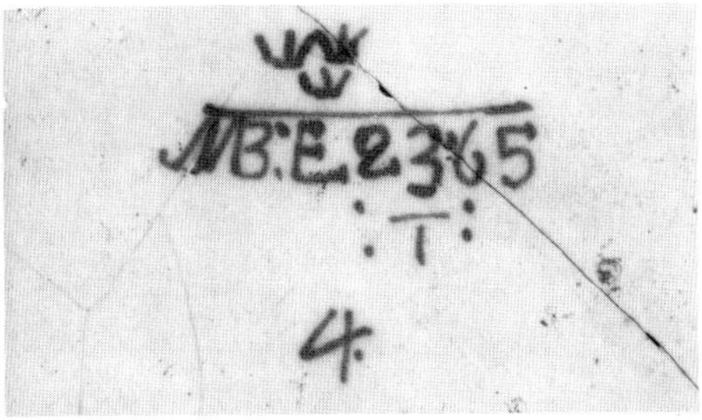
NB:E.2365
:T:

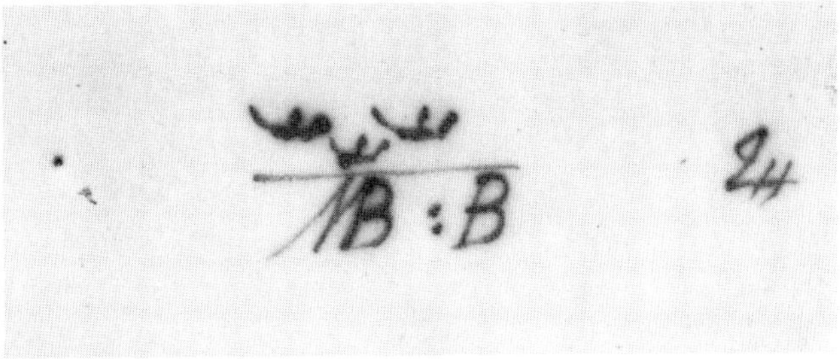
NB : B

B.S. 2067.

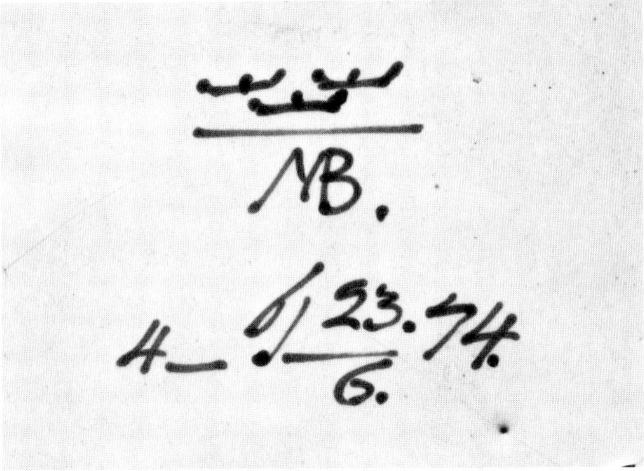
NB.
23.74.
6.

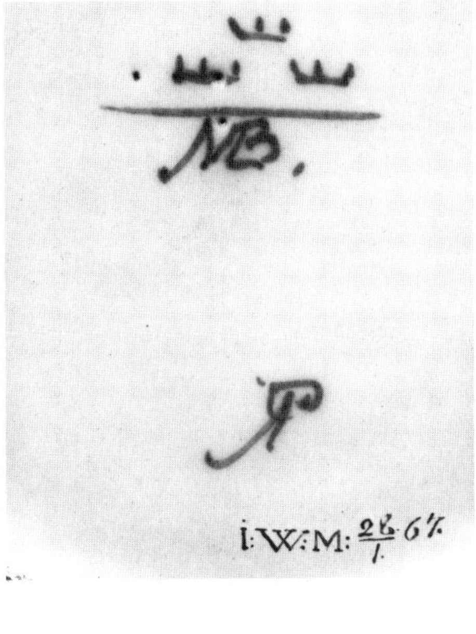
NB.
I:W:M: 28/1 6

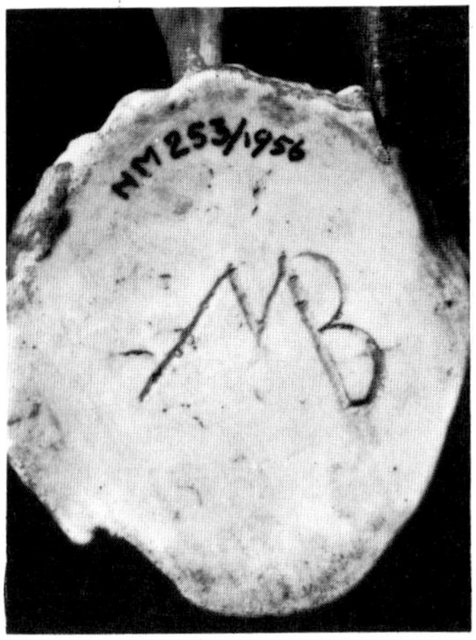
NM253/1956
NB

N.M.230.

NB: 1781.

Ett inristat MB är en märkning på flintgodset, ibland kombinerat med Sten.

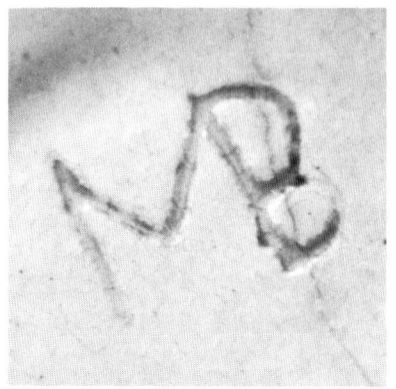

"Kylpotta" av flintgods. Modellen gjordes också i fajans (jfr s 76). H 13,5 cm. Nationalmuseum

Stralsund

1648–1814 tillhörde Stralsund i Pommern Sverige. Den fajansfabrik som fanns där 1757–1790 är följaktligen en svensk angelägenhet. Att ta upp fabriken på grund av politikens tillfälliga spel känns inte särskilt meningsfullt. Det som gör Stralsund intressant som *svensk* fabrik är att den från juli 1767 till december 1770 drevs av Mariebergs grundare Ehrenreich med en rad svenska arbetare.

Handelsmannen och bankiren Joachim Ulrich Giese hade 1754 köpt ön Hiddensee och där funnit god lera. Fajanstillverkning låg i tiden och Giese, som var en företagsam man, inköpte 1755 en egendom i Stralsund och fick medgivande av stadens råd att anlägga en fajansfabrik. Gieses förste fabriksmästare var Johann Buchwald, känd både från Rörstrand, dit han flyttade redan 1757, och Marieberg, men också verksam vid många tyska fabriker.

1756 kom man i gång och 1757 skall fabriken i Stralsund ha nått full kapacitet. Produktionen från den första tioårsperioden är inte

Terrin med lock på fot, försedd med polykromt blomstermåleri. 1770. H 18 cm. Nationalmuseum

märkt. Karakteristiska är ting för det dukade bordet – i livliga rokokoformer. Om formgivningen inte alltid är så god, så framstår måleriet som desto bättre. Kantdekorationer i violett och ljusgrönt omger relativt enkla men vackra ströblommor. Sjuårskriget 1756–63 och i dess släptåg dåliga penningförhållanden gjorde att fabriken inte blev någon lönsam affär för Giese, som gärna ville bli av med den. Då Giese måste ordna sina affärer i Stockholm, vistades han relativt mycket där och lärde känna Ehrenreich. Den 11 augusti 1766 slöts ett fördrag mellan de båda herrarna, där fabriken på tio år arrenderades av Ehrenreich med rätt till inköp, vilket kom till stånd två år senare. Arrendesumman skulle vara fem procent av fabrikens värde, som dock sattes relativt lågt.

Under senvåren 1767 kom Ehrenreich till Stralsund tillsammans med sin familj och ytterligare drygt hundra personer, huvudsakligen arbetare från Marieberg med sina familjer. Han grep sig genast an med att förbättra fabriken, bl a genom att utvidga och förnya verkstäderna, bygga en glasyrkvarn, ugnar och lerkross. Redan i början av 1768 hade Ehrenreich dragit på sig stora skulder, som bara ökade. Ett lager av goda varor växte snart fram, men avsättningsmöjligheterna var inte lika bra. Produktionen pantsattes som säkerhet för de lån Ehrenreich fick. För att få ut kontanter gjorde han två resor till Danzig. Den första ägde rum på sommaren 1769, men Ehrenreich var otursförföljd, han kom för sent till en stor marknad, fick betala en hög införseltull och tjänade inte särskilt mycket till fordringsägarna. Nästa år, 1770, for han också till Danzig men återvände aldrig mera till Stralsund. Hans skulder var för stora. Dessutom exploderade ett kruttorn i Stralsund den 12 december och skadade fabriken. Så slutade Ehrenreichs verksamhet där.

1769 arbetade 77 personer vid själva fabriken. Ett intressant dokument, som visar fabrikens kapacitet, är en försäljningsannons från 1784. I den större ugnen kunde 6 480 tallrikar brännas, i den mindre 3 392, antalet bränningar per år var för den större 18 och för den mindre 30, vilket gör en kapacitet på 218 400 tallrikar per år!

Petter Åkermarck, som börjat sin bana vid Marieberg och slutade den i Sölvesborg, var ledare för målarna i Stralsund. Johan Otto Frantzen tillhörde också de skickliga målarna vid Marieberg som flyttade med Ehrenreich. Ett mästerstycke av hans hand är en bordsskiva med ett landskap i blå toner.

Fabriken upphörde inte efter Ehrenreichs flykt. 1772 var anläggningen så pass återuppbyggd att tillverkningarna kunde fortsätta. En del av svenskarna stannade kvar åtminstone till 70-talets mitt. Ehrenreichs ersättare som teknisk ledare för fabriken blev modellören Adam Philipp Carl, som funnits där tidigare. Giese dog 1780, men även efter hans död fortsatte fabriken, från 1785 med Carl som ägare. 1790 har betraktats som det sista året – därefter sålde man bara ut restlagret.

Monumental terrassvas från 1770-talet. H 77 cm. Nationalmuseum

Produktion

Vad produktionen beträffar är den ofta förvillande lik det som tillverkades vid Marieberg. Ehrenreich tog med sig och upprepade sina mest lyckade modeller och mönster. Ibland förde han till och med vidare sådant han i sin tur lånat från Rörstrand som Rehnska mönstret och tekniken att måla med vitt på svagt tonad glasyr. Runda terriner på fötter med blomkålsknopp och smöraskar med vilande figurer på locken tillhör de välkända formerna från Marieberg. Detta gäller också potpourrikrukorna med fritt modellerade kvistar och blommor. Allt detta är rik rokoko. Influerade av den nya stilen, klassicismen, är de omvänt päronformade urnorna vilande på en sockel eller terrass. En jättelik terrassvas liksom uppburen av en kvinna är en nyskapelse från Stralsund. Originell till sin form är också en terrin med lock på fot. Grepen på locket är en gren fäst med vindruvsklasar.

Det som skiljer Stralsunds fajanser från deras förebilder kan vara att färgerna är något hårdare och brokigare och att t ex terrassvaserna ibland är nästan överrikt dekorerade med fritt modellerade blomsterslingor kombinerade med monokroma bilder.

Märkning

Också den noggranna signeringen var något Ehrenreich förde med sig från Stockholm. Staden Stralsunds tre strålar i ett nedåtriktat knippe, däröver en krona och överst ett svävande kors, så ser huvudsignaturen ut. Den kombinerades sedan med E för Ehrenreich, datum och målarsignatur. En ännu elegantare signering är den där tecknen inskrivits i en trespaltad kvadrat. I mittspalten återfinns huvudsignaturen och E, i de andra spalterna datum. Målaren har sedan signerat under kvadraten.

Stralsunds signatur och E för Ehrenreich samt datum.

Stralsunds andra typ av signering med målaren Åkermarcks initial under.

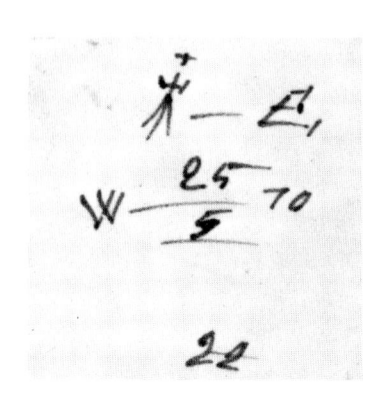

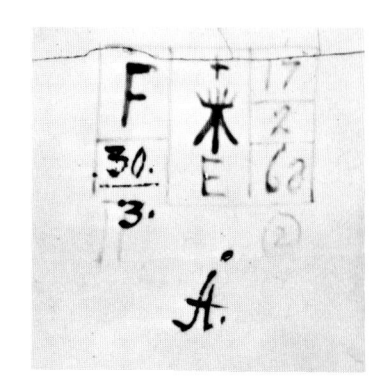

Pålsjö och Växjö

Den tredje svenska "Porcellains Fabriquen" som anlades var Pålsjö. När fabriken grundades låg Pålsjö gård strax utanför Helsingborg. Vice häradshövdingen Michael Anders Cöster ärvde gården 1759. Vid denna "skönaste i riket belägna fastighet" fanns också rika naturtillgångar. Cöster drev både slipstensbrott och stenkolsbrytning. Det senare blev emellertid inte lönsamt, men mellan stenkolslagren fanns lera, som vid provbränningar i Köpenhamn visade sig vara lämpad för fajanstillverkning. Därför anlade Cöster 1765 "en fayence och Porcellains Fabrique". När han fem år senare ansökte om nådigt privilegium för sin fabrik hos Kommerskollegium följdes ansökan av ett uttalande från magistraten i Helsingborg, där tillverkningarna karakteriserades som "i Godhet, Klang, Glassur och målning icke mycket eftergifwa de äldre i Riket warande Porcellains Fabriquers arbeten". Med detta goda betyg fick Cöster "så för sig, som de till wärket nödige Arbetare, ... at tillgodo njuta de förmoner, fri- och rättigheter, som Kongl. May:ts år 1739: förnyade Nådiga Manufactur Privilegier, uti de till sådan Inrättning lämpelige puncter förmå och innehålla".

Vi kan få en uppfattning om fabrikens storlek genom magistratens i Helsingborg till Kommerskollegium årligen ingivna rapport från 1772: "Pålsiö ett Faijance och Porcellains Bruk, som driwes

Åttpassformad skål med blå dekor. Omkring 1770. H 8,5 cm. Nationalmuseum

med en Mästare, Twå Gesäller, en Målare och 2:ne Handtlangare, med tillhjelp af flere Arbets Karlar då så erfordras, å hwilken Inrättning utj förledit år 1772 utj tilförordnades närwaro 10. särskilte Bränningar öpnade, och diverse sorter Faijance Arbeten uttagne, til wärde in alles 2 678 d:r 20 s:kr s:mt." 1774 heter det emellertid i rapporten att verksamheten alldeles avstannat och Cöster sålt egendomen för att kunna betala sina skulder.

Pålsjö hade liksom Rörstrand och Marieberg ett svårt ekonomiskt läge och samma år som Cöster anhöll om privilegium, begärde han också att få exportationspremier liksom sina kolleger i branschen samt ett lån på 12 000 daler silvermynt och tio procent tillverkningspremier för att kunna betala av lånet. Kommerskollegium tillstyrkte ansökan, Kungl. Maj:t biföll den och halva lånesumman betalades ut. Resten av pengarna kom först i augusti 1773. Som vi sett klarade Cöster emellertid inte av att driva Pålsjö på ett ekonomiskt acceptabelt sätt utan måste lägga ned verksamheten.

Cöster hade under tiden blivit utnämnd till borgmästare i Växjö och flyttade dit. För att kunna betala igen sitt lån, såg han ingen annan utväg än att starta en ny fabrik i Växjö. Lånet förföll till betalning i januari 1777 och då inga bränningar kom igång förrän i december samma år, fick Cöster pantsätta möbler och husgeråd. I februari 1779 måste han också lägga ner fabriken i Växjö, som såldes på auktion. Trots det kunde han inte klara sin skuld till Kommerskollegium. Kollegiet påpekade att om borgmästaren hamnade i bysättningshäktet skulle det bara betyda ytterligare utgifter för det allmänna och frågade Kungl. Maj:t om skulden fick avskrivas. Höga vederbörande ville i december 1784 inte gå med på detta. Cöster var dock en fri man när han dog på sommaren 1786. Men vad historien lär oss är att det var hårt att driva en keramisk industri på 1700-talet.

Produktion

Cösters förste mästare var en i övrigt okänd person vid namn Fröling. Han efterträddes av Hindrich Wulph, som 1770 enligt mantalslängden var mästare och hade med sig sönerna Petter och Christoffer samt målaren Lochman. Wulf-tidens, 1768–71, fajanser är delvis danska i karaktären.

Henrik Wulf (med försvenskat namn) hade innan han kom till Pålsjö arbetat vid flera olika fabriker i Köpenhamn: Store Kongensgade, kakelugnsfabriken vid Blaataarn, Kastrup och Österbro. Tallriksfragment, bemålade med Adolf Fredriks monogram, "fågel på klippa" och blommor omgivna av strödda klöverblad i blått samt rikt modellerade bitar av fat, har återfunnits.

Fabriksmästare efter Wulf blev Anders Haldin. Han är först känd som ritarlärling och målare vid Marieberg 1764–1770. 1771 kom han till Pålsjö, där han stannade till fabriksnedläggningen 1774 för att efter ett mellanspel på Sölvesborg följa Cöster till Växjö. Haldin förde med sig en karakteristisk blomma med fem kronblad, där konturerna är det mest framträdande, då bara kronbladens yttre halva är fylld. Blomman är oftast målad i blått, liksom övrig dekor från Pålsjö. Brunlila är den andra färgen – polykromi är så sällsynt att den bekräftar regeln om att Pålsjöfajansen är målad antingen i kobolt eller mangan.

En daterad pjäs finns från Haldins tid, en terrin med till hälften avslagen lockknopp, som dock kan rekonstrueras efter exemplar från Sölvesborg, dit han tog med sig den karakteristiska hjortknoppen. Dateringen är 25/3 74, vilket skall ha varit Pålsjös sista

Humlemönstret, detta mycket svenska mönster som ingen fabrik saknade i sin produktion. D 22 cm. Kulturen, Lund

bränning. Hjortterrinen, som ursprungligen var inspirerad från Rörstrand, levde kvar på Sölvesborg. (Jfr s 43.) Det gjorde också ett karakteristiskt lyrformat blomställ med välvd översida och fjorton hål.

Originell är också en åttpassformad skål på fot dekorerad i blått. Det bevarade materialet är inte stort, men man känner igen en liten klotformad tekanna, krus, tallrikar med målat humlemönster, öronskålar som finns i liknande former och utförande hos andra tillverkare. Barocka former lever kvar, rokokoandan finns men också klassicismen har satt sina spår. Det sista framgår särskilt av några på fabriksområdet uppgrävda oglaserade fragment. Både flintgods och dess föregångare, saltglaserat gråvitt stengods, har tjänat som förebilder för Pålsjöfajanserna. Genom att ta upp det nya materialets – flintgodsets – former försökte man hålla produktionen aktuell.

Några fajanser från Växjö har hittills inte påträffats. Deras existens är bara känd genom ett protokoll från mars 1779, då tillverkningen avsynades och specificerades.

Märkning

Wulfs fajanser är varken daterade eller försedda med målarsignatur, men gruppen kan stilistiskt hållas samman och märkningen är enhetlig – ett PF för Pålsjö fabrik samt under detta ett C (Cöster).

Signaturen från Haldins tid består också av ett PF och C, skillnaden är att C här är placerat överst.

Pålsjös signering 1768–71 (mästarna Wulfs period).

Pålsjös signering under Haldins tid.

Sölvesborg

År 1773 fick majoren, friherre Gabriel Sparre "frihet och tillstånd at i Sölfwitsborgs stad få anlägga en fabrique till allehanda slags oäkta Porcellainers och faijancearbetens förfärdigande."

Sparre bodde utanför Sölvesborg, han hade gift sig till Ljungby slott, och började av okänd anledning driva en keramisk fabrik. Arbetarna vid sådana var i hög grad vandrande svenner och bland de mera bekanta, som arbetade i Sölvesborg på 1770-talet, kan man nämna Anders Haldin och Petter Åkermarck. Haldin kom till Sölvesborg 1774 eller 1775 sedan Pålsjö lagts ner. I Sölvesborg

Bordsfontän med målad dekor i mangan av Petter Åkermarck 1779. H 48 cm. Nationalmuseum

Kanna med lock, daterad 1778 i en kartusch mitt emot grepen. H 25,5 cm. Nationalmuseum

kallas han porslinarbetare eller ritare. Efter ett mellanspel i Växjö hösten 1777 till våren 1779 återkom Haldin till Sölvesborg, där han dog 1780. Petter Åkermarcks föregående adresser var Marieberg och Stralsund, från det senare stället fick han för övrigt sällskap med ytterligare ett par arbetare. Vad de gjorde mellan Stralsund och Sölvesborg är inte bekant, möjligen var Åkermarck i Ryssland. Hur som helst var han en mycket skicklig målare som först 1808 försvinner ur längderna i Sölvesborg, under de senaste åren av sitt liv bör han ha varit egen företagare i den keramiska branschen.

I ett dokument från 1786 heter det att fabriken i flera år varit utbjuden till försäljning, då ägaren funnit att den inte lönade sig. 1792 ägde äntligen försäljningen rum, men då var det major Sparres arvingar som sålde. Köpare var löjtnanten Jean Fredric von Zeipel, ursprungligen kommen från Tyskland. Före Sölvesborgstiden hade han varit kompanjon med majoren Olof Petter Rudbeck på Vänge-Gustafsberg i Uppland, där Henrik Sten från 1785 skötte produktionen.

I dokument från 1786 talas om en ny och bättre lera men ännu inte om flintgods. Det var förmodligen något von Zeipel lärde genom Sten. Avsättningsmöjligheterna var emellertid inte lysande. 1797 klagar von Zeipel hos Kungl. Maj:t över att införselförbuden för utländskt flintgods inte efterlevs och säger också att han själv förutom fajans tillverkar "sten Porcellaine", alltså flintgods. Myndigheterna gjorde inget för att stävja den illegala importen och i Sölvesborg gick affärerna allt sämre. 1798 räknas som fabrikens sista år. von Zeipel slutade sina dagar 1849, som ägare till Lingonbacka pappersbruk i Uppland.

Produktion

Produkterna från Sölvesborg omfattar både enkla bruksföremål och mera påkostade ting av fajans som delvis bevarats till våra dagar samt enligt skriftliga vittnesbörd flintgods och svart gods "Stenkåls Porcellain". Fajanserna är följaktligen det vi med någon säkerhet kan bilda oss en uppfattning om. Fyrkantiga tekannor av nyklassicistisk prägel tycks vara de mest självständiga skapelserna, även om man ganska omgående ser en stark likhet med Mariebergs cylindriska porslinskannor försedda med lagergirlander som också bildar medaljonger. En dekor som inte hör till vanligheterna är enkla blå blomkvistar målade med schablon. Arbetarna rekryterades från Marieberg-Stralsund och Pålsjö. Härifrån kom också många av modellerna och dekorerna, men även Rörstrand

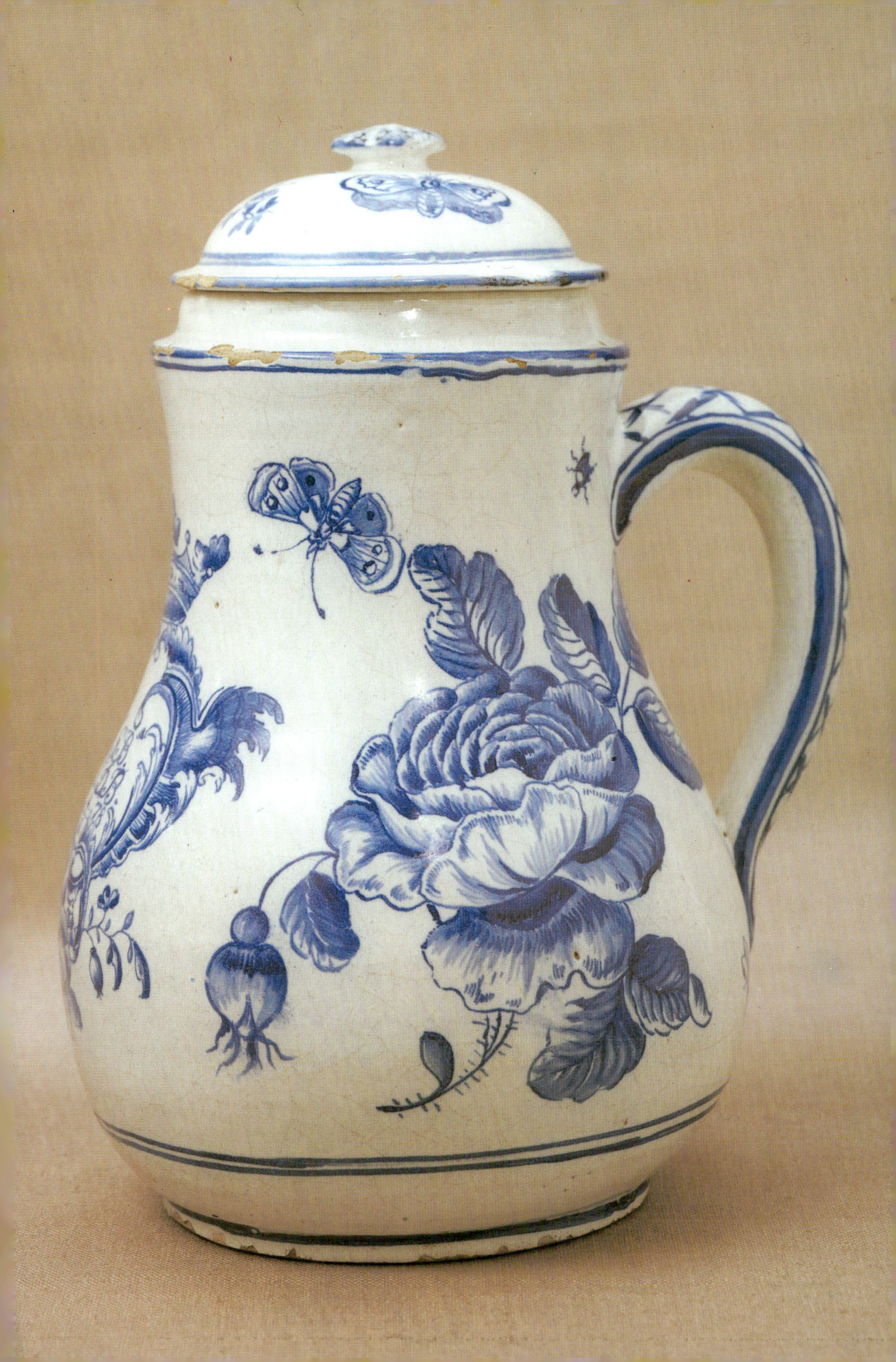

finns väl representerat. Säkerligen är det från sistnämnda ställe man fått några krukor med kinesiserande dekorer, handfat och kanna, också kinainspirerade i dekoren, samt modellen till en stor bordsfontän. Päronformade krus och blomkrukor med huvuden som handtag hade även Marieberg. En typ av livligt modellerad "Kylpotta" fanns både hos Rörstrand, vid Marieberg och i Stralsund liksom en bladformad gräddsnäcka i ren rokoko och terriner med fågel som lockknopp. Askar med vilande figurer på locket hör till Mariebergs och Stralsunds formförråd; ett blomställ och terrinen med hjort på locket förde Haldin med sig från Pålsjö.

Den målade dekoren gjordes alltid med starkeldsfärger i Sölvesborg. Vanligast var den blå färgen och mangan, men man kunde också åstadkomma en polykromi med hjälp av gult och grönt. Åkermarck var nog den skickligaste målaren; någon gång tar han upp sina praktfulla blomsterstycken från Marieberg i blått eller mangan på Sölvesborgs fajanser. En lätt och luftig åkervinda, litet enklare och säkert lättare att måla blir vanligare. Haldin fortsätter med sina blommor med halvfyllda kronblad, strödda parblad, och även blommor med halvt skuggade kronblad – dekorer som verkar sympatiskt rationella och avsedda för brukskeramik. Humlemönstret saknades inte vid någon svensk fabrik.

Märkning

Fabrikens produkter är märkta med ett målat SB, någon gång åtföljt av ett GS (Gabriel Sparre). En datering eller ett N (nummer) och en siffra finns på en del föremål.

Målade signaturer från Sölvesborg, den högra med beteckningen nummer två.

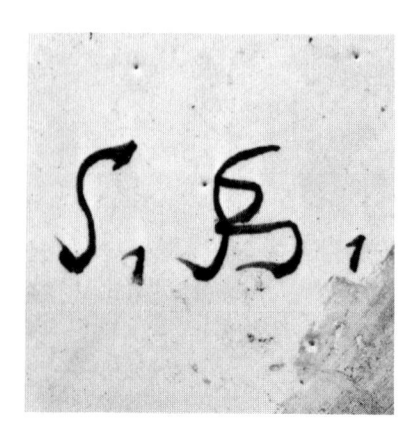

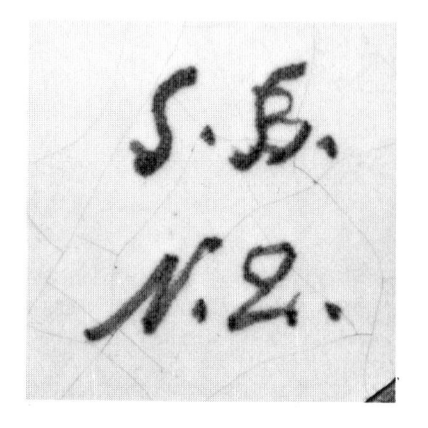

Vänge-Gustafsberg (Bredsjö, Fredriksdal)

1755 grundades vid hemmanet Quarnberg, i Vänge socken i Uppland, Vänge Stenkärilsfabrique även kallad Quarnbergs Porcellainsfabrik och från 1770-talets slut Gustafsberg (senare Vänge-Gustafsberg för att skilja den från Gustafsberg på Värmdön).

Privilegiet från 1760 gällde för ett "Porcellainswärk til förfärdigande af oäcta porcellainer och andra från krukmakaretillverkningen skiljaktiga, fina stenkäril". 1771 begärde mantalskommissarien Anders Berggren, fabrikens grundare, understöd hos Kommerskollegium, som dock avslog denna begäran. Skälet var att man ansåg att tillverkningen snarast kunde hänföras till krukmakargods. Och skråbundna hantverksprodukter befattade sig inte Kommerskollegium med. Inga identifierbara produkter har överlevt, så vi kan inte bedöma vem som hade rätt.

Fabrikens kända period kan räknas från 1785, då Henrik Sten, som vid försäljningen till Rörstrand lämnat Marieberg, blev teknisk ledare. Då hade Berggren måst lämna fabriken på grund av

Gelékopp med lock. Målade blommor i rosa och blågrönt. 1700-talets slut. H 7,2 cm. Nationalmuseum.

Målad signatur för (Vänge) Gustafsberg den 3 september 1787 med målaren Carl Petter Löfströms initialer under.

Ristad signatur G B för Gustafsberg

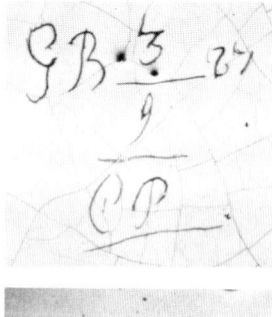

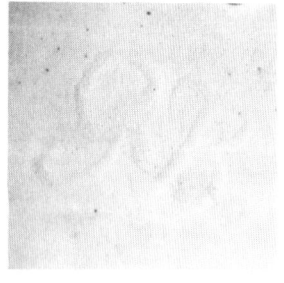

ekonomiska svårigheter. Överjägmästaren Olof Fredrik Rudbeck blev från 1776 ny ägare. Under hans och hans sons, majoren Olof Petter Rothenburg Rudbeck, tid blommade Vänge-Gustafsberg upp. Från Marieberg kom också den skicklige målaren Carl Erik och hans son Carl Petter Löfström. Major Rudbeck köpte 1795 Bredsjö säteri i Järlåsa socken och flyttade 1796 sin keramiska fabrik dit. 1797 dog Henrik Sten och två år senare major Rudbeck. Driften avstannade tillfälligt, men återupptogs då fabrikören Thomas Bennet 1817 köpte Bredsjö. Han sålde emellertid två år senare till friherre Göran Ulrik Silfverhjelm, som hade ambitionen att fortsätta med keramisk tillverkning, men dog 1819.

Silfverhjelm hade från Tyskland inkallat Fredrik Rohde, som emellertid inte anlände förrän hans arbetsgivare dött. Rohde övertog fabriksinventarierna från Bredsjö och anlade en "stenporslinsfabrik" på Nordanå ägor i Järlåsa socken, som han kallade Fredriksdal. Han lyckades uppenbarligen komma igång med en produktion, för 1824 uttalar Uppsala läns hushållningssällskap sin tillfredsställelse över "inlemnade wackra profwer". Rohde lyckades dock inte klara ekonomin utan flyttade 1825 med hela den utrustning han då hade till Gustafsberg på Värmdö och blev den förste verkmästaren där.

Produktion

Den produktion man känner till från Vänge-Gustafsberg tillhör huvudsakligen Stens tid. Tillverkningen präglades då, naturligt nog, av ett starkt inflytande från Marieberg. Både fajans och Stens specialitet flintgods producerades.

Fat, assiett och tallrikar av fajans med humlemönstret målat i olika blå toner är den fajans som överlevt. Repertoaren i flintgods verkar betydligt större: urnor med målad dekor i rött eller grönt är praktstyckena, kannor, tallrikar och gelékoppar med lätt reliefdekor och målade ornament i en typisk färgskala av blågrönt och rosa är de mest karakteristiska produkterna. Här är det Mariebergs porslin som inspirerat.

Märkning

Märkningen är ofta ett, även på flintgodset, målat GB med tillägg av år, datum och målarsignatur eller ett ristat GB. Ett inpressat GB bör även hänföras hit.

Ulfsunda

Vid 1790-talets början inrättade Gustaf III:s finansminister greve Erik Ruuth på Ulfsunda gård i Uppland en fabrik för tillverkning av deglar, saltglaserade kärl, sockerformar och fajanser. Ruuth köpte egendomen 1790. Man vet inte exakt när tillverkningarna kom igång, men från 1792 finns arbetskarlar i mantalslängden. 1788 hade Jonas Heerman i Stockholm fått privilegium på "att av i Skåne nyligen uppfunna eldfasta lerarter tillverka eldfasta oglaserade kokkärl, grå deglar och sockerformar". Ruuth hade emellertid liknande leror i den av honom ägda stenkolsgruvan Boserup vid Helsingborg och i fall någon "på sina ägor hade dylik lera" skyddade inte Heermans privilegium honom. Under teknisk ledning av Bengt Reinhold Geijer, som från 1798 övertog Rörstrand, tillverkades enligt planerna. En apoteksburk av fajans stämplad Ulfsunda, nu på Kulturen i Lund, är ett unikt exempel på den typen av produktion.

När Geijer övergick till Rörstrand, sålde Ruuth fabriken till brukspatron Johan Henrik Wergelin och grosshandlaren Lorentz Jakob Groth. Den förste som kom att stå för tillverkningen under deras tid var Jonas Heerman. Den 5 februari 1800 annonserade han om "alla sorters sockerformar och övriga vid sockerbruk erforderliga kärl". Heerman dog 1803 och sedan tillverkades olika sorters eldfast gods fram till 1812.

Teservis av oglaserat gulrött gods med reliefer och medaljong med vita figurer på tekannan, som är 16 cm hög. Nationalmuseum

År 1813 arrenderade Christian Arvid Linning, agreé vid (associerad till) Akademien för de fria konsterna, fabriken och drev den fram till 1823 då all tillverkning lades ner. Under hans tid kallades Ulfsunda "fabrik för svart porslinstillverkning". I en anhållan om att få öppna bod i Stockholm och sätta upp kakelugnar skriven 1815 och riktad till Kungl Maj:t ger Linning följande förklaring till sin verksamhet: "Då tiderna äro föga gynnande för unga artister, har jag, för att på något sätt som en nyttig medborgare uppfylla min plikt mot staten, fattat det beslut att ägna min lilla talang åt ett yrke, varuti konsten kan användas att försköna en del hushållssaker, varav jag även haft den nåden att för Eders Kungl Maj:t presentera några pjäser." Eftersom Linning hörde till Akademien fick han tillstånd att arbeta fritt utanför kakelugnsmakarämbetet – skråtvånget var annars hårt. Som fabriksidkare fick han lämna sina rapporter till Kommerskollegium.

Produktion

Christian Arvid Linning, Ulfsunda, ristad signatur.

Christian Arvid Linning, Ulfsunda, inpressad signatur.

Linnings bevarade produktion består, förutom av några kakelugnskakel, av skulpturer och bruksgods i oglaserad ljus eller svart lera. Förebilden var Josiah Wedgwoods "basalt ware" och "cane ware", svart respektive halmfärgat stengods, som i sin tur var starkt antikinspirerat. Linning kan naturligtvis också ha fått sina impulser från någon av Wedgwoods många efterföljare. Vid första anblicken tror man sig se något av deras arbeten, detaljer som "the widow knob" och den allmänna formen stämmer helt. Tegods, ett par vaser och skämtkannor är formförrådet – modellerat helt i nyklassicismens anda. Dekoren består av pålagda reliefer, som ofta är ganska karaktärsfulla skapelser av Linning. Han arbetade svart i svart eller med mörka reliefer på den ljusa leran. Också ljusa och vita reliefer förekommer. Linning tillverkade även byster i liten skala.

Märkning

Arbetena är delvis försedda med ett inpressat Ulfsunda åtföljt av Linnings inpressade eller ristade initialer C A L. Initialerna förekommer också utan fabriksbeteckning.

Löfnäs

Vid Gripsholmsviken, i närheten av Mariefred, anlade greve Erik Ruuth, som ju också varit engagerad i Ulfsunda, på sin år 1800 inköpta gård Herrestad den keramiska fabriken Löfnäs. När Philip Anders Schirmer 1802 fick flytta från Rörstrand begav han sig dit. Där tillverkade han dels "eldfasta stenkärl", del flintgods. Produkterna är ganska grova, godset tjockt och glasyren bristfällig. Det hela kan sägas ha en rustik charm, men formspråket är nyklassicismens t ex i cylindriska kannor med pärlbård och applicerade medaljonger.

Märkning

Märkningen är ristad. Med stora bokstäver anges mycket noggrant Schirmers eget namn, ibland förkortat, Löfnäs, år och modellnummer. Den senaste kända signeringen är gjord 1806.

Denna cylindriska kaffekanna är signerad 1802. H 21 cm. Nationalmuseum

Löfnäs, nummer 4, 1802, Schirmer – ristad signatur.

Gustafsberg

"Sedan mellan mig J O Wennberg och mig J H Öhman överenskommet och kontrakterat blivit att i bolag gemensamt anlägga en porslinsfabrik för vilken herr Fredrik Rohde ... är engagerad ...". Så stod det i instruktionerna från februari 1825 för verkmästare Rohde, som flyttade från Fredriksdal till Gustafsberg på Värmdö för att med sina kunskaper bistå grosshandlare Öhman i hans planerade "porslinsfabrik". Öhman var sedan fyra år ägare av egendomen Farsta med Gustafsberg söder om Stockholm. Som förlagsman till det nya företaget fick han kommerserådet Johan Olov Wennberg. I mars 1825 beviljade Kommerskollegium privilegium för en fabrik som skulle tillverka "allehanda Porcellainer".

1827 brandförsäkrades nyuppförda verkstäder, ugnar och en arbetarlänga. Den första bränningen skall ha ägt rum på nyåret samma år. Att resultatet inte blev särskilt lyckat kan man utgå ifrån då en stödverksamhet, vaxljustillverkning, igångsattes i mars samma år och Wennberg drog sig ur företaget. Öhman lyckades istället bilda ett bolag, Gustafsbergs Fabriks Bolag, och fortsatte att leda företaget med Rohde som sakkunnig. Ingen av dem tycks emellertid ha varit särskilt lämpad för uppgiften och 1828 försvann de båda. Öhman kom att ersättas av Carl Hammarstrand, som haft sin verksamhet vid fabriksboden i Stockholm, men Rohde kom, efter ett kort mellanspel av tysken Karl Berger, tillbaka.

Det var inte bara verkmästarna som var tyskar, också råvaror och tillverkningsmetoder kom från Tyskland. Och detta vid en tidpunkt då Rörstrand för att råda bot på sin dåliga kvalitet övergått till engelska råvaror och metoder. En sådan omsvängning vid Gustafsberg kom 1839 och markerades då med en ny märkning, ett ankare efter engelskt mönster. Då hade det gamla bolaget upplösts och fabriken köpts av Gustafsbergs Fabriks Intressenter. Godenius & Co var de kapitalstarka bland de nya ägarna och Samuel Godenius kompanjon Simon Nordström blev 1841 disponent. Verkmästaren Gregory Holden kom nu från England, liksom flertalet av de anställda.

Redan under Hammarstrands tid hade utvidgningar och förbättringar åstadkommits. Ångkraften gjorde 1832 sin entré och "Gustafsbergs långa kamp för nykterhet och goda seder" påbörjades under Hammarstrands tid. Antalet anställda växte till 150 personer och tillverkningsvärdet uppgick till omkring 60 000 riksdaler, även om behållningen inte blev så stor.

Våren, parianskulptur av prinsessan Eugenie, första gången tillverkad 1872. H 25 cm. Gustavsbergs museum

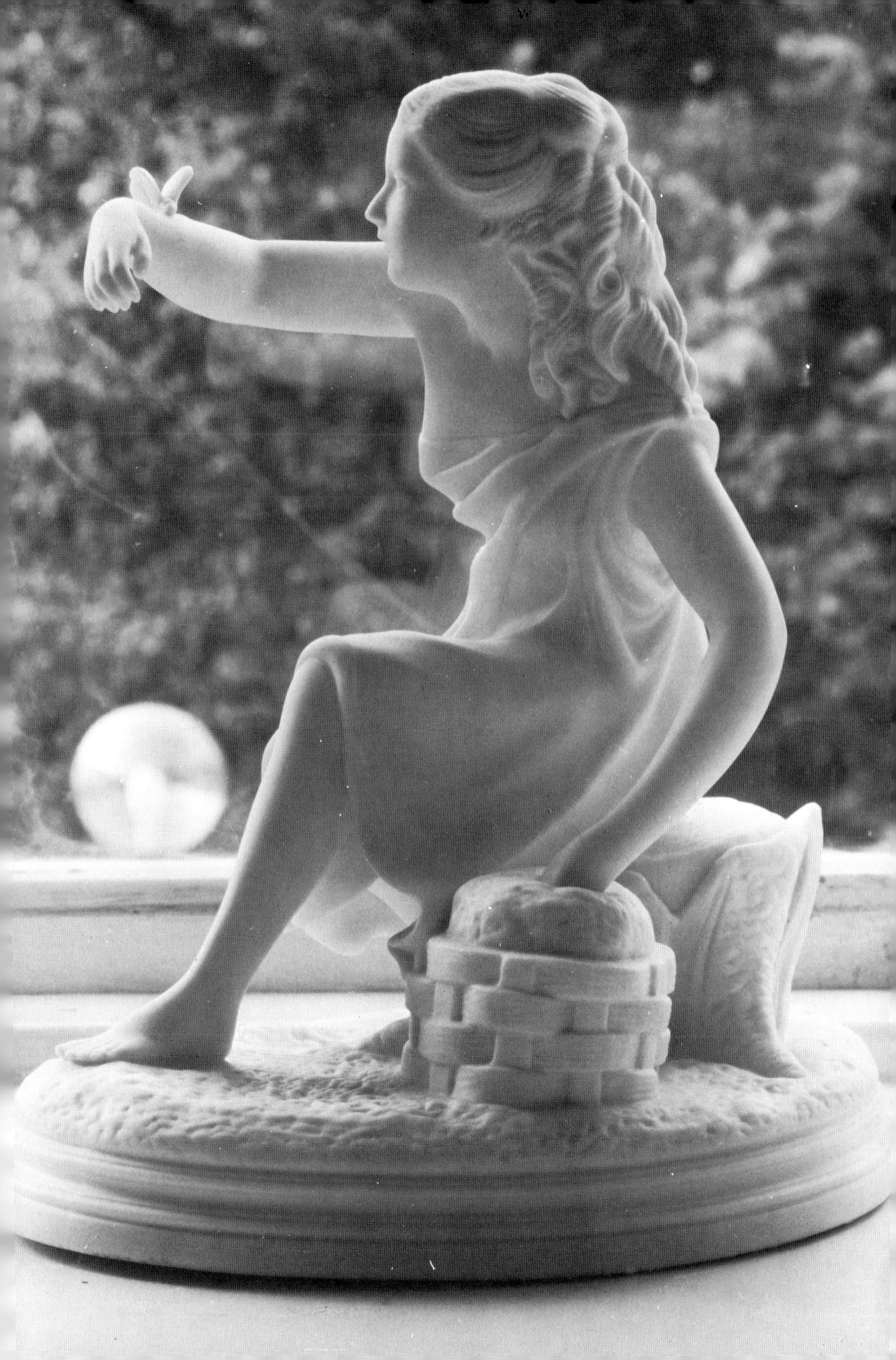

Under Nordströms tid inköptes ett hjuldrivet ångfartyg från England för att säkra transporterna och göra dem ekonomiska. Båten ersattes snart av en ny och flera följde i dess kölvatten. Omläggningen till tillverkning efter engelskt mönster blev lyckosam, kvaliteten förbättrades högst väsentligt och 1843 hade man en produktion som uppgick till ett värde av 160 000 riksdaler. Men företagets rörliga skuld var också stor. Det var med all säkerhet den som gjorde att en av Nordström föreslagen sammanslagning med Rörstrand inte kom till stånd. Snart visade det sig också att läget var ohållbart. Osäkra fordringar i konkursbon, uteblivet råmaterial och Simon Nordströms död 1846 gjorde att Gustafsberg 1850 skulle försäljas på auktion. Buden blev emellertid så låga, att Samuel Godenius i Godenius & Co 1852 köpte alla andelarna.

Godenius var ju redan engagerad i företaget och hade 1850 anställt den tyske kemisten Johan Georg Gentele som disponent. Denne byggde om vid fabriken och moderniserade tillverkningen, inrättade ett gasverk och installerade en sextio hästkrafters ångmaskin. Men han var illa tåld av arbetarna på grund av sitt hårda regemente och fick sluta 1854. Disponenterna växlade fram till 1869, då Godenius svärson Wilhelm Odelberg anställdes. Hans era varade i femtiofem år. En skicklig och internationellt skolad verkmästare fick Gustafsberg 1857 i George Barlow från England. Också han kom att tjäna fabriken länge – till 1910.

Gustafsbergs situation var nu säkrare, firman var etablerad och skakades inte längre av akuta penningbekymmer, även om man under hårda tider också fick känna av dessa. Nya arbetarbostäder uppfördes under 1850-talets slut. Under Odelbergs tid byggdes också tvåfamiljshus. Bostäder behövdes verkligen. 1879 var antalet anställda 600 personer, på ett decennium hade styrkan fördubblats.

Gustafsberg var en avancerad industri. 1870 fick man vattenledning och fotografiateljé, 1872 telegraf, 1878 telefon. Till detta kom en ny målarsal och muffelugnar för guld- och emaljdekorer. Omsättningen var 1878 uppe i över 1 000 000 kronor. Kyrka, ett träkapell, och skola byggdes under 1880-talet. På 90-talet var de anställdas antal uppe i 900.

Produktion

1830- och 40-talens produktion hade en grundstomme av enkla basformer som efter hand utökades med mera livligt modellerade. Den exklusivaste dekoren var den gjord med koppartryck. Heltäckande mönster av engelsk typ var förhärskande. På 1850-talet började man trycka i "flytande blått" och den nya flintgodskvaliteten ironstone china introducerades. Benporslin och parian kom på 1860-talet. Strama blomdekorer och enkla randmönster var då favoriter. 1870-talet blev majolikans stora årtionde, fornnordiska mönster och påkostade dekorer i emaljfärg och guld tillverkades också. Under 1880-talet ökades både modell- och mönsterfloran markant, intresset för Japan och Kina märks tydligt. Nyrokokon hör i hög grad 1890-talet till, jugend satte också sina spår genom Gunnar Wennerbergs insats.

Fat och kopp med fat med reliefdekor 1839–60.
L (fatet) 29 cm. Gustavsbergs museum

Märkning

Gustafsbergs första märkning, fram till 1839, är namnet rakt inpressat med versaler. 1839–60 används den första ankarstämpeln där namnet står i svag bågform över ett ankare. Bara ett versalt G och en siffra förekommer på mindre föremål. 1860–90 används en ankarstämpel, där namnet är starkare böjt och ovanför står tillverkningsåret, med de två sista siffrorna utsatta. 1890–1910 används en stämpel, där Gustafsberg är lätt bakåtlutat och G:et omslingrar ett ankare. Också här finns tillverkningsåret utsatt. Ironstone china och opak eller "opaque" försågs med flera olika stämplar, men fabriksnamnet och året är alltid markerade. Det finns också godskvalitetsstämplar inpressade eller tryckta som kombinerades med fabriksstämpeln. Ytterligare en typ av märkning var de tryckta namnstämplarna som ju också Rörstrand använde.

Från vänster till höger, uppifrån och ner:
Gustafsbergs första raka inpressade stämpel.

Gustafsbergs första ankarstämpel 1839–60.

Stämpel för mindre föremål använd fram till 1860.

Ankarstämpel använd 1860–90.

Från vänster till höger, uppifrån och ner:

Inpressad godskvalitetstämpel för ironstone china.

Inpressad godskvalitetstämpel för opakmassa.

Tryckt dekornamnstämpel och (upp och nedvänd) inpressad ironstone chinastämpel från 1877.

1890–1910 hade Gustafsberg denna inpressade stämpel, ibland med tillägget opak. Uppe till vänster tryckt dekornamnstämpel.

Tryckt parianstämpel.

Höganäs

Greve Erik Ruuth, som anlagt både Ulfsunda, Löfnäs och Helsingborgs Stenkärlsfabrik (1798–1920) figurerar också vid Höganäsbolagets kärlfabriks tillkomst. Tillsammans med en Göteborgsköpman grundade Ruuth 1797 ett stenkolsverk i Höganäs. Fyndigheterna hade gjorts slumpvis vid sökandet efter lera. Det blev också leran som klarade företaget. 1832 gjordes lyckade provbränningar och en kärlfabrik började sin verksamhet. Den lera som användes för lerkärlen var dock inte den eldfasta man fick vid stenkolsbrytningen utan en lera från ett brott norr om Höganäs. Den ekonomiska räddningen kom emellertid till slut från leran i stenkolsgruvorna. Eldfast tegel och saltglaserade rör gav vinst.

Den tyske keramikern C Berger gjorde provbränningarna 1832. Till fabriken kom under åren fram till 1840 krukmakare från andra platser i Skåne. En lärling och fem gesäller som tillhörde kakelugns- och krukmakarämbetet sökte sig till den nya fabriken. 1856 anställdes den danske skulptören Ferdinand Ring som modellör. Han stannade till 1869 och bör under sin vistelse i Höganäs ha hunnit att inte bara göra modeller utan också komponera egna. Vi får också tänka oss att han omsatte en hel del lånegods. Höganäs blomstring under 1890-talet berodde i hög grad på den nye disponenten Åke Nordenfeldt, som kom dit 1889, och verkmästaren

Geléform av blyglaserat gult lergods, visitkortsfat i svart samt toddykanna och bringare i blyglaserat lergods. Fatet kan komma från Tillinge. Omkring 1850. H (bringare) 19 cm. Nationalmuseum

Sida ur Höganäs priskurant 1859

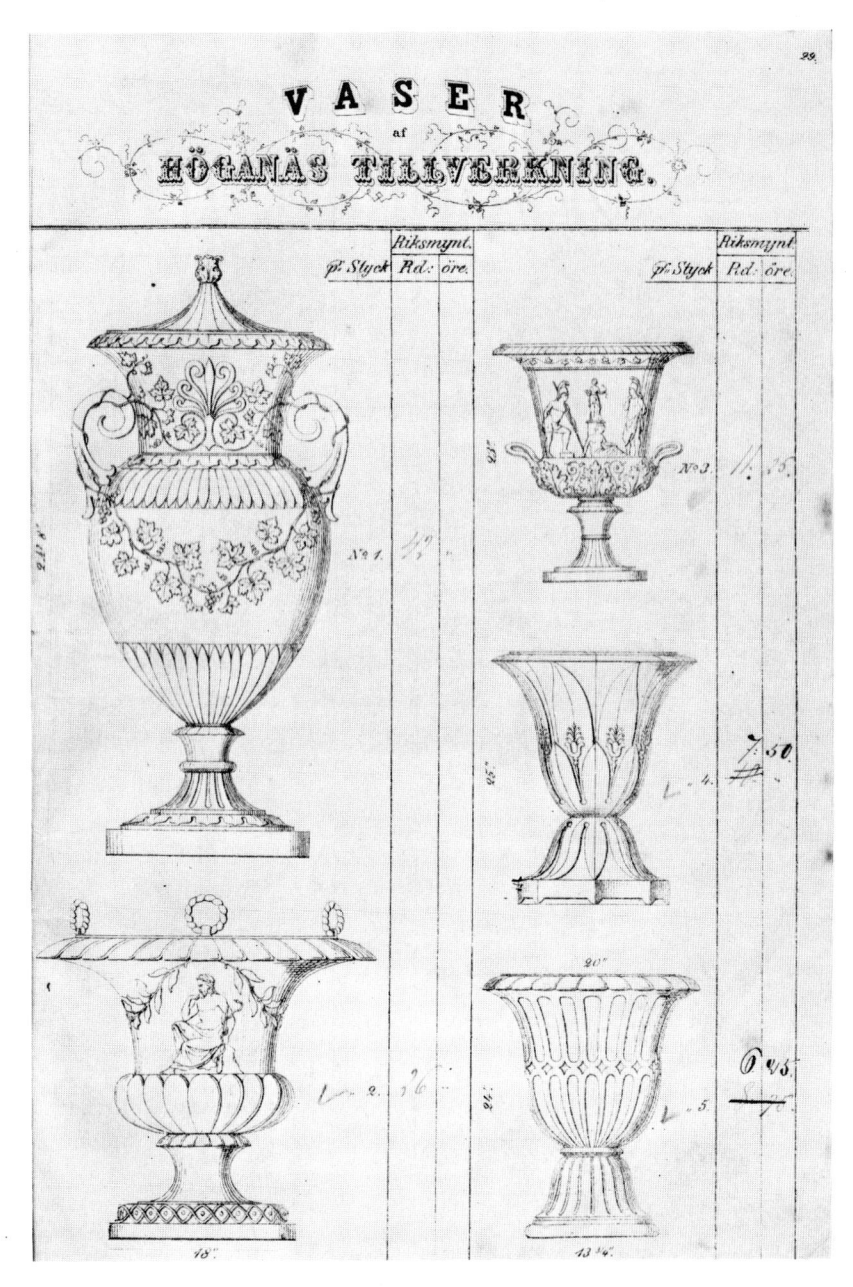

Gudmund Dåhl, anställd från 1893. Lerkärlstillverkningen fortsatte till 1926, det saltglaserade stengodset framställdes ytterligare ett drygt kvartssekel.

Produktion

Det blyglaserade gula lergodset var fabrikens vanligaste produkt fram till 1890-talet, mest i form av praktiskt bruksgods som krukor, formar, burkar, krus, spilkummar, kaffe- och tegods osv. Dekorer av reliefer i rödbrännande lera, sporrning i godset, sammanknådning av olikfärgade leror, som gav godset ett agatliknande utseende, och rostfärgad glasyr förekom. Vad modellerna beträffar var de för krus, spilkummar etc hävdvunna krukmakarformer som naturligt växer fram vid drejningen. De i form gjorda kärlen har däremot en rikare och ofta mer tidsbunden utformning. Här kan man följa utvecklingen från klassicerande, ursprungligen av Wedgwood inspirerade modeller, till rikare och småpyntigt reliefmönstrade ting, för vilka de flesta impulserna kom från England eller andra svenska fabriker.

Huvuddelen av det saltglaserade stengodset tillverkades i "tidlösa" former som såg likadana ut 1835 som 1954. Modellerna var också delvis de samma som för det blyglaserade lergodset. En utökning av formförrådet i mera modebetonad stil blev de från 1880-talet framställda kärlen av tysk renässanstyp, krus och burkar med tennlock.

Det oglaserade lergodset utgjorde också en karakteristisk del av Höganäsproduktionen. Mindre figurer, pampiga prydnadskärl och byggnadsornament var den huvudsakliga repertoaren. En del svartmålades också för att likna svart stengods.

Från 1880-talets slut gjordes ett s k majolikagods med spräcklig, mångfärgad glasyr. Till modellerna hämtades inspiration först från England och sedan från kontinenten och de större konkurrenterna i Sverige. En självständig produktion skapades 1897 av Helmer Osslund.

Märkning

Fram till 1915 märkte man med en rak inpressad stämpel – Höganäs. Efter 1893 tillkom modellnummer och drejar- eller formarsignaturer.

Höganäs, inpressad stämpel.

Tillinge, Boda (Oskarshamn) och Nittsjö

Den ledande tillverkaren för hushållskärl av glaserat lergods under 1800-talet var Höganäs. Men under århundradets andra hälft fick man några konkurrenter.

Tillinge fajansfabrik i Timmernabben i Småland, senare Gabriel-Verken, grundades 1859 av en bornholmare. Denne tog yrkeskunnigt folk från sin hemö. Produktionen av glaserat gult lergods omfattade både formar och serveringskärl, de senare gärna med dekor av pålagda vita ornament eller ränder.

Produkterna märktes ibland med ett inpressat Tillinge.

Oskarshamns Fayance- och Terracottafabrik var en avläggare till Tillinge, belägen i Kalmar län, grundad 1868. 1874 blev den *Boda Fayance- och Terracottafabrik*. Också här tillverkades blyglaserat lergods, men förmodligen omärkt.

Nittsjö kakel- och lergodsfabrik började sin verksamhet 1847. Både hushållskärl och prydnadsgods skall ha tillverkats under 1800-talet.

Terrin av glaserat lergods med pålagda vita reliefornament. Troligen Tillinge. H 20 cm. Malmö museum

Malmö porslinsfabrik

1874–1876 tillverkades i Malmö servis-, kaffe- och toalettgods. Ingenjör Ludwig Hammar förestod Malmö Porslinsfabrik, som ägdes av ett bolag. 1875 fanns 127 arbetare, vilket tyder på att det var ett ganska ansenligt företag, men skulderna översteg snart tillgångarna och konkursen blev oundviklig.

Malmö Porslinsfabriks produkter var gjorda av flintgods och återspeglar de stora industriernas sortiment. Priskuranten upptar styckegods i bokstavsordning och det kunde liksom från Rörstrand och Gustafsberg erhållas vitt, målat och tryckt.

En stor del av godset såldes odekorerat, koppartryckta relativt strama dekorer var det vanligaste. Målat gods förekom också.

Märkning

Märkningen bestod av en inpressad stämpel med Malmö stadsvapen och ordet Malmö lätt svängt däröver. Sifferbeteckningen därunder anger tillverkningsåret.

Tallrik med målad dekor, danskt mönster i blått.
D 22 cm. 1876. Nationalmuseum

Inpressad stämpel Malmö (grip) 1876.

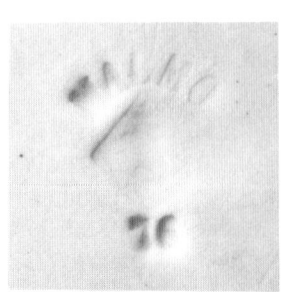

Ordförklaringar

Antimon grundämne. I form av metalloxid använt som färgämne (gult).

Arabesk betyder ursprungligen arabisk och var från början en beteckning för oftast geometriska ornament av olika slag, dock aldrig inkluderande mänskliga figurer.

Artificiellt porslin se frittporslin.

Barbotin namn på en slicker med vilken ornament i relief formades.

Benporslin ett tätsintrat porslinsmaterial som förutom kaolin, fältspat och kvarts innehåller benaska, upp till 40 %. Benporslin är en engelsk uppfinning som första gången patenterades 1748. Ett kännemärke för benporslinet är att fotringen är glaserad.

Black basalt svart stengods som först tillverkades av Josiah Wedgwood vid slutet av 1760-talet.

Blyglasyr genomsynlig glasyr vars huvudkomponent är blyoxid t ex i form av mönja.

Bräm (eller brätte) den mer eller mindre avgränsade yttre delen på tallrikar, fat etc.

Bränning vattnet i den keramiska massan avdunstar och denna får nya egenskaper. Bränningstemperaturerna kan variera mellan omkr 800–1 400 grader.

Brännugnsbok en bok i vilken de föremål som togs ur en ugn efter bränning förtecknades.

Camaïeu målad i olika valörer av en och samma färg. Vanlig och omtyckt dekormetod under den "färgfattiga" nyklassicismen.

Cane ware brungult stengods, imiterande korgflätning. Framkommer i Staffordshire på 1770-talet.

Cornwall stone fältspatrik granit eller pegmatit som vittrat. Används som ersättning för fältspat i keramiska massor.

Delfts porcellain (Delfter steen) – 1700-talsbenämningar på den fajans som gjordes i Delft.

Emaljfärger, även kallade *muffel-* och *överglasyrfärger*, målades på den brända glasyren och fästes genom ytterligare en bränning, den tredje. Emaljfärgerna består av glasfluss med litet terpentin eller olja som bindemedel.

Exportationspremier ett sätt att uppmuntra de svenska manufakturerna under 1700-talet. En viss procent av tillverkningens värde betalades i premier för gods som exporterades.

Fajans lergods, överdraget med en täckande, tennhaltig glasyr som gör föremålet ogenomträngligt för vätska.

Fascesstav egentligen stav av spöknippen. Används som bård under nyklassicismen.

Flintgods under 1700-talet talade man om stenporslin och senare har benämningen flintporslin använts. Då det inte rör sig om ett tätsintrat, genomsynligt material, dvs inte är porslin i teknisk mening, har man övergått till att använda benämningen flintgods. Flintgods är ett semivitröst, ogenomskinligt material, vars huvudbeståndsdelar från början var vitbrännande lera och flinta eller något annat kvartsmaterial med tillsatser som krita och så småningom även kaolin. – På 1800-talet kallades flintgods ordinärt porslin eller (fin) fajans.

Fotring den anläggningsyta koppar, fat etc vilar på.

Frittporslin, *"mjukt"* eller *artificiellt porslin* en typ av porslin som i Europa tillverkades som en ersättning för det kinesiska fältspatporslinet, innan man lyckades komma fram till dess sammansättning. Sèvres tillverkade enbart artificiellt porslin till början av 1770-talet. Beståndsdelarna är en fritta, en massa huvudsakligen gjord av glasämnen, dvs sand och soda, samt olika leror, kalk och krita och tillsatser som alun och såpa. Mjukt har det kallats därför att det hade en tendens att sjunka ihop vid bränningen.

Frukostservis en servis bestående av fyra karotter som tillsammans formar en cirkel. I mitten av dessa en terrin, ett äggkoppställ e d (1800-talsbenämning).

Fältspat dess uppgift i en keramisk massa är att vara flussmedel, dvs den aktiva komponenten vid sintringen.

Fältspatporslin har även kallats "äkta" eller "hårt" porslin. Dess huvudbeståndsdelar är vitbrännande kaolinlera, fältspat och kvarts. Porslin är tätsintrat och genomsynligt. Det tillverkades först i Kina och från omkring 1710 vid Meissen utanför Dresden i Tyskland.

Gelékopp den benämning som under 1700-talet användes för det som senare har kallats krämkopp, en liten kopp med lodgrepe och lock.

Genomsynlig eller transparent, dvs något man kan se igenom.

Genomskinlig släpper igenom synligt ljus, men man ser inte igenom ett genomskinligt föremål.

Glattbränning den andra bränningen av ett keramiskt föremål då glasyren bränns. Kallas även glasyrbränning.

Granit en robust flintgodsmassa introducerad i England vid 1800-talets mitt. Använd vid Rörstrand under seklets senare hälft.

Grotesk ornament inspirerade av de målningar i Neros Gyllene hus i Rom som under renässansen återupptäcktes. Ruinerna av huset låg under marknivån i "grotte" därav namnet. Medaljonger, halva figurer, sfinxer etc binds samman av girlander, band, växtdelar m m.

Hjälmkanna kanna som liknar en upp och nedvänd hjälm. En form som under barocken var populär i Tyskland och Frankrike samt även togs upp i Sverige.

Hybridporslin ett porslin som ligger nära fältspatporslinet, men ändå inte riktigt har dess egenskaper. En del av det porslin som tillverkades vid Marieberg under Stens tid är ett exempel.

Ironstone china flintgods som innehåller relativt stora mängder kaolin samt Cornwall stone (se d o). Det var en utveckling av det gamla flintgodset för att uppnå större styrka och ett mera porslinsliknande material.

Ivory flintgodsmassa använd vid Rörstrand under 1800-talets senare hälft.

Kabaret ett antal öppna skålar som ställda tillsammans bildar en cirkel. Vanligen en pjäs i mitten.

Kalcinera bränna.

Kallskålsskål – kallskål var en sopplikrande efterrätt. Kärlet, närmast av ceremoniell karaktär, som den bjöds i, kallas därför kallskålsskål. Den låga skåltypen med lock och två grepar, som är vanligast förekommande i silver, brukar också kallas grötskål.

Kannelyrer parallella lodräta fördjupningar.

Kaolin vitbrännande lera, huvudbeståndsdelen i fältspatsporslin, även använt i flera andra keramiska massor.

Kapslar se Koker.

Kartusch ramverk kring utsparade fält (reserver), ofta dekorerade med en målad bild eller relief.

Kep den sluttande ofta lätt skålade delen på tallrikar eller fat mellan spegeln och brämet.

Keramik sammanfattande benämning för brända produkter av material vars huvudbeståndsdel är lera (keramiska material).
Kobolt i form av metalloxid använt som färgämne (blått).
Koker 1700-talsbenämningen på kapslar, dvs skyddande cylindrar eller askar av grovt lergods i vilka godset placerades i ugnen.
Kommerskollegium den institutionen som hade hand om handel, sjöfart, bergshantering och andra industriella näringar.
Koppartryckt dekor detta är den första metod som användes för att föra över ett tryck på keramiska föremål. (I Sverige på fajanser under 1760-talets slut.) Namnet koppartryck har metoden fått därför att bilden på tunt papper, som lades mot keramikpjäsen, var ett avdrag från en kopparplåt. När bilden hade fäst, tvättades papperet bort och dekoren kunde behandlas som om den var målad. Vanligen talar man bara om tryckt dekor eller eventuellt överföringstryck.
Kromotryck litografiskt tryck i flera färger. (Se vidare koppartryckt dekor).
Kvarts har samma uppgift i en keramisk massa som fältspat, dvs att vara flussmedel vid sintringen.
"*Kylpotta*" motsvarar den engelska wine-glass cooler och det franska refraîchissoir, ett kärl i vilket man vid bordet i vatten kylde eller sköljde sitt glas.
Lambrekäng ursprungligen flikig dekorativ bård använd i textil utstyrsel (t ex säng- eller tronhimmel). Även andra ornament efter denna förebild.
Landshjälpsdeputationen 1727 beviljade svenska riksdagen medel till en fond som skulle understödja manufakturverken. Landshjälpsdeputationen inrättades för att förvalta pengarna. 1739 övertogs den uppgiften av Manufakturkontoret.
Lergods poröst material av vanlig röd- eller gulbrännande lera; kan vara oglaserat, glaserat eller på annat sätt ytbehandlat t ex med en slicker (se do).
Litografiskt tryck en tryckmetod där bilden överförs från en litografisk sten till ett tunt papper som sedan läggs på det föremål som skall dekoreras. (Jfr koppartryckt dekor)
Lyster en metallösning målas på ett föremål, heltäckande eller i mönster, och fästs genom reducerande (syrefattig) bränning (omkr 800°). Resultatet blir en skimrande beläggning, vars färg beror på vilken metall som använts. Koppar ger rubinrött, silver en guldskimrande yta, platina silverfärg och guld en rosa ton. Ett mycket tjockt lager ger metallimitationer, ett mycket tunt lager bara ett regnbågsskimmer.
Majolika beteckning på tennglaserad keramik (fajans) bemålad med starkeldsfärger tillverkad huvudsakligen i Italien under 1500-talet. Även beteckning för gods tillverkat i denna tradition under 1800-talet.
Mangan i form av metalloxid använt som färgämne (brunt-rödlila).
Manufakturkontoret övertog 1739 Landshjälpsdeputationens uppgifter (se do) och existerade till 1766. När mössorna då övertog makten, fanns inte längre något behov av Manufakturkontoret och dess eventuella ärenden överlämnades till Kommerskollegium (se do).
"*Mjukt*" porslin se frittporslin.
Monteith stor variant av "kylpotta" (se do).
Monokrom enfärgad.
Muffelfärger detsamma som emaljfärger (se do). Namnet kommer av att när de brändes var godset skyddat i en s k muffel (ett slags kapsel).
Opak flintgods med hög halt av kaolin och flinta, en massa som kom att ersätta ironstone china, som i sin tur var en hållbarare flintgodsmassa. Introducerades på Gustafsberg 1885 och på Rörstrand på 1870-talet.
Parian starkt fältspathaltigt oglaserat keramiskt material som ansågs likna marmor från ön Paros. Började tillverkas vid Gustafsberg 1861 och vid Rörstrand 1862–63.
Pâte sur pâte dekormetod utexperimenterad på Sèvres vid 1800-talets mitt, mot

århundradets slut använd vid Rörstrand, Dekoren byggdes upp genom påmålning av flera lager slicker och bearbetades med metallinstrument varefter föremålet glaserades och brändes.

Pinjekotte en av vinguden Dionysos symboler som satt i toppen på hans stav. Använd under 1700-talets slut.

Polykrom mångfärgad.

Potpourri blandning. I en kruka, potpourrikruka, varvades torkade blomblad och kryddor med salt. När man rörde i blandningen avgav den en behaglig doft.

Pudrat blått (powder blue eller powdered blue) den blå färgen (kobolt) på en del av det underglasyrdekorerade porslin som tillverkades i Kina under kejsar Kang Hsis tid blåstes på godset genom ett bamburör med en tunn väv framför mynningen, vilket gav en levande, lätt prickig yta.

Reserv utsparat fält.

Riksdaler under 1700-talet räknade man i riksdaler och daler kopparmynt och daler silvermynt. En riksdaler motsvarade tre daler silvermynt. En daler silvermynt skulle svara mot tre daler kopparmynt. Dessutom fanns ören och penningar. Genom 1776 års myntrealisation bestämdes att riksdalern skulle delas i 48 skillingar och skillingen i 12 rundstycken. Riksdalerns värde förändrades också så att den kom att motsvara sex daler silvermynt medan förhållandet mellan daler silvermynt och daler kopparmynt blev oförändrat. 18 daler kopparmynt motsvarade alltså en riksdaler.

Ritare 1700-talsbenämning på porslinsmålare.

Rocaille asymmetriskt ornament som ursprungligen bygger på söndervittrade klippformationer.

Rouge flambé en röd glasyr med stråk och stänk av blått, åstadkommen genom att en kopparglasyr bränns i reducerande (syrefattig) bränning. En gammal kinesisk metod som togs upp bl a i Frankrike samt vid Rörstrand under det sena 1800-talet.

Saltglasyr vid bränningen förs koksalt in i ugnen. Som natriumoxid ingår det en förening med kiselsyran i leran – en genomsynlig glasyr bildas.

Sekreta handels- och manufakturdeputationen under frihetstiden (1719–1772) kallades svenska riksdagens utskott deputationer. Sekreta handels- och manufakturdeputationen skötte frågor som rörde handel och fabriker.

Sepia brunaktigt färgämne. Kommer från den saft bläckfisken har i bläcksäcken.

Sgraffito dekormetod där mönstret skrapas fram genom ett eller flera skikt av färgad glasyr eller slicker. Under 1890-talets slut använd på flintgods, senare även på porslin.

Sintring en del av lerans beståndsdelar smälts genom upphettning samman och lägger sig kring de eldfasta partiklarna. All keramik sintrar mer eller mindre vid bränning. Tätsintrat kallas gods vars vattenuppptagning är 0–0,5%.

Skröjbränning är den första bränningen av en keramisk produkt. Även kallad rågodsbränning.

Skärv själva godset i en bränd keramikprodukt.

Slicker förtunnad lera.

Spegel den mer eller mindre avgränsade flata delen av översidan på t ex tallrikar och fat.

Starkeldsfärger färgämnen i form av metalloxider som målas på den obrända glasyren och tål att brännas (800–1000°) tillsammans med denna. Rörstrand använde under 1750-, 60- och 70-talen starkeldsfärger för att måla på den en gång brända glasyren och brände dem som emaljfärger.

Stengods innehåller huvudsakligen lera, kvarts och fältspat. Skärven är ogenomsklinlig och godset tätsintrat eller vitröst (se do). Stengods förekommer både glaserat, t ex med saltglasyr (se do) eller oglaserat.

Svarvning formning av ett föremål genom en roterande rörelse. Svarvningen innebär ett spånavskiljande. I äldre tider tycks man inte alltid ha skilt på drejning och svarvning.

Tennglasyr innehåller blyoxid samt tennoxid vilket gör glasyren ogenomskinlig. Glasyren läggs på lergods vid framställningen av fajans.

Tillverkningspremier ett sätt att uppmuntra manufakturerna under 1700-talet. En viss procent av tillverkningens värde betalades ut till fabrikerna. Huvudsakligen fungerade detta som en avbetalningsform för av det allmänna givna lån.

Tätsintring sker vid en temperatur av omkr 1 200°. Se vidare Sintring.

Vitrös tät, icke vattenupptagande, dvs vattenupptagningen är 0–3 %.

Vitt på vitt den italienska termen är "bianco sopra bianco", fransmännen kallar det "blanc fixe". Ett mönster målas i vitt mot den vita eller svagt tonade glasyren. Ovanpå detta kan sedan en dekor målas, ofta i blått.

Överföringstryck se koppartryckt dekor.

Överglasyrfärger se emaljfärger. Namnet kommer av att de målades över den brända glasyren.

H = höjd
L = längd
D = diameter

Litteratur i urval

Jørgen Ahlefeldt-Laurvig og Kai Uldall, *Fajancer fra fabriken i St. Kongensgade*. Köpenhamn 1970.

Sune Ambrosiani, "Tvänne dokument från porslinsfabriken Rörstrands äldre historia", *RIG* 1918.

Inga Arnö-Berg, *Serviser från Gustavsberg*. Västerås 1971.

Arvid Bæckström, *Rörstrand och dess tillverkningar 1726–1926*. Stockholm 1930.

Janne Charlesen, *Sölvesborgs porslinsfabrik 1782–1791*. Sölvesborg 1978.

Janne Charlesen-Harriet Hallberg, *Silfvitsborgs Porcellains Bruk*. Utställningskatalog, Blekinge museum, Karlskrona 1979.

R J Charleston, "Transfer printing on Swedish Faience", *Connoisseur* Oct. 1960, s 91–96.

A W Coysh, *Blue and White Transfer Ware 1780–1840*. London 1974.

Gunilla Eriksson, "à la chinoise", *Kulturen. En årsbok 1977*, s 129–138.

Gunilla Eriksson, *Fajanser från Sölvesborg 1773–1798. En inventering*. Utställningskatalog, Kulturen, Lund 1967.

Gunilla Eriksson, "Fajansfabriken i Sölvesborg", *Kulturen. En årsbok 1966*, s 109–148.

Erik G Folcker, "De äldsta Rörstrandsfajanserna", *Nationalmusei årsbok 1919*, s 45–58.

Erik G Folcker, "En okänd svensk fajansfabrik", *Nationalmusei årsbok 1920*, s 1–32.

Gustavsberg 150 år. Red Helena Lutteman, Nationalmusei utställningskatalog nr 389. 1975.

Bo Gyllensvärd, "Fantasi och verklighet på de äldre Mariebergsfajanserna", *Konsthistorisk tidskrift XV:II, 1946*, s 47–56.

Emil Hannover, *Keramisk handbok*. Första delen. Fajans, majolika, stengods. Stockholm 1929.

Margareta Hansson, *Pålsjö fajansfabrik 1765–1774*, Utställningskatalog, Hälsingborgs museum 1965.

Carl Hernmarck, *Fajans och porslin. Svensk keramik före 1850*. Stockholm 1959.

Carl Hernmarck, *Gammal svensk keramik i Nationalmusei samlingar*. Stockholm 1951.

Carl Hernmarck, *Marieberg. En lysande representant för svenskt sjuttonhundratal*. Stockholm 1946.

Carl Hernmarck och Bo Gyllensvärd, *Marieberg 1758–1788*. Nationalmusei utställningskatalog nr 105. 1945.

Carl Hernmarck och Bo Gyllensvärd, *Rörstrand under tre århundraden 1726–1943*. Nationalmusei utställningskatalog nr 91. 1943.

W B Honey, *European Ceramic Art from the end of the Middle Ages to about 1815. A dictionary of factories, artists, technical terms et cetera*. London 1952.

Torsten Jarnvall, "Mariebergs Porcellaine Fabrique. Byggnader och brännugnsteknik", *Daedalus 1979*, s 11–41.

Bo Lagercrantz, *Gamla tallrikar*. Uppsala 1959.

Bo Lagercrantz, *Iris, Vineta och Gröna Anna. Rörstrands-serviser 1869–1960*. Västerås 1960.

Marshall Lagerquist, "Ulfsunda Fabrique", *Bromma Hembygdsförenings årsskrift 1939.*
Marianne Landqvist, *Parian från Gustavsberg.* Gustavsberg 1978.
Carin Lindskog-Nordström, Gustavsberg 1640–1940. Från tegelbruk till industrisamhälle. Karlskrona 1973.
Helena Lutteman, *Flintgods, 1700-talets mitt – 1820-talet.* Nationalmusei utställningskatalog nr 409. 1977.
Richard Marsson, *Die Stralsunder Fayencefabrik 1757–1790.* Berlin 1928.
Torsten Mårtensson, "Pålsjö fajansfabrik, en industriell tragedi", *Gustavianskt.* Studier kring den gustavianska tidens kulturhistoria tillägnade Sigurd Wallin på hans femtioårsdag, s 252–264. Stockholm 1932.
Torsten Mårtensson, "Växjö fajansfabrik", *Kronobergsboken 1966*, s 109–130.
Bengt G T Nyström, *Konsten till industrin!* Två formgivare vid sekelskiftet – Alf Wallander och Gunnar G:son Wennerberg. Stencilerad lic. avhandling Stockholm 1971.
Martin Olsson, "Jean Erik Rehns förbindelser med Manufakturkontoret under studieresan 1755–1756", *Gustavianskt.* a.a. s 62–91.
Per Palme och Eva Nordenson, *Svensk keramik.* Uddevalla 1965.
Porslin (tidskrift) 1945–1960.
Priskuranter från Gustavsberg 1838–1897. Gustavsbergs museum.
Priskuranter från Rörstrand 1848–1897. Rörstrands museum.
Rörstrands fabriks aktiebolag på allmänna konst- och industriutställningen i Stockholm 1897. Stockholm 1897.
Günther Schiedlausky, *Tee Kaffee Schokolade, ihr Eintritt in die Europäische Gesellschaft.* München 1961.
Åke Setterwall, "Mariebergs brännugnsbok 1763–1765. Ett bidrag till den Ehrenreichska periodens historia", *Samfundet Sankt Eriks årsbok 1939*, s 85–114.
Eva Kjerström-Sjölin, "Malmö porslinsfabrik", *Kulturen. En årsbok 1978.* s 91–108.
Åke Stavenow, "Svensk 1700-talskeramik. De senaste årens nyförvärv. I Rörstrand", *Nationalmusei årsbok 1928*, s 115–130.
Åke Stavenow, "Svensk 1700-talskeramik. De senaste årens nyförvärv. II Marieberg", *Nationalmusei årsbok 1929*, s. 57–75.
G H Stråle, *Mariebergs historia och tillverkningar 1758–1788.* Stockholm 1880.
G H Stråle, *Rörstrands historia och tillverkningar 1726–1850.* Stockholm 1879.
G H Stråle, *Rörstrand och Marieberg.* Ett bidrag till den svenska keramikens historia uti adertonde århundradet. Stockholm 1870.
Svenskt konsthantverk från sekelskifte till sextiotal. Red Dag Widman. Årsbok för svenska statens konstsamlingar XIV. Stockholm 1967.
Tee – zur Kulturgeschichte eines Getränkes. Utställningskatalog, Altonaer Museum. Hamburg 1977.
Britt och Ingemar Tunander, *Kakelugnar.* Västerås 1973.
Sigurd Wallin, "Fajanstillverkningen vid Pålsjö", *Kulturhistoriska Helsingborgsstudier*, s 125–210. Hälsingborg 1918.
Ann-Charlotte och Torsten Weimarck, *Höganäs-keramik.* Konst- och bruksföremål 1832–1926. Västerås 1969.
Dag Widman, "Helmer Osslund som keramiker." *Helmer Osslund – Norrlands målare.* Nationalmusei utställningskatalog 348. 1971, s 17–19.
S E Vingedal, *Gamla porslinsfabriker.* Vänge-Gustafsberg, Bredsjö och Fredriksdal i Uppland. En ill. konst- och kulturhistorisk krönika från keramikens gyllene tid. Sala 1962.
S E Vingedal, *Porslinsmärken.* Stockholm 1977.

REGISTER

Siffrorna hänvisar till sidor, kursiva siffror till bilder på angivna sidor.

Acier, Michael Victor 105
albarelli *180*
alhambravas *180*
Almström, Robert 198
A-modell *160*
anemonbård 128, 131
Ansbach 12
antimongult 16
apoteksburk *90*, 91
apotekskruka *180*
arbetare 21
arbetslön 22, 142
L'Archevêque 40
arkanist 10
arsenik 111
art nouveau 186
Arts and Crafts Movement, The 137, 187
Asiatic Pheasants *145*, 177
assiett *124*, 176
Athen 173

Bambu *177*, 178
barbotin 145
barleycorn-mönster 116
Barlow, George 228
basalt ware 224
Bataviagods 53
Bayreuth 12
Bella 170, *172*
Bellmanserien 117
Bennet, Thomas 222
benporslin 143, 189
Berains stil 11
Berger, Karl 226
Berggren, Anders 221
Bergius, bröderna 204
Bergström, Sven Adolf 198
Berlin 11, 31
berlinerbård 30
Berthevin, Pierre 19, 20, 44, 45, 46, 51, 99, 112, 204, 205, *207*
"bianco sopra bianco" 38
bidé *90*
Bielke, Ture Gabriel 30
biskvi 149, 151

black basalt 118, 121
blanc fixe 38
blombord *148*
blombärare 164
blomhållare *44*
blomkruka 66, *78*, *82*, 164
blomlåda *149*
Blommor *161*
Blå blom 163, *176*
Blåsippa 190
blåtryck *127*
bly 16
blyglasyr 111, 112
Boberg, Ferdinand 168
bod (för försäljning) 23
Boda (Oskarshamn) 235
bokhållare 22
borax 111
bordsfontän *217*
bordsplatå 27, 67
bordsprydnad *28*
bordsuppsats 66
bordsservisgods 157 ff, *158*
Bouchardon, Jacques Philippe 40
Boucher, François 44, *46*, 54, 57, *182*
Bouchers barn *46*
Bredsjö 221–222
Bredsjöpapperen 98
brevpress *130*
bricka *54*, *108*
brickbord 72
Brongniart, Alexandre 99
bruksdräng 22
Brunstedt, Anders *88*
brännare 22
bränning 15, 112, 141
bränning (fajans) 14
bränning (porslin) 99
bränning, rågods- 14
bränning, skröj- 14
brännstöd 16
brännugn 141
brödbräde *156*
buccaro-gods 69
Buchwald, Johann 209

burk med lock *191*
Bustelli 54
bål *48*, *68*, *70*, *126*, *127*, *170*, *194*
bägare 34
Bältespännarna 153
Böttger, Johann Friedrich 10

cabaret *129*
"camaïeu" 74, 206
cane ware 121, 224
Carl, Adam Philipp 211
Carlsson, D J *185*
Celestial 177
Ceylon *176*
Chapelle, Jacques 42
Chila 177
chinois, á la 54
Chrysantemum 178
Claëson, N C 198
Clason, I G 168
Copelandfabriken 151
Cornwall stone 143
Cronstedt, Axel Fredrik 98
Cronstedt, Carl Johan 92
Cöster, Michael Anders 213

Dacca-modell 132, *160*
Dahl, Gudmund 233
Danmark 34
dansk bård 34
dekor 169 ff
dekor (fajans) 25 ff
dekor, ristad 146
"Delfter Steen" 12
"Delfts Porcellain" 9
Delft 26
Djurgårdsservisen 131
Djurgårdsvyer 131
D-modell *161*
dockhuvud *165*
Dortu, Jacob 103, 205
drakslingor 185
drejare 22
drejning, fajans 14
Döda fågeln under parasollen 56, *57*

Ecclesial 128
Ehms, Christian August 197
Ehrenreich, Johan Eberhard Ludwig 202, 205, 207, 210
Eidsvold 173
emaljerat blått 19
emaljerat kulört 19
Engelsk modell 132
Etruskisk stil *167*, 175
Etruskiska vaser *174*, 175
Ett år i Sverige 127, *129*
Eugen 172
Eugenie, prinsessan 151, 153, 226

Fahlström, Anders 21, 26, *28*, 195, 196
Fahlström, Eric 21
fajans 9, 12, 72
fajanser, användning 59 ff
fajansglasyr 16
fajansservis *28*, 64
fajanstillverkning 10
   Holland 10
   Frankrike 11
   Tyskland 11
   Danmark 12
fajansugn *14*
Fallow Deer *128*
famille rose 52
Fasan *176*, 177
fat *28, 32, 33, 35, 36, 40, 48, 52, 65, 116, 171, 173, 197, 203, 229*
feather edge *116*, 117
Ferdinand, Anders Nicolaus 27, 194
Festoon 169, *171*
figurer 85, *89*, 103, *124*, 148
figurin *58*, 85, *101*, *105*
Finster (en drejare) 27
fjäderkant 117
Flaggande kiosken och tårpilen *32*
Fleurot 205
flinta 111
flintgods 109 ff, 143, 196
Flora 169
Florilla 169, *171*
flytande blått 144, *162*, 169, *170*, 176
Fogelmönstret 175
Folcker, Erik Gustaf 187
form (fajans) 14, 25 ff
formare 22
formning 13, *141*
Formosa 177
fornnordisk stil 185
fornnordiskt 184
Forssell, Kristian Didrik 127
Frankenthal 100, 105

Frankfurt am Main 11
Frankrike, fajanstillverkning 11
Frankrike (förebilder i) 27
Frankrike, inflytande 39
Fransk modell 132, *133*
Frantzen, Elias 51
   Frans Henrik 51
   Henrik 51
   Johan Otto 51, 210
fret-work *54*
Fredriksdal 221–222
fritta 99
frittporslin 97, 98, 99, *101*
Fruit *144*
frukostservis *120*
Fröling 214
Fuchsia 170
Funcke, Cornelius 12
Fågeln på blommande kvist 33
fältspat 10, 98
fältspatporslin 10, 97, 143, 189
färg (fajans) 16
färgbränning 103
försäljning 23, 142

Gabriel-Verken 235
galena 111
Gamla servismönstret 128
Gamla spetsmönstret 127, 128
Geijer, Bengt Reinhold 125, 197, 223
geléform 232
Gentele, Johan Georg 228
gesäll 21
gesällbrev 23
gesällprov 22
Giese, Joachim Ulrich 209
gipsform 103
gjutet porslin 103
glasering 16, *141*
glasfluss 18
glasyr 58, 99, 111, 112, 146
glasyrbränning 16, 112
glasyrmakare 22
Godenius, Samuel 226, 228
gods, vitt 58
granatäpple 37
Granberg, Johan 196
granit 144
Grill, Carlos 204
   Claës 204
   Johan Abraham 204
Griebenstein, Christian August 40
Gripar *174*
Gripar i röda medaljonger mot blå fond 175
Gripsholmsservisen *115*
Groth, Lorentz Jakob 223
gräddsnäcka 75, *107*

"Grönsaksboken" 47
grötskål 34, 64
guld 18, 103
Guld och brons 173
guldbränning 103
Gullviva *187*, 190
Gustaf *172*
Gustafsberg 125, 141 ff, 154 ff, 221, 226–231
   märkning 230
gåshudsmönster *114*

Hagtorn 172
Haldin, Anders 215, 217, 218
Hammarstrand, Carl 226
Hanau 11
handkanna *91*
Hasselberg, Per 153
Hedberg, Johan *28*, 30, *32*, 196
Hedera 170
Heerman, Jonas 223
Heermarck, Petter *217*
Heischman, Conrad 113
Hierner, Hans Georg *88*, *207*
Hillberg, Daniel 196, 200
Hilleström, Pehr *62*
hjälmkanna *30*
Hoang-Ho 178
Holden, Gregory 198, 226
Holland, fajanstillverkning 10
Holmes, Ralph 197
Hottschon, Abraham 30
Humlemönstret *37*, *38*, *215*
Hunger, Christoph Conrad 96, 194
Huret 205
husgeråd 59, *156*, 157
hybridporslin 98, 103, 104
Hårleman, Carl 95
Höckert, Johan Fredrik *139*, 188
Höganäs 232–234

imarifärger *176*
indianska (indiska) blommor 34, 47
Ingman, Elias Magnus 196
Iris 170
ironstone china 143
Isaeus, Magnus 167, *184*, 188
ivory 144

Japan 169, *176*, 177
jardinjär 78 ff, *83*, *164*
jasperware 117
John Rogers & Son *128*
Jonia 173
jugend 186 ff
Jugend (tidskriften) 187

kaffehus 69
kaffekanna *39, 72,* 105, *108, 162,*
 225
kaffeservis *163*
kakelugn *92 ff, 167, 168*
kalcinera 16
kallskålsskål 34, 64
kanna *48, 165*
kanna, kaffe- *108, 162*
kanna, mjölk- *108*
kanna, te- *108*
kaninvas 81
kaolin 98, 111
kaolinlera 10
kapsel *15,* 16
karott 65
Key, Ellen 186
Kina 31, 69, 175
Kines *177,* 178
kineserier 52, 54
kinesiska fajanser 51
kinesiskt porslin 10
kinesiskt porslin, efterbildningar
 52
kiselsyra 111
Klincowström 96
klockställ 84
klöverbladsmönster *40*
kobolt, 16, 111
koker *15*
kokerpinne *15,* 16
Kongensgade, Store 12
konstindustrimuseum 138
kontra-jugend 187
kopia 179
kopp *131, 162, 191, 229*
koppargrönt 16
kopparoxid 146
Kraakporslin 10
krackelera 111
kromotryck 145
Kronberg, Julius 182
kruka *19, 48*
krysantem 34
kvarts 10, 98
kylpotta 66
Kändler, Johann Joachim 54, 99,
 105
kärlformer, svenska 34
"körbchen" 30

Lagerhjelm, Per 197
lambrekängbård *28*
lampa 84
lampett *85*
lampfot *189*
landskapsvyer *130*
Larsson, Carl 188
Leeds 117
leksaker 85

lera 13, 111
lergods 60
lerkammare 20
lertrampare 22
Lilas 170
Lilium 169
Liljekonvalje *187,* 190
Liljencrantz 44, 205
Lindegren, A G I 168
Lindegren, Amalia *183*
Lindlöf 190
Lindström, K 189
Linning, Christian Arvid *224*
Linnea 170
Linning, C A 121
litografiskt tryck 145
ljusplåt 84, *85*
ljusstake *54, 85, 115*
Lochman 214
lockurna 79 ff
lotusbård *130*
Lundberg, Magnus 21
Lundsröm, N C 189
lysterdekor *144*
lärgosse 22
lärling 22
Löfnäs 121, 225
Löfström, Carl Eric *32, 90,* 196,
 222
 Carl Petter 222

majolika 10, 146–148
majolikaglasyr 147
Malmö porslinsfabrik 236
Malmström, August *185,* 188
mandarinkopp *131*
mangan 16
Marieberg 13, 19, 22, 98 ff, 202–
 208
Marieberg, märkning 206
marmorering 81
maskaron *31*
Masreliez, Adrian 38
Max, G J 92
Meder, Franz *164, 180, 181*
Meissonnier, Juste Aurèle 47
Meissen 47, 169
Mennecy-Villeroy 44, 100
Minerva 173
Minton 147
mjölkfat *60*
mjölkkanna 74, 105, 108
modellkammare 141
Molin, J P *153*
monteith 66
Morris, William 137, 187
mossmajolika *147,* 148
Moustiers 11
muffel 16
muffelfärg 16

Mulberry-dekor 160, 170
målning *141*
märkning, Gustafsberg *230*
 Höganäs *234*
 Löfnäs *225*
 Malmö *236*
 Marieberg *206*
 Pålsjö *216*
 Rörstrand *199*
 Stralsund *212*
 Sölvesborg *220*
 Ulfsunda *224*
 Vänge-Gustafsberg *222*
mästare 21
mönja 111

najadskålen *58*
nattljusstake 84
nattstolshink *90*
nejlikställ *82*
Neo-greque 175
Nittsjö 235
Nordenberg, Bengt *163*
Nordenfeldt, Åke *232*
Nordenstolpe, Magnus 196, 205
Nordisk stil *184, 185*
Nordstjärnan 34
Nordström, Simon 226, 228
Ny modell 132
Nymphenburg 54
Nürnberg 12

Odelberg, Wilhelm 228
opak 144
opak glasyr 16
ornamental ware 117, 118
Osslund, Helmer 148, *164, 176,
 178,* 188, 190, *192,* 234
Ostindiska kompaniet 69, 72
Ostindiskt mönster *176,* 177
oziermönster *107*

Palm 177
parian 149, 151
parianfigurer 152
parianskulptur *150,* 226
pastejterrin *121*
pastisch 179
pâte dure 189
pâte sur pâte 145
pâte tendre 189
pearl 144
Peking 177
Pensé 170
petuntse 98
Pillement, Jean 56
Piper 96
Piper, Charlotta 30
pion 34

piplera 111
plain shapes 117
Plomgren, Anders von 204
pomadaburk
porslin 96 ff
porslin, kinesiskt 10
porslin, servisgods i 105
porslinsfigur 100
porslinsfigurin 99
porslinsförare 24
porslinskök 59, 60, *61*
porslinslera 98
potpourri 52, 78 ff
potta 91, 123, *146*
praktpjäser 185
Precht, Christian 38
presenterbricka 34
prismärkning 25
priskurant 134, 135, 151, *155*, *233*
provplatta *18*
punschbål 67
pyramid *28*
Pålsjö 13, *37*, *42*, *82*, *116*, 213–216

Quarnbergs Porcellainsfabrik 221
Queen's ware 110

ragufat *120*
redskap 20
Rehn, Jean Eric 37, 38, 42, 56, 95
Rehnska mönstret *36*, *91*
reliefdekor 229
"Renaissancestil" *162*
Ring, Ferdinand 188, 232
ristad dekor 146
ritare 22
Rohde, Fredrik 222, 226
Rouen 11, 31
rokoko 35
rouge flambé 146
Royal Scenery 128, 131
Rudbeck, Olof Fredrik 222
Rudbeck, Olof Petter 218, 222
Rudenschöld, Adèle 153
rund modell 132
Ruskin, John 139
Ruther, Hans Henrik Kristian 197
Ruuth, Erik 223, 225, 232
rågodsbränning 14
Rålamb 96
Rörstrand 9, 13, 19, 22, 27, 155, 193–201
märkning 199

S:t Angelo 128, *130*
Saint Porchaire-vara *180*

saltkar *37*, 64
saltlåda *156*
sand 16
Sandberg, J G 127
sang de bœuf-glasyr 146
Sauer, Johan Casper 21, 196
Saxblommor 169, 171
Sceaux 42, 43
Scheffer, Carl Fredrik 203, 204
Scheffer, Henrik Theophilus 103
Schirmer, Philip Anders 196, 205, 225
servisgods 63, 105, 157 ff
servismönstret, Gamla 128
Seven Lamps of Architecture 139
Sèvres 99
sgraffito 146
Sicilian 128, *130*
Silfverhjelm, Göran Ulrik 222
Silfverskoug, Joakim 21, *31*, 196
Silvermodell 132
Singapore 177
skrivare 22
skrivställ *84*, *130*
skröjbränning 14, 112
skulptur 153
skål *35*, *40*, *44*, *51*, *58*, *65*, *67*, *77*, *213*
skål, genombruten 67
skål med lock *202*
skärv 111
sköljskål *66*, *108*
slev *40*
slicker 14, 145
S-modell 132, 133
smultronmönster *114*
smörask *50*
snusdosa *86*
Snödroppe 190
Sobrown 169, *170*
sockerruska 36
soda 111
sparrisställ *159*
spetsmönstret 38
Spetsmönstret, Gamla 127
starkeldsbränning 16
starkeldsfärg 19, 35
Sten, Henrik 23, 51, 98, 103, 112, 113, 205, *207*, 221
Stenman, Anders 20
stenporslin 112
stenporslinugn *113*
Store Kongensgade 12
Stralsund 13, 19, 52, 71, 74, 81, 169, 209–212
Strasbourg 43
Stråle, Gustaf Holdo 109, 198
Stråle, Nils Wilhelm 198
Studio, (tidskriften) The 187
Sturefors 60, *61*

style rayonnant 11
ställ för koppar *102*
Svalan 170
Svart Sverige 127, 128
svarvning, fajans 14
Svea *173*
Svenska servisen *128*
Svenska slott och utsikter 127
Svenska Slöjdföreningen 138
syltkruka *59*, 156
såskärl 65
Sölvesborg 13, 22, *42*, 56, 64, 71, 72, *73*, 75, *82*, 217–220

Taglieb, Johan Georg 21, 27, 29
tallrik *19*, *32*, *37*, *40*, *52*, *53*, *56*, *63*, *116*, *122*, *124*, *130*, *172*, *173*, *174*, *176*, *177*, *236*
Tarent 173
tebord 18, *72*, *74*
tebordsbricka *73*, *77*
teburk *71*
tedosa *32*, *71*, 72, 105, *180*
tehus 69
tekanna *37*, *53*, 70, *73*, 105, *108*, *121*, *122*, *130*, 132
tekopp *40*, 70
tenn 16
tennaska 16
Teresia 172
terrassvas *81*, *211*
terre d'Angleterre 112
terrin *31*, *33*, *41*–*46*, *51*, *56*, 57, 65, *86*, *107*, *114*, *127*, *172*, *173*, *174*, *176*, *209*, *235*
teservis *126*
Tessin, Carl Gustaf 194
Thebe 173
Thelott 92
Thersner, Ulrik 128
Thorvaldsen, Bertel 153
tillbringare *114*, 172
Tillinge 235
toby jug *123*
le Tonnelier de Breteuil, Louis Auguste 44, *46*, 205
Tre blå ränder 173
tryckeri 141
tryckplåt 20
tryckt dekor *19*, 20, 125
Tryggelin, E H 168, 184, 185, 188
trädgårdsklippa 53
trädgårdskruka *82*
Tschirnhausen, Ehrenfried Walther von 10
tulpanställ *82*
Tureholm 60
Turkiskt blått 127, *129*, *130*
tvålfoder *91*

247

tvättfat *91*
tvättservis *166*
tyska blommor 47
Tyskland, fajanstillverkning 11
Tyskland (förebilder i) 27
Tåman, Jonas 196
tätsintrat gods 11

ugn 15
Ulfsunda 121, 223, 224
ungersk majolika *147*, 148
uppsyningsman 22
Urbino 11
urna 46, *51*, *54*, *57*, *80*, *118*, 195
useful ware 117
utställningar 137 ff

Wahlberg, Eric 21, *28*, *54*, *78*, 196
Wallander, Alf 146, *186*, 188, *189*, *198*
Waltman, Johan *207*
vas *28*, *32*, *48*, *78 ff*, *101*, *145*, *147*, *149*, *152*, *171*, *173*, *174–176*, *178*, *180*, *182*, *189*, *191*

vas med lock 118
Wedgwood, Josiah 110, 117, 119, 224
Velde, van de 188
Wennberg, Olov 226
Wennerberg, Gunnar *187*, 188, 191
Wergelin, Johan Henrik 223
verkgesäll 21
verkstäder 20
Westerman (Liljencrantz), J 205
Wexiö 170, *172*
Victoria 173
widow knob 119
viktoriansk stil 137
Willow 127, 128
Vineta 170
Viola *172*
vitt gods 58
vitt på vitt 38, 67
Wollbeer, Gerhard 11
Wolff, Johan 12, 27, 34, 193
Wrede, Fabian 92
Wulf, Henrik 214

Vänge-Gustafsberg 13, 116, 121, *122*, 221–222
världsutställningar 137 ff
Växjö och Pålsjö 213–216

Yokohama *177*

Zeipel, Jean Fredric von 218
Zerbst 12
Zethelius, Pehr 81

Åkermarck, Petter 210, 217, 218
Årre, Olof 38, *41*
återförsäljare 24

ägghöna *154*
äkta porslin 96, 98

Öhman, J H 226
ölkanna *180*
Örebro 170
Örn, Jakob 196
överföringstryck 111, *141*, *145*, 199

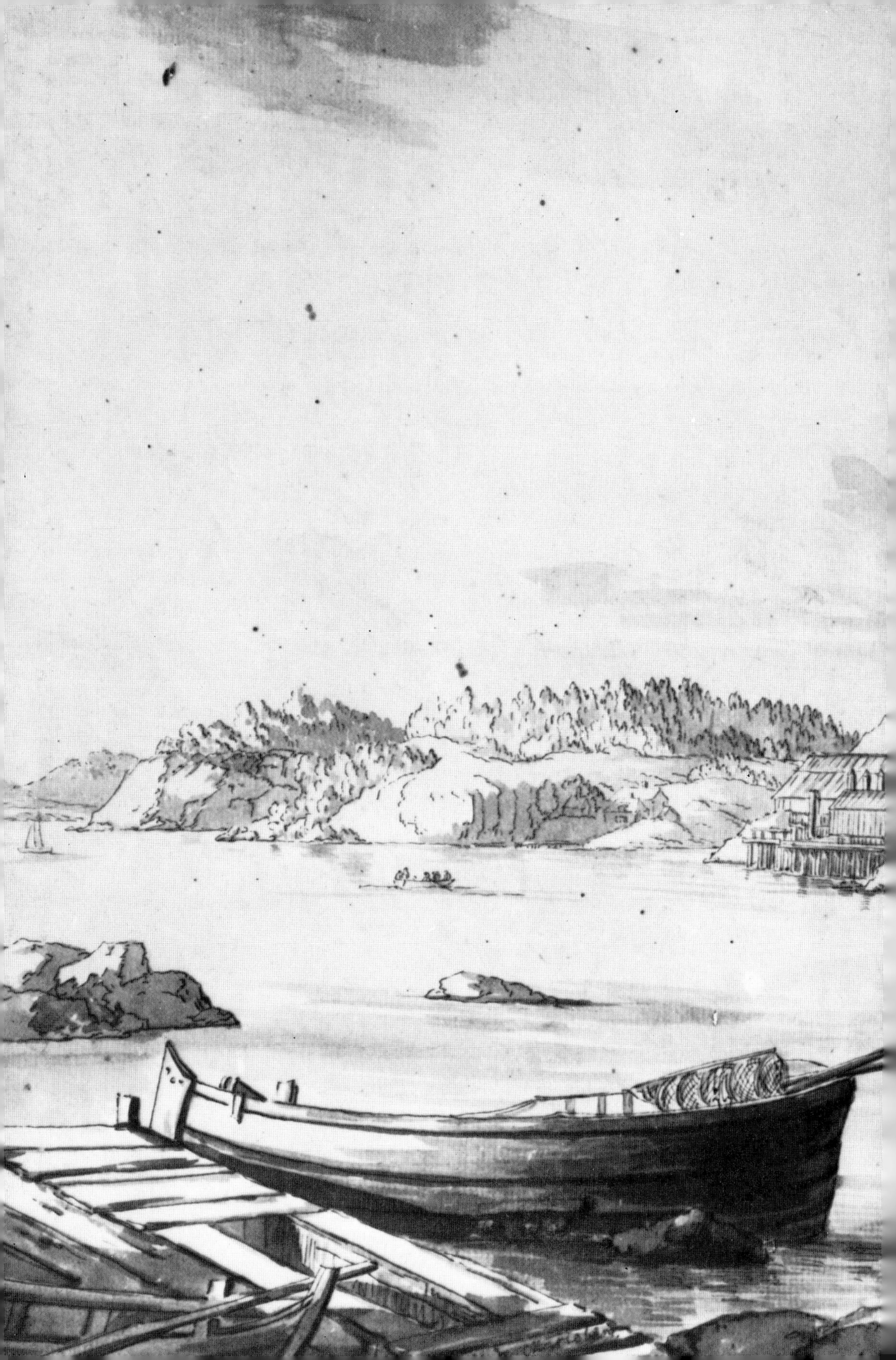